나를 깨우는 33한 책

나를 깨우는 33한 책

송복·복거일 엮음

백년
동안

내 소속(所屬)은?

송복 연세대학교 명예교수

어떤 책을 읽을 것인가. 어떻게 읽을 것인가. 이는 평생 책을 끼고 사는 사람에게도 늘 큰 과제다. 물론 책을 조석으로 대하지 않는 사람에게는 더 말할 나위가 없다. 그만큼 좋은 책을 고른다는 것은 지난한 일이고, 골랐다 해도 바로 읽는 것 또한 지난한 일이다. 그래서 책은 누구에게나 언제나 숙제(宿題)다. 숙제는 해결이 안 돼 묵혀놓은 과제다.

책은 반드시 좋은 책을 읽어야 한다. 이 세상엔 너무나 많은 책이 있다. 그 책을 다 읽기 전에는 어느 책이 좋은 책인지 알 수가 없다. 좋은 책을 쉽게 알 수 있도록 해 놓은 책이 책의 지침서(指針書)다. 지침은 어느 방향으로 어떻게 가라는 것을 알려 주는 바늘이다. 이 바늘을 만든 사람이 누구인가. 그 부문의 전문가들이다. 전문가들이 먼저 읽고 이 책이 좋은 책이다 이 책만은 꼭 읽어야 한다고 선정하고 추천한다. 여기에 나와 있는 33권의 책이 모두 그런 책이다.

지금 우리는 어떤 세상에 사는가. 이를 여지없이 자유주의 세상에 산다. 자유주의가 무엇인가. "공산주의, 사회주의가 아닌 것이 자유주의다." 보통사람들의 자유주의 물음에 대한 답은 기껏해야 그 정도이고 그 이상의 조리있는 답은 나오지 않는다. 내 지식이 그 이상의 개념전개(concept development)를 할 만큼 쌓여 있지 않기 때문이다. 이런 자유주의 혹은 자유주의 세상을 이 책에서는 핵심을 꼭 찔러 간단하고도 명료하게 풀이해 놓았다. 읽으면 읽을수록 내 눈은 새롭게 떠지고 내 지식은 풍부해진다. 적어도 개념전개에 궁하지 않도록.

우리가 사는 이 나라는 어떤 나라인가. 어떻게 만들어진, 어떤 역사를 가진 나라인가. 사람들은 대충(roughly) 안다. 그 '대충'도 비뚤어지게(distorted) 알고 있는 사람들이 많다. 비뚤어지게 알고 있는 것은 비뚤어진 것만큼 정확한 지식이 아니다. 잘못 알고 있는 것, 거짓되게 알고 있는 것이다. 대충 알고 있는 것도 역시 지식이라고 말하기 어려울 정도로 얕은 지식이다. 우리가 이 나라에 살면서 이 나라가 어떤 고난의 역사를 거쳐, 오늘날 세계적으로 어떤 지위에 올라있는지, 그것을 제대로 모른다면 그것은 정말 부끄러운 일이다.

우리는 앞으로 어떻게 번영을 이루어 갈 것인가. 우리는 우리의 미래를 어떻게 열어갈 것이며 만들어 갈 것인가. 그 지도는 이미 그려져 있고 그 틀은 이미 짜여 있다. 그것은 경쟁이며 기업가 정신이 만들어내는 시장경제다. 우리는 자유경쟁에 의해서, 그리고 모험과 도전의 기업가 정신에 의해서, 이 시장경제를 진화시켜 나간다. 그것을 이 책은 아주 선명하고 아주 요점적으로 잘 가르쳐 주고 있다. 그래서 이 책을 읽기만 하면 된다. 읽기만 하면 요점은 저절로 잡힌다.

책의 요체는 핵심이고, 책 읽기의 요체는 이 핵심의 파악이다. 500쪽, 1,000쪽이 넘는 책의 핵심을 알아낸다는 것은 어려운 일이다. 그런데 이 책에 실린 글들은 그 하나하나가 다 그런 크고 무거운 책들의 핵심이다. 이 책은 그 핵심들을 꼭 집어 읽는 이의 눈앞에 내놓았다. 그저 읽기만 하면 누구나 눈이 뜨이게 되어 있다. 바로 내 몸의 뼈가 되고 살이 된다. 체화(體化)된 지식은 바로 그런 것이다.

그러나 이 책이 그런 선지식(善知識)을 제공한다 해도 책을 읽는 사람은 언제나 네 부류(部類)로 나뉜다. 1)책은 다 읽었는데 읽었는지 안 읽었는지 전혀 느낌이 없는 사람(전연무사자全然無事者). 2)그 중한 두구절만 터득하고는 '바로 이것이구나.' 하고 좋아하는 사람(득일양구희자 得一兩句喜者). 3)'아! 정말 좋은 책이다.'라고 감탄하고 감격하는 사람(지호지자知好之者). 4)책을 다 읽고는 자기도 모르게 곧바로 손은 춤을 추고 발은 뛰고 있는 사람(수지무지手之舞之 족지도지자足之蹈之者). 이 네 부류중 나는 어디에 속하는가. 내 소속(所屬)은?

삶은 그렇게 우연과 필연이 섞여서

복거일 소설가, 사회평론가

사람들은 비슷한 사람들과 어울린다. 끼리끼리 어울리는 것은 실은 모든 사물들이 그렇다. 그렇지 않다면, 우주 자체도 구성되기 어려울 터이다.

생각들도 유유상종한다. 세상을 비슷한 관점에서 살피고 사회 문제들에 대해 비슷한 처방을 내리는 사람들의 생각들은 서로 잘 어울린다. 그것들은 자연스럽게 체계를 갖추고 나름의 정체성을 지니게 된다. 그런 생각들의 체계는 '밈 복합체(memeplex)'라 불린다. 문화의 기본 단위인 '밈(meme)'들이 어울려서 '복합체(complex)'를 이루었다는 뜻이다. 밈 복합체들은 흔히 학설, 교리, 법칙, 이념과 같은 이름들로 불린다.

이념은 인류 사회의 조직과 운영에 관한 생각들이 모인 밈 복합체다. 자연히, 이념의 근본적 요소는 개인들과 사회 사이의 관계에 대한 생각들이다. 개인들에게 되도록 많은 자유를 주어야 한다는 이념은 자유주의라 불린다. 사회가 개인들보다 중요하므로 개인들의 자유가 사회의 목적에 종속되어야 한다는 이념은 전체주의라 불린다. 모두 잘 아는 것처럼, 대한민국의 구성 원리는 자유주의다. 개인들의 삶에 사회가 되도록 간섭하지 않아서 개인들의 재산권이 보장되고 개인들의 자유롭게 활동하면, 시장이 제대로 움직이고 경제가 발전하고 사람들이 너그러워져서, 사회 전체가 자유롭고 풍요로워진다는 얘기다.

이념은 모두 거대하다. 근본적 '밈'들이 핵심을 이루고 부차적이고 때로는 서로 부딪치는'밈'들이 그것을 둘러싼다. 이념이 그렇게 거대하고 상당히 혼란스러운 모습을 하므로, 보통 사람들은 이념에 쉽게 접근하기 어렵다. 그래서 어떤 이념이든 그것의 열정적 추종자들은 다른 사람들이 그것에 쉽게 접근해서 설복될 수 있도록 안내서들을 만든다. 이 책은 대한민국을 지키려는 자유주의자들이 대한민국의 젊은이들을 위해 만든 자유주의의 안내서다. 자유주의자로 활동해온 저자들이 자신들과 인연이 깊은 자유주의 저작들을 소개하고 있다.

1부 '자유주의를 만나다'는 자유주의를 설파한 고전들 여덟 권을 소개한다. 자유주의가 원숙한 이념으로 진화하는 과정에서 중요한 역할을 한 저작들 가운데, 젊은이들이 비교적 쉽게 접근할 수 있는 것들을 골랐다. 하이에크, 바스티아, 미제스, 프리드먼, 포퍼, 그리고 파이프스의 저작들을 읽으면, 자유주의가 내놓을 수 있는 가장 매력적인 주장들을 거의 다 만나게 된다.

2부 '바로 보는 대한민국 역사'는 대한민국의 역사를 살핀 저작 다섯 권을 소개한다. 우리 사회는 이념적 갈등이 심각하고 대한민국에 적대적인 세력이 무척 크다. 그래서 대한민국을 부정적으로 기술한 역사서들이 압도적 우위를 누려왔고, 젊은 세대들은 대한민국이 서고 자라난 과정에 대해 제대로 알지 못할 뿐 아니라 대한민국의 역사와 성취에 대해 잘못된 지식들을 많이 지니게 되었다. 그런 잘못을 바로잡는 일은 시급하다.

3부 '자유주의 거울에 비친 세상'은 자유주의라는 틀로 현실을, 특히 한반도의 실정을 자세히 살핀다. 이 책에 소개된 저자들은 대부분 경제적 자유주의자들이다. 경제학을 학문적 틀로 삼아서 세상을 살피고, 자본주의와 시장 경제를 가장 나은 체제라 여기는 사람들이다. 특이하게도, 3부엔 평생 사회주의를 열렬히 신봉한 지식인의 소설이 들어 있다. 조지 오웰의 『1984』가 여기 소개된 것을 어색하게 느낄 사람은 드물 터이다. 그래도 정직하고 용감한 자유주의자 조지 오웰이 자본주의를 싫어했고 사회주의에서 인류의 희망을 보았다는 자그마한 사실은 경제적 자유주의자들이 아프게 성찰해야 할 화두다.

사회 조직의 '문법'은 생물학적 사실이다. 어떤 사회도 생물학적 법칙들을 어기고서 존속할 수 없다. 전체주의 체제들이 끝내 멸망한 이유는 그것들이 본질적으로 생물학적 법칙들을, 즉 진화의 원리와 사람의 천성을, 어겼다는 사실이다. 그래서 생물학과 심리학에 대한 지식은 사회 현상의 이해에 필수적이다. 하이에크가 그리도 위대한 업적을 남길 수 있었던 것은 그가 원래 심리학자였고 진화생물학이 정립되던 1930년대의 영국에서 활동하면서 새로운 생물학 지식을 지적 자산으로 삼은 덕분이다. 그래서 진화생물학의 고전인 도킨스의 『이기적 유전자』가 들어간 것은 반갑고 이 책에 깊이를 더한다. 다만 『이기적 유전자』는 보통 사람들에겐 너무 어려운 저작이라는 점이 마음에 걸린다. 『이기적 유전자』가 어렵다고 느낀 독자들에겐 과학 저술가 매트 리들리(Matt Ridley)의 저작들을 추천하고 싶다. 「이코노미스트」의 과학 편집자였던 그는 생물학자로서는 보기 드물게 시장 경제에 호의적이어서, 2011년 『합리적 낙관주의자(The Rational Optimist)』로 '하이에크 상'을 받았다.

4부 '우리는 어떻게 번영을 이루나'는 시장 경제와 경제 정책에 관한 저작들을 소개한다. 현실에 자유주의와 경제학을 적용한 글들이어서, 실용적인 면에 관심이 큰 독자들이 반길 듯하다.

33권의 자유주의 저작들을 해설한 이 책을 읽으면, 자유주의에 대해 잘 모르는 독자들도 그 이념의 모습을 어렴풋이나마 그리게 될 것이다. 그리고 앞으로 무슨 책들을 읽어야 할지 깨닫게 될 것이다.

하이에크의 『치명적 자만』을 안내하는 신중섭 교수는 "인생은 만남의 연속이다. 살아가면서 우리는 사건을 만나고, 사람을 만나고, 책을 만난다. 만남을 통해 세상을 보는 우리의 눈과 인생의 좌표가 변한다."고 썼다. 이 책에서 자유주의 저작들에 대한 안내인 노릇을 하는 저자들은 결국 자신들의 만남을 술회하는 것이다. 우연한 만남과 필연적 만남을 얘기하는 것이다. 그들도 처음엔 물론 자유주의에 대해 제대로 알지 못했다. 그래서 그들이 자유주의를 설파한 저작을 만나 자유주의자가 된 계기는 우연이었다. 그 운명적 만남 뒤의 만남들은 모두 필연이었다. 자유주의에 매료되어 자유주의의 모습과 본질을 알고 싶어했고, 자유주의에 대해 알려줄 저작들을 스스로 찾아 나선 것이다.

삶은 그렇게 우연과 필연이 섞여서 이루어진다. 우연만으로는 너무 혼란스럽고 필연만으로는 우리의 눈길이 좁아진다. 형이상학자들도 갈피를 못 잡는 우연과 필연의 어우러짐 속에 삶의 묘미가 있다. 이 책을 읽는 독자들의 행보도 대체로 같을 것이다. 먼 뒷날 이 책과의 우연한 만남이 운명적이어서 그 뒤의 만남들은 모두 필연이었다고 술회하는 자유주의자들이 많이 나오기를 기대한다.

2부 바로 보는 대한민국 역사

3부 자유주의 거울에 비친 세상

4부 우리는 어떻게 번영을 이루나

1부

자유주의를 만나다

자유로운 비상을 꿈꾸며

신중섭(강원대학교 윤리교육과 교수)

『치명적 자만』,
프리드리히 하이에크 지음, 자유기업원 발행, 2004

인생은 만남의 연속이다. 살아가면서 우리는 사건을 만나고, 사람을 만나고, 책을 만난다. 만남을 통해 세상을 보는 우리의 눈과 인생의 좌표가 변한다. 우리는 만남을 통해 스스로 생각하고 그 생각을 토대로 세상을 보기 때문이다. 우리는 책을 만나면 그것을 세 번 읽는다(三讀). 우선 쓰인 책을 읽고, 다음으로 그 책을 쓴 사람의 마음을 읽는다. 왜 저자는 이 책을 썼는가, 그는 어떤 역사적 상황에서 이 책을 집필하였는가, 이 책을 쓸 당시 그의 '문제의식'이 무엇이었는가를 읽는다. 마지막으로 그 책을 읽은 자기 자신을 읽는다. 이 책이 나에게 어떤 생각을 새롭게 일어나게 하고, 나의 안목을 변화시켰는가를 읽는다.

우리의 삶에 결정적인 영향을 미치는 만남은 대체로 아직 자아 정체성이 강건하게 형성되지 않은 시기, 어린 시기에 일어난다. 물론 어른이 된 뒤에도 영혼은 닻을 내리지 못하고 방황을 계속하지만, 젊을 때만큼 움직임의 폭이 깊거나 넓지 않다. 자기 정체성이 상당부분 형성된 뒤에 새로운 책과 만났을 때, 그것이 사유의 방향을 완전히 변화시키는 경우는 드물다. 나이 든 사람의 독서는 혁명적인 단절이 아니라, 기존의 것에 무엇을 더 보태줌으로써 생각의 폭과 깊이를 더해줄 뿐이다.

『치명적 자만』은 나의 생각을 어떻게 바꾸었는가

내가 하이에크의 『치명적 자만』을 만난 것은 불혹의 나이 40세가 지나서였다. 늦은 나이에 만난 책이지만, 이 책은 나에게 결정적인 영향을 미쳤다. 나의 정신세계는 이 책을 만나기 전과 후로 확연히 구별된다. 이 책을 읽기 전에 나의 사유는 인문학적인 지적 터전을 벗어나지 못했다. 우리의 삶에 결정적인 영향을 미치는 사회·경제적 요인에 대한 이해가 깊지 않았다.

이 책이 나에게 미친 영향을 이해하려면, 이 책을 만나기 전 내가 어떤 책을 읽고 누구의 영향을 받았는지를 알아야 한다. 내가 교과서 이외의 의미 있는 독서를 시작한 것은 중학교 3학년 이후이다.

내가 다닌 학교는 보광동 언덕에 자리 잡은 오산(五山)중학교다. 오산중학교는 원래 북한 정주에 세워진 학교지만, 북한의 공산주의를 피해 남한으로 내려왔다. 이 학교의 설립자인 남강 이승훈은 기미독립선언서에 서명한 민족 대표 33인 가운데 한 사람으로, 일제시대 사업을 하다 도산 안창호의 연설을 듣고 감동하여 오산학교를 세웠다. 인재를 기르는 것이 독립의 길이라고 생각했던 것이다. 그가 만난 안창호의 강연이 그의 인생을 송두리째 바꾼 것이다.

오산중학교 교실의 전면에는 남강의 사진이 태극기와 함께 걸려 있었다. 입학하면서 이 학교의 설립자인 남강에 대한 이야기를 많이 들었다. 그때만 해도 교장선생님이 조회 때마다 훈화를 했고, 남강을 많이 언급하였던 것이다.

그런데 어느 날 까까머리 전교생이 운동장에 집합하여 강연을 듣게 되었다. 연사로 나선 사람은 다석 유영모, 함석헌, 안병욱이었다. 그 당시 나는 이분들이 어떠한 존재인지 몰랐다. 나중에 알고 보니 다석은 함석헌의 스승이고, 안병욱은 「사상계」와 관계하면서 함석헌의 글을 실어 함석헌을 세상에 알린 사람일 뿐만 아니라, 자신도 여러 저서를 통해 그 당시 젊은이들에게 많은 영향력을 행사하고 있었다. 세 사람이 돌아가면서 연단에 섰다. 그러나 기억에 남는 것은 안병욱의 3식주의(三植主義)뿐이다. 우리 사회가 발전하기 위해서는 3가지를 심어야 한다는 것이다. 그러나 3가지가 무엇인지는 분명하게 기억나지 않는다. 산에 나무를 심고, 마음에 양심을 심고, 사회에 인재를 심어야 한다고 했던가? 지금 생각하면 유영모와 함석헌의 말씀은 너무 심오하고 어려워 중학생인 내가 아직 받아들일 수 없었다.

이를 계기로 나는 교과서 밖에 거대한 세계가 있다는 사실을 알게 되었다. 그 뒤 안병욱의 책을 구해 읽고, 그의 책을 읽으면서 당시 젊은이들에게 영향이 컸던 김형석, 김태길의 책도 읽게 되었다. 이들의 충성스러운 독자가 된 것이다. 이들의 책을 읽으면서 자연스럽게 당시 영향력 있던 종합지인 장준하의 「사상계」를 헌책방에서 구해 읽었다. 「사상계」를 통해 함석헌의 글을 읽고, 함석헌을 통해 간디를 읽게 되었고 또 아프리카의 성자라는 슈바이처를 읽게 되었다. 이들은 모두 정신의 힘을 믿고 따른 사상가와 행동가였기 때문에 나는 그들과 유사한 일을 하겠다는 다짐을 하게 되었다. 고등학교를 졸업하고 신학과 철학을 공부한 것은 자연스러운 일이었다.

유신시대의 대학 생활이라 현실은 엄혹했지만, 그 나름대로 낭만과 꿈은 있었다. 엄혹한 현실의 영향으로 그 당시 많은 대학생들이 좌파적인 사상에 매력을 느끼고 있었다. 그러나 국가의 엄격한 통제로 마르크스의 책은 구경할 수도 없었다. 많은 학생들은 프랑크푸르트학파, 프롬, 마르쿠제, 헤겔을 읽음으로써 마르크스의 사상을 재구성하려고 하였다. 나도 이들의 책을 열심히 읽었지만 제대로 이해했다고는 할 수 없다. 이들은 내가 중요하다고 생각하였던 인간의 내면세계를 넘어 또 다른 세계, 곧 사회과학이 탐구하는 세계가 있다는 것을 알려주었다. 인간은 결코 사회로부터 독립된 정신적 존재만이 아니라는 것을 일깨워 주었다.

그러나 석, 박사 학위 논문을 준비하면서 사변적인 철학에 집중할 수밖에 없었다. 다만 내가 연구한 철학자가 칼 포퍼(Karl Popper, 1902~1994)였던 관계로 그의 『열린사회와 그 적들』『역사주의의 빈곤』은 나의 세상을 보는 눈에 중요한 영향을 미쳤다. 특히 『열린사회와 그 적들』은 탁월한 반공산주의 서적이었음에도 불구하고, 세계 최고의 반공국가인 우리나라에서 금서로 묶여 있었다. 80년대 초반 이전에는 영어 복사본만 은밀하게 구해볼 수 있었다. 국가의 허락으로 이 책의 번역이 나온 것은 1982년이었다.

내 생각을 바꾸어 놓은 한 권의 책

많은 젊은이들이 마르크스주의자로 넘어가고 있었던 때에, 내가 마르크스주의에 깊이 들어가지 않았던 이유는 포퍼를 읽었기 때문이다. 그러나 나의 사회과학적 사고가 포퍼에 멈추지 않을 수 있었던 것은 1995년 한국경제연구원의 공병호 박사 의뢰로 하이에크의 『치명적 자만』을 번역하기 시작했기 때문이다. 하이에크(F. A. Hayek, 1899~1992)는 1974년 노벨 경제학상을 수상하였다. 나는 이 책을 접하기 전에 하이에크의 '자생적 질서'라는 말을 들어보기는 했지만, 그의 사상을 자세히 알지는 못했다.

『치명적 자만』은 하이에크가 저술한 마지막 책으로, 1988년 하이에크 전집 1권으로 출간되었다. 이 책은 철학책이고, 경제학 책이며, 동시에 역사·문화사 책이다. 영어 원서 본문은 135쪽 남짓한 작은 책이지만, 이 책은 강한 폭발력을 지녔다. 기성의 생각을 깨고 새로운 생각을 열어준다. 이 책은 나의 생각을 새롭게 열어 내가 알지 못했던 경제학의 세계로 인도하였다.

하이에크의 자생적 질서 이론을 알게 됨으로써 나는 '혁명'이 아닌 '진화'를 신뢰하게 되었다. '인류 문명은 오랜 기간에 걸쳐 진화한 것이지 순간적인 혁명을 통해 형성된 것이 아니다.'라는 깨달음을 얻은 것이다. 하이에크의 자생적 질서 이론을 통해 자유주의와 자본주의에 대한 이해가 확장됨으로써 나는 우리 사회와 체제가 올바른 이념에 기초하고 있다는 확신을 갖게 되었다. 이렇게 함으로써 나는 비로소 내가 몸담고 있는 사회, 체제에 대해 정당성을 부여하고, 그것과 나를 동일시할 수 있게 되었다. 체제에 대한 확신이 없는 사람은 그 체제 안에서 자신의 삶에 대한 확신이 흔들릴 수밖에 없다. 이런 사람은 혁명을 꿈꾸거나 현실로부터 도피하게 된다.

'사회주의의 오류'라는 부제가 보여주듯 『치명적 자만』의 주요 과제는 사회주의를 비판하고 자유시장 경제를 옹호하는 것이었다. 우리 시대의 가장 영향력 있는 정치 운동인 사회주의가 명백한 거짓 전제에 기초하고 있다는 것이다. 우리 시대의 가장 탁월한 대표적 지성인들이 선한 의도로 그 운동을 주도하였음은 분명하다. 그럼에도 그 운동이 지구 인구의 상당수 사람들에게 최소한의 인간다운 생활수준도 보장하지 못했다는 것을 이 책은 보여주고 있다.

하이에크는 이 책을 20세기 이후 인류 역사에 결정적인 영향을 미치고 있던 사회주의와 사회주의적 사고의 변형인 국가개입주의의 문제가 도덕적, 개인적 차원이 아니라 아예 이론적으로 거짓임을 보여주기 위해 집필하였다. 사회주의와 자유주의 중 무엇을 선택할 것인지의 문제는 가치의 문제가 아니라 참과 거짓을 따지는 사실의 문제라는 것이다. 사회주의는 이상은 좋지만 실현불가능하기 때문에 나쁜 이론이 아니라, 사실적으로 거짓이라는 것이다. 그것은 거짓 이론이며, 포퍼의 표현을 빌리자면 '거짓으로 밝혀진 사이비 과학 이론'이다.

이 책을 읽고 나는 하이에크가 도덕을 원시 사회의 도덕과 거대 사회의 도덕으로 구분하고 있다는 사실에 놀라게 되었다. 내가 그때까지 알아온 도덕의 특성 가운데 가장 중요한 것은 도덕률이 보편성을 지녀야 한다는 것이었다. 곧 도덕은 시간과 공간을 뛰어넘어 어느 시대, 어느 곳, 누구에게나 일반적으로 통용될 수 있어야 했다. 그러나 하이에크는 이타심, 연대성에 기초한 원시 사회의 도덕과 정직, 성실, 계약 준수, 약속 이행과 같은 거대 사회의 도덕이 구분된다고 하였다. 그리고 그동안 철학에서 배워온 이성의 특성과 그가 밝힌 이성의 특성이 다르다는 점이 또한 나에게는 충격이었다.

이 책은 사회주의에 대한 나의 생각도 완전히 바꾸어 놓았다. 하이에크가 인용하고 있는 미제스의 사회주의에 대한 평가, 곧 "사회주의의 이념은 숭고하기도 하고 단순하기도 하다. … 실제로 우리는 사회주의의 이념을 인간 정신의 창조물 가운데 가장 야심적인 것 가운데 하나라고 할 수 있다. … 그 이념은 고상하고 대담하기 때문에 당연히 엄청난 찬사를 불러일으켰다. 그럼에도 불구하고 만일 우리가 이 세상을 야만에서 구하려고 한다면 사회주의를 논박해야만 한다. 우리는 부주의하게 그것을 그냥 제쳐 놓을 수 없다."는 주장은 사회주의에 대한 나의 생각을 바꾸어 놓았다.

그때까지 나는, 사회주의가 이념적으로 옳지만 현실에서 잘 작동하지 않는 문제가 있을 뿐이라고 믿었다. 사회주의가 도덕적으로는 자본주의보다 우월하지만, 효율성 면에서 자본주의에 뒤진다고 믿었다.

이런 생각이 완전히 잘못이라는 것을 『치명적 자만』을 통해 알게 되었다. 오늘날의 거대사회에서 사회주의는 도덕적으로, 그리고 인식론적으로 치명적인 문제를 안고 있다는 것을 알게 되었다. 이 책을 읽고 나서 '사회주의가 번성하고 시장질서가 파괴되면 오늘날 우리가 쌓아올린 문명이 파괴될 수밖에 없다.'는 하이에크의 주장을 받아들이게 되었다. 사회주의자의 도덕을 따른다면 현재 인류 문명의 많은 부분은 파괴되고 나머지 많은 부분도 빈약하게 될 것이라는 사실을 깨닫게 된 것이다.

나는 『치명적 자만』을 읽고, 생각하고, 번역하면서 '사회주의' 이념에 대한 '개념 돌파'를 할 수 있었다. 이런 '개념 돌파'를 통해 보이지 않았던 세계를 보게 되었고, 보였던 세계를 새롭게 보게 되었다. 『치명적 자만』은 나에게 경제학을 통해 볼 수 있는 새로운 세상을 열어 주었다. 나는 사회주의에 대한 하이에크의 통찰과 비판에 힘입어 사회와 역사에 대한 지적 낭만주의에서 벗어나 충실한 자유주의자가 되었다.

진화의 산물, 우리의 문명

하이에크는 인간 협동의 확장된 질서로서의 자본주의가 자생적 질서로서 인류 문명의 파수꾼이라고 보았다. 확장된 질서는 인간의 설계나 의도에서 나온 것이 아니다. 자생적으로 생겨나는 것이다. 아무런 의식이나 의도 없이 어떤 전통적, 주로 도덕적 관행을 따르다 보면 발생한다. 그런데 문제는 사람들이 그러한 관행 가운데 많은 부분을 싫어하고, 그 관행의 중요성을 이해하지도 못하고, 그 관행의 타당성을 증명하지도 못한다는 것이다.

확장된 질서를 우연히 선택한 집단은 인구와 부의 증가로 번성하게 된다. 그러나 그 질서에 대한 적응은 무의식적이고, 내키지 않고, 고통스럽다. 그래도 일단 확장된 질서에 적응하면 그 집단을 하나로 묶어주고, 다양한 종류의 가치 있는 정보에 접근할 수 있는 기회를 증가시켜 준다. 즉 그들이 "생육하고, 번성하여 땅에 충만하고, 그리고 땅을 정복할 수 있게 해 주었다."(창세기 1장 28절)

우리는 사회의 질서가 합리적인 이성의 산물이어야 한다고 믿는다. 이성적인 것이 현실적인 것이 되어야 한다고 믿는다. 이런 믿음은 혁명 사상을 옹호한다. 지금 존재하는 세계가 이성의 관점에서 볼 때 문제가 있다면, 혁명을 통해 이 세상을 변혁해야 한다는 것이다. 그러나 자생적 질서 이론은 진화론에 기초하고 있다. 이러한 진화론은 인류 문명이 오랜 기간에 걸쳐 진화한 것이지 순간적인 혁명을 통해 형성된 것이 아니라고 주장한다.

확장된 질서를 거부하는 사회주의는 분배가 도덕 원리에 입각하여 이루어져야 한다고 믿는다. 도덕적 원리에 따른 분배는 모든 자원을 감독할 수 있는 중앙 권력이 있을 때 가능하며 궁극적으로는 사유재산 제도가 폐지되어야 완전하게 이루어질 수 있다.

자본주의와 사회주의 사이의 대립과 갈등은 가치에 대한 문제가 아니라 사실의 문제이다. 사회주의의 옹호자들, 곧 중앙계획 경제의 옹호자는 자원의 생성과 이용에 대한 잘못된 지식을 가지고 있다. 사회주의자들은 중앙계획 경제를 운영하기 위해 필요한 엄청난 양의 지식을 권력으로 수집하여 부를 산출하는 데 사용할 수 있다고 믿는다. 그러나 그것은 원리적으로 불가능하다. 인간의 이성은 제한적이며 지식은 분산되어 있기 때문이다.

사회주의자들은 이성을 통해 멋있는 세상을 하루아침에 건설할 수 있다고 생각한다. 그들은 이 세상을 아파트를 헐고 새롭게 짓는 건축 사업처럼 설계도에 따라 바꿀 수 있다고 생각한다. 하이에크가 '설계주의적 합리주의'라 이름붙인 이 생각은 "인간이 사회 제도와 문명을 창조했기 때문에, 자신의 바람과 원망을 충족시키기 위해 그것들을 마음대로 바꿀 수 있어야만 한다."고 생각한다. 설계주의적 합리주의는 "모든 사회 제도는 인간 이성의 면밀한 디자인의 산물이거나 산물이어야만 한다."는 전제에서 출발한다. 이들은 "훌륭한 법을 원하면, 지금 가지고 있는 법을 불살라 버리고 스스로 새로운 법을 만들라."고 한 볼테르의 말을 신봉한다.

도덕 규칙은 진화의 산물

하이에크는 사회주의도 이성에 대한 절대적인 신앙에서 나왔다고 설명한다. 플라톤 이후 서구에서 이성은 사회 변혁의 가장 강력한 수단으로 이해되어 왔다. 그러나 이성에 대한 맹목적인 신뢰는 치명적 자만을 낳는다.

그렇다고 하이에크가 이성을 전면적으로 부정하는 것은 아니다. 그는 정당하게 사용된 이성을 옹호한다. 정당하게 사용된 이성은 '이성의 한계'을 인정하는 이성이다. 이성의 한계를 겸손하게 받아들이는 사람들은 경제학이나 생물학이 보여주는 놀라운 사실을 받아들인다. 이러한 이성은 설계 없이 만들어진 질서가 인간이 의식적으로 고안한 질서보다 훨씬 더 낫다는 것을 인정한다. 신중하고, 겸손하고, 점진적인 방식을 추구하는 이성이 전통적인 제도와 도덕적 원리들을 검토하고, 비판하고, 거부할 수 있다는 사실도 부정하지 않는다. 곧 규범과 제도를 개선하는 힘으로서의 이성을 부정하지 않는다.

하이에크는 지식의 발전을 진화론적으로 설명할 뿐만 아니라 도덕 전통도 진화론적으로 설명한다. 인간의 삶에 결정적인 영향을 미치는 도덕도 언어, 법률, 시장, 화폐와 같이 자생적 질서로서 진화의 산물이다. 하이에크는 "도덕의 규칙들은 … 이성의 산물이 아니다." 라는 흄의 도덕 사상을 수용한다. 이를 계기로 하이에크는 도덕 규칙은 이성의 산물이 아니라 진화의 산물이라는 결론에 도달한다.

하이에크에 따르면 도덕은 '이성과 본성의 사이'에 존재한다. 우리 문화의 많은 다른 모습들처럼 우리의 도덕적 전통은 순전히 이성의 산물이 아니라 이성과 동시에 발달하였다는 것이다. 하이에크의 이러한 생각은 이성의 초월성을 주장해 온 서양 철학의 주류 전통에서 벗어난 것으로 우리에게 새로운 통찰을 제공한다.

이성의 역할에 대한 새로운 해석은 지식에 대한 새로운 관점을 제시하고, 이 관점은 우리의 경제적, 정치적 삶에 대해서도 새로운 관점을 제공한다. 지식이 그 본질상 분산되어 있다면, 분산된 지식을 잘 활용할 수 있게 하는 제도가 중요하다. 자본주의가 바로 지식을 가장 잘 이용할 수 있도록 해 주는 제도라는 것이 하이에크의 생각이다. 자본주의는 분산된 지식을 이용하는 탁월한 능력을 지니고 있다는 점에서 그렇지 못한 사회주의보다 우월하다.

자유를 허하라

세상을 보는 우리의 세계관을 단순하게 구분하면 자유주의적이 아니면 사회주의적이다. 우리가 특별한 지적 노력을 기울이지 않으면, 우리의 사고방식은 사회주의적으로 세팅된다. 이기주의가 아닌 이타주의, 개인이 아닌 공동체와 연대, 주체적 자아가 아닌 집단적 우리, 자기 책임이 아닌 사회 책임을 많은 사람들이 중시하는 이유는 우리가 그렇게 문화적으로 의식화되어 있기 때문이다.

자신이 문화적으로 그렇게 프로그램화되어 있다는 것을 깨닫는 것은 어렵다. '개념 돌파'는 어렵다. 개념 돌파는 자신이 갇혀 있는 세계를 깨는 것이다. 우리가 자신을 가두고 있는 세계를 끊임없이 성찰하면서, 새로운 세계에 대해 마음의 문을 열고 지적 여행을 이어가면, 순간순간 새로운 자신과 세계를 만나게 된다. 이러한 지적 여정에서 책만큼 좋은 친구는 없다. 독서는 우리 정신의 자유로운 비상(飛上)을 도와준다.

치열하게 자유를 지켰던 책

송복(연세대학교 명예교수), 송재윤(맥매스터대학 교수)

『노예의 길』
프리드리히 하이에크 지음, 나남 발행, 2006

오스트리아학파 경제학의 대가 하이에크는 20세기 서구지성사에서 거대한 산맥과 같다. 흔히 그 산맥을 일컬어 '자유지상주의(libertarianism)'라 부르지만, 하이에크 자신은 정작 이 산맥을 시종일관 '자유주의(liberalism)'라 불렀다. 그의 자유주의 경제학에 입문하기 위해선 1944년 처음 출판된 그의 저서 『노예의 길』에서 시작하는 것이 가장 요긴할 듯하다.

15장의 중후한 에세이로 구성된 전체 250쪽의 짧은 분량이지만, 이 책 속엔 현대문명을 지탱하는 자유주의 경제학의 핵심원리가 압축적으로 제시되어 있다. 방대한 인문교양과 심오한 사회과학의 지식을 술술 읽히는 예리한 문체에 담은 이 책은 출판 직후부터 폭발적인 대중적 반향을 불러일으켰다. 이후 수십 년에 걸쳐 영·미권에서만 200만 부 이상 팔려나갔다. 무엇이 이 책을 현대의 고전으로 만든 것일까?

너무나 절실했던 자유주의

우선 이 책이 발표된 1944년의 역사적 상황에 주목해야 한다. 당시는 제2차 세계대전이 진행 중이었다. 1938년 오스트리아가 나치즘의 치하로 떨어지자 오스트리아학파 경제학의 태두 루트비히 폰 미제스(Ludwig von Mises, 1881~1971)는 1940년에 미국 망명길에 올랐다. 미제스의 제자였던 하이에크는 이미 1931년부터 런던경제대학에 재직 중이었다. 하이에크 역시 히틀러 정권의 출현을 목도하면서 귀국을 완전히 포기하고 본격적으로 자유주의 경제학의 대변인을 자임했다.

히틀러 나치정권의 출현이 직접적 집필동기를 제공했지만, 하이에크는 이 책에서 보다 근원적인 경제학의 핵심문제를 다루고 있다. 바로 사적소유와 시장경제의 철학적 원리를 구명(究明)하는 것이었다. 제2차 세계대전 발발 이전 이미 하이에크는 최대의 경제학적 난제에 봉착해 있었다. 1929년 뉴욕 증시를 강타한 대공황 이후 1930년대 영국 경제학은 케인즈의 영향 아래 있었다. 자본주의 시장경제의 위기 속에서 국가 주도의 간섭주의 계획경제가 새로운 시대정신으로 대두했다. 그런 사회 분위기 속에서 대부분의 구미 지식인들은 사회주의 명령경제에 열광하거나 사회민주주의 복지국가 모델에 경도되었다. 대공황과 더불어 19세기 자유방임주의 고전경제학은 낡은 시대의 유물로 치부되었다. 1931년 초반까지 경제학자로서 큰 명성을 떨쳤던 하이에크는 점점 세력을 상실해 1930년대 후반에 이르면 단 한 명의 제자밖에 못 받는 비주류로 밀려났다.

1930년대 1,000만 이상의 농민, 노동자가 강제노역과 기근으로 죽어갈 때, 소련을 방문했던 구미의 좌파 지식인들은 줄기차게 스탈린을 구세의 영웅으로 찬양했다. 아일랜드 출신 극작가 버나드 쇼가 대표적이다. 그 당시 소련을 직접 방문했던 유럽 좌파지식인들 중에서 스탈린 독재를 정면으로 비판했던 인물은 프랑스 소설가 앙드레 말로 밖에 없었다. 스탈린 독재의 실체를 꿰뚫어 보고 『1984』와 『동물농장』 등의 명작을 썼던 영국의 소설가 조지 오웰 역시 소수의 정직한 지식인이었다. 이들을 제외한 당시 유럽의 좌파세력은 전체주의 스탈린의 나팔수 역할을 충실히 수행했다. 1950년대 레이몬 아롱이 『지식인의 아편』을 집필했던 배경이다.

바로 그런 상황에서 하이에크는 '소수의 경제전문가에 의한 사회주의 정권의 경제계획이 참혹한 실패로 귀결될 수밖에 없음'을 예견했다. 1990년대 사회주의권 붕괴라는 현실을 그는 반세기전 이미 내다봤던 것이다. 구미 지식인들의 사회주의 성향에 비춰 보면, 그의 통찰은 가히 독보적이라 할 수 있다.

사회주의에 대한 그의 비판은 제2차 세계대전이 절정으로 치닫던 1941년에서 1943년 사이에 구체화되었다. 하이에크는 그의 조국 오스트리아를 점령한 나치즘의 정체를 파헤치면서 1930년대 구미의 지식계에 만연했던 사회주의에 대한 체계적 비판을 시도했다. 『노예의 길』이 바로 그 시절의 산물이다. 전 유럽이 나치정권의 침범으로 세계전쟁의 소용돌이에 휩싸인 동안, 그는 대공황 이후 소멸의 위기에 몰린 자유주의 경제학의 재정립을 위해 이 책을 썼다.

같은 시기 하이에크와 함께 런던 경제대학 철학과에 재직했던 현대 과학철학의 대가 칼 포퍼는 『열린사회와 그 적들』을 발표했다. 이 책은 플라톤에서 마르크스까지 이어지는 목적론적 역사주의(historicism)에 맞서 자유민주주의의 이념을 밝힌 세기의 명저이다. 긴밀한 학술적 교류로 서로에게 큰 영향을 끼쳤던 두 사람은 스탈린식 공산독재와 히틀러식 국가주의는 모두 '전체주의(totalitarianism)'라 생각했다. '스탈린'과 '히틀러'는 동전의 양면일 뿐이란 것이다.

당시 지식인들은 게르만 종족주의와 국가지상주의를 표방한 히틀러의 나치즘을 우익극단주의(right wing extremism)라 파악했다. 반면 하이에크는 나치즘의 기원을 사회주의에서 찾았다. 스탈린식 공산독재와 마찬가지로 히틀러식 국가사회주의 역시 경제적 자유를 침해했기 때문이었다.

전체주의에 맞선 자유주의

『노예의 길』 12장 '나치즘의 사회주의적 기원'에서 하이에크는 나치즘 근저엔 바로 사회주의 방식의 집체주의(collectivism)가 깔려 있음을 고발한다. 그의 견해에 따르면 나치즘의 출현 역시 개인의 경제적 자유를 침해하는 국가주의 계획경제의 산물이었다. 나치식 국가주의 사상의 계보를 파헤쳐 보면 피히테 등 독일관념론의 거장들이 추구했던 인민공동체(Volksgemeinschaft)의 이상과 직결된다. 이들은 영국인의 상혼(商魂)을 경멸했으며, 개인의 행복추구는 사악한 이기심이라 간주했다. 하이에크는 바로 그런 독일전통의 사상적 기초 위에서 나치즘의 국가사회주의가 자라났다고 주장한다.

전체주의에 맞서는 '경제적 자유'의 회복은 하이에크 정치철학의 핵심적 의제다. 스탈린식 공산전체주의 독재와 히틀러식 국가주의 독재를 모두 '사회주의'의 결과라 규정한 하이에크는 『노예의 길』 전반에 걸쳐 사회주의 계획경제의 모순을 고발한다. 그에 따르면 사회주의 시스템은 실패로 귀결될 수밖에 없다.

첫째, 경제적 현실의 복잡성 때문이다. 명령경제의 신봉자들은 자원의 효율적 배분과 자본의 합리적 규제를 통한 최적의 생산조건을 마련할 수 있다고 믿는다. 하지만 현실 경제는 인위적·합리적 관리의 범위를 넘어서는 거대한 카오스 세계에 가깝다. 1960년 출간된 그의 역저 『자유헌정론(The Constitution of Liberty)』에서 하이에크는 이 견해를 더욱 발전시킨다. 그에 따르면 인간의 지식이란 건축물처럼 완성되는 것이 아니라 인간의 뇌 속에서 진행되는 동적인 사유의 과정일 뿐이다. 지식은 책 속에 활자로 존재하는 것이 아니라 인간의 뇌리에서 생리적으로 작동한다. 즉 인간의 지식은 명백한 한계를 갖는다. 수십 억 인구의 경제적 활동을 '이성적으로' 제어할 수 있는 경제이론은 있을 수 없다. 그런 경험적 불가지론에 입각해 그는 사회주의 명령경제의 '치명적 오만(fatal conceit)'을 지적한 것이다.

둘째, 경제현실에서 경쟁의 배제는 성장의 동력 자체를 파괴한다는 것이다. 경제는 경쟁을 통해서만 성장과 분배의 선순환을 이룰 수 있다. 흔히 하이에크가 정부의 불간섭을 신봉하는 경제적 무정부주의자라 오해되곤 하지만, 그는 이 책에서 분명하게 경제에 대한 국가의 개입을 요구하고 있다. 다만 그가 말하는 국가의 개입은 경쟁의 배제를 위한 사회주의적 개입이 아니라 경쟁의 최적화를 위한 자유주의적 개입이다. 독과점 제한, 안전규제, 규칙의 입법화는 경쟁을 최적화시키기 위한 자유주의적 국가개입이다. 법치의 골조(framework)를 마련한 후 국가는 시장경제의 조건 속에서 개인의 경제적 자유를 최대한 보장해야만 한다.

셋째, 경제적 통제는 전체주의를 초래한다는 것이다. 국가의 경제개입은 시장경제의 자생적 가격조절기능을 파괴한다. 시장의 기능이 파괴되면 개개인은 경제적 자유를 잃는다. 경제적 자유를 상실한 개인은 필연적으로 정치적 자유를 상실할 수밖에 없다.

이렇듯 정치적 자유의 핵심에는 경제적 자유가 있다. 경제적 자유란 쉽게 말해 개개인의 사적 소유권을 말한다. 근대민법 3대 원칙인 사적 소유 절대의 원칙, 사적 자치의 원칙 및 자기책임의 원칙은 개인의 경제적 자유를 근간으로 한다. 경제적 자유를 상실한 개인은 정치적 억압과 경제적 빈곤의 늪에 빠져 결국 모든 자유를 빼앗기고 만다. 이는 70년에 걸친 사회주의 실험을 통해서 경험적으로 증명된 명백한 현실이다.

요컨대 하이에크는 스탈린주의와 히틀러주의가 맹위를 떨치던 바로 그 상황에서 인간이 스스로의 존엄을 지키는 최고의 수단적 가치로서 경제적 자유의 중요성을 역설했던 것이다. 국가에 의한 개인의 경제적 자유 침해는 소수의 통치자들에게 대다수의 개인들이 무력하게 복속되는 것을 의미한다. 경제적 자유의 상실은 결국 비참한 예속의 길을 초래하고 만다. 하이에크가 간파했던 『노예의 길』은 바로 지상의 유토피아를 약속하고 개인의 자유를 빼앗은 20세기 전체주의 정권의 폭력에 기인하는 것이다. 그런 분석 위에서 그는 '전체주의란 바로 개인의 경제적 자유를 빼앗는 사회주의 명령경제 시스템'이라 주장한다.

번영으로 향하는 자유의 길

한국현대사는 거대한 세계사적 실험장이었다. 긴 세월 한 나라로 존속하면서 같은 문화와 거의 비슷한 지리적 환경을 가진 남북한은 60년간의 세계사적 실험을 통해 양극단으로 벌어졌다. 대한민국은 세계 10대의 경제대국으로 급성장해서 두 번의 정권교체를 이룬 자유민주주의 체제로 번영을 누리지만, 북한은 최소한의 인권도 없는 인류사 최악의 전체주의 세습 독재국가로 전락했다.

과거 역사학자들은 지정학적 위치와 문화를 독립변수로 삼아 세계사의 변화를 설명해왔다. 하지만 남북한의 극단적 분화 과정을 추적하는 과정에서 이제 그들은 국가의 흥망을 가르는 가장 직접적이고 중요한 변수는 바로 정치적·경제적 제도란 점을 깨닫기 시작했다(Daron Acemoglu, et al, 『Why Nations Fail』).

경제적 자유를 보장하는 포용적 자유주의 경제시스템은 발전과 번영의 길이고, 국가권력이 개인의 경제적 자유를 침해하는 배타적 명령경제 시스템은 하이에크의 통찰대로 '노예의 길'인 셈이다. 분단의 현실을 타개해갈 대한민국의 젊은 세대는 모든 선입관을 깨끗이 다 버리고 반드시 이 책을 읽어야 한다. 이른바 '386세대'들은 80년대 반독재 투쟁과정에서 공산독재의 참혹한 현실에 눈을 감고 관념적이고 무비판적으로 유토피아의 환상에 빠져 '김일성주의'를 추종하거나 소련을 사회주의 조국으로 동경하기도 했다. 그들의 지적 아둔함과 이념적 무책임을 반복해선 안 될 것이다.

하이에크는 대한민국 헌법에 명시된 '자유'의 가치에 관하여 정치철학적으로 심오한 통찰을 하고 있다. 누구나 이 책을 통해 국가와 인간에 관한 새로운 지혜에 눈을 뜰 수 있다. 모든 고전이 그러하듯 이 책은 앞으로 1,000년 후에도 읽힐 것이다. 『노예의 길』은

20세기 인류사의 정신적 방황과 갈등이 고스란히 담긴 역사의 기록이면서 동시에 미래의 비전을 담고 있는 예지의 청사진이기 때문이다.

법을 약탈의 수단으로 전락시키지 마라

김정호(프리덤팩토리 대표, 연세대학교 경제대학원 특임 교수)

『법』
끌로드 프레데릭 바스티아 지음,
자유기업센터 발행, 1997

바스티아의 『법』은 자유주의자의 입문서이자 필독서이다. 짧은데다가, 쉽게 읽을 수 있고 필요한 내용은 모두 담고 있어서 그렇다.

바스티아가 원래 『법』이라는 제목으로 책을 썼던 것은 아니다. 그는 책이 아니라 법이나 국가, 경제학에 대한 팸플릿들을 많이 썼는데 그 중에서 좋은 것을 골라 편집해 놓은 것이 이 책이다. 첫 번째 장인 '보이는 것과 보이지 않는 것'에 이어 '법' '재산권과 법' '정의와 박애' '국가'의 순으로 이어진다.

소제목들에서 드러나듯이, 이 책의 핵심은 법과 국가와 개인의 관계이다. 여러분은 개인과 국가 중에 어느 쪽이 우선이라고 생각하는가? 개인이 먼저라고 생각하면 당신은 자유주의의 문턱을 넘어섰다고 봐도 된다. 그렇다고 자유주의가 국가를 무시한다는 뜻은 아니다. 바스티아처럼 대부분의 자유주의자들은 국가를 인정한다. 다만 개인들, 시민들이 국가를 필요로 하는 것이지 국가가 필요해서 시민이 존재할 수는 없다는 것이다. 그렇기 때문에 국가가 함부로 개인의 생명과 자유와 재산을 침해해서는 안 된다.

생명과 자유,
그리고 재산을 지킬 권리

바스티아에게 국가는 시민들의 대리자일 뿐이다. 우리들 각자는 누구나 각자 자신의 생명과 자유와 재산을 방어하고 지킬 권리가 있다. 각자의 자유는 다른 사람의 자유를 침해하지 않는 범위 내에서만 허용된다. 따라서 누군가가 타인의 자유와 재산을 침해한다면, 침해당한 그 사람은 당연히 자신에 대한 공격을 퇴치할 정당한 권리가 있다.

중요한 것은 자신의 생명과 자유와 재산을 방어할 권리가 국가가 만들어지기 전부터 존재해왔다는 것이다. 그러니까 국가란 시민들로부터 그 방어권을 위임받은 존재에 불과하다. 국가가 방어권을 준 것이 아니라는 말이다. 법이란 국가가 맡은 임무를 수행하는 수단이다. 바스티아의 말을 직접 인용해보자.

"법이란 과연 무엇일까? … 각 개인들의 자기방어권을 집단화시킨 것이다."

우리들 각자가 자신의 인격과 자유, 재산을 지킬 권리는 국가가 준 것이 아니라 스스로 가지고 태어난다는 생각이 자유주의의 중요한 철학적 기초를 이룬다.

여기서 특히 눈여겨보아야 할 대목은 재산권에 대한 인식이다. 보통의 사람들은 바스티아의 절반에만 동의할 것이다. 국가가 시민 각자의 생명을 침해해서는 안 된다는 것 말이다. 반면 재산도 생명과 같은 가치를 가진다는 점에는 공감하지 않는 사람도 많을 것이다.

그러나 바스티아에게는, 그리고 대다수의 자유주의자들에게는 재산도 생명처럼 귀하며 방어할 가치가 있다.

"우리들 각자는 자연과 하나님으로부터 자신의 인격과 자유와 재산을 방어할 권리를 부여받았다. 그 세 가지는 생명을 구성하는 요소일 뿐 아니라, 또 상호 보완적이어서 어느 하나가 빠져버린다면 다른 것들도 제 힘을 발휘할 수 없다. 재능이 생명의 연장이 아니라면 도대체 재능이 무슨 소용이겠으며, 재산이 재능의 연장이 아니라면 재산은 또 무슨 소용이겠는가."

나는 특히 마지막 부분에서 감동을 받았다. 이렇게 국가가 시민 각자의 생명과 자유와 재산을 지켜주는 일에 충실하다면, 그리고 시민들도 이 자유주의 원리를 받아들인다면 인간 사회는 평온과 풍요를 구가할 것이다. 각자는 자유롭게 자신의 인생을 결정할 것이고 그 결과에 대해서 책임도 질 것이다. 바스티아에게 그것이 바로 정의이다.

법도 타락할 수 있나

하지만 그렇게 살고 싶지 않은 사람들이 있어서 법이 타락하기 시작한다. 스스로의 노력으로 살기보다, 남이 생산한 것에 편승해서 살려는 사람들이 문제다. 정치인들은 그런 사람들에게 공짜로 살 수 있는 '법'을 만들어주겠다며 표를 얻는다. 그리고 다른 누군가의 것을 빼앗아 자신의 지지자들에게 나눠주는 '법'을 만든다. 각자의 것을 지켜줘야 할 법이 누군가의 것을 약탈해서 다른 누군가에게 나눠주는 도구가 되는 것이다. 그것이 바로 법의 타락이다.

"법은 … 타인의 인격과 자유, 재산을 착취하려는 자들이 일말의 망설임도 없이 그 일을 할 수 있도록 집단적인 폭력을 동원해 주고 있다. 약탈행위에다가 권리라는 이름을 붙여 줌으로서 법은 약탈을 권리로 탈바꿈시켜 버렸다. 그뿐 아니다. 타인의 약탈에 대한 방어를 범죄로 만듦으로서 정당한 방어가 처벌의 대상이 되어 버렸다."

하지만 사람들이 가만히 앉아서 당하고만 있겠는가. 저마다 법을 이용해서 합법적 약탈에 나설 것이다. 정치인들에게 자신들을 위한 법을 만들어서 뭔가를 베풀어달라고 요구하게 된다. 국가는 만인이 만인을 약탈하는 도구가 되어 버린다. 국가는 그것을 약탈이라고 하지 않고 복지, 보호, 지원이라고 부르지만 약탈이라는 사실에 변함은 없다. 그래서 바스티아는 그런 국가를 거대한 허구로 보았다.

"국가라는 것은 만인이 만인을 등쳐먹고 사는 거대한 허구이다"

국가는 다른 누군가에게 나눠주기 위해 법으로 시민들에게 박애와 사랑을 요구한다. 세금을 내서 남들을 도와주라는 것이다. 하지만 강요된 박애와 사랑은 약탈이다. 박애와 사랑은 훌륭하고 고귀한 가치이지만, 자발적일 때에만 고귀하다. 국가가 법으로 강요하는 박애는 박애가 아니다.

"자발적이지 않은 박애는 있을 수 없다. 법으로 박애를 선포하는 것은 박애를 절멸시키는 것이다. 법이 인간에게 정의로움을 강요할 수는 있지만, 자기희생을 강요할 수는 없다."

결국 시민 각자가 타고난 자신의 생명과 자유와 재산을 지키는 것이 정의이며, 그 정의를 집단화해 놓은 것이 제대로 된 법이고 국가이다. 법에게 그 이상을 요구하기 시작하면 법은 정의가 아니라 오히려 약탈의 수단이 되어 버린다.

보이는 것과 보이지 않는 것

이상이 제2장부터 5장까지의 내용인데 이 책은 흥미롭게도 조금은 이질적인 내용을 제일 앞으로 내놓고 있다. '보이는 것과 보이지 않는 것'이라는 제목의 제1장이다. 보이는 것, 보이지 않는 것은 직접적 효과와 간접적 효과라고 불러도 좋을 것 같다. 예를 들자면 이런 것이다. 당신 아이가 당신 집의 유리창을 깼다고 해보자. 당신은 새 유리창을 끼워야 할 것이고 그러자면 유리공장의 생산이 늘어날 것이며, 거기서 고용이 늘 것이다. 이런 것들이 바스티아가 말하는 '보이는 것'이다. 보이는 것만 보면 마치 유리창 깨는 것이 좋은 일처럼 보인다.

하지만 또 다른 측면을 생각해 보면 달리 보일 것이다. 유리창이 깨지지 않았다면 당신은 유리창을 살 돈으로 옷을 샀을 것이고 옷공장의 생산이 늘어나 거기서 고용이 창출되었을 것이다. 바스티아는 그것을 '보이지 않는 것'이라고 불렀는데, 대다수의 사람들은 그 부분을 생각하지 못할 때가 많다. 보이지 않는 것까지 고려할 경우 유리창을 깬 것은 해로운 행위이다. 유리창이 깨지지 않았다면 유리창과 옷, 두 가지 모두를 가질 수 있었기 때문이다.

이 개념을 이해하지 못하기 때문에 사람들은 보이는 효과만을 추구하는 정책을 펴곤 한다. 일자리를 만든다며 세금을 거두어 실업자들을 고용하는 것도 그렇다. 그 세금을 내는 곳에서는 더 많은 일자리들이 파괴되었을 텐데도 말이다. 보호무역이라는 것도, 산업지원 정책이라는 것도 대부분 보이는 것만을 추구하기 때문에 생겨나는 해로운 정책들이다.

그런데도 사람들은 줄기차게 보이는 것만을 위한 정책을 요구하고 만들어낸다. 바스티아는 그런 세태를 풍자하기 위해 양초제

조업자들의 탄원서라는 조크를 지어낸다. 양초제조업자들이 의회에다가 제발 태양을 가려달라는 내용의 탄원서를 제출한 것이다. 햇볕이 사라지면 사람들마다 양초를 사야 할 것이고, 그 결과 생산량은 폭발적으로 늘어날 것이며 고용도 늘 것이다. 관련 산업들도 번창할 것이다. 그러니 경제를 위해서 태양을 가려 달라! 말도 안 된다는 것을 누구나 인정하겠지만, 사실 시민들이 국가에 요구하는 보호와 지원정책의 대부분이 이 우스꽝스러운 탄원서와 하나도 다를 것이 없다.

경제학을 배운 사람이라면 이 이야기를 읽다가 아마도 익숙한 개념이 떠오를 것이다. 바로 기회비용이다. 기회비용이란 무엇을 하기 위해 포기해야 하는 다른 무엇을 말한다. 바스티아는 기회비용 개념을 정교하게 사용한 최초의 사람일 것이다.

이 책을 내가 번역하게 된 것은 영광이었다. 1998년 나는 자유기업센터의 법경제 실장직을 맡고 있었는데, 어느 날 당시 소장이었던 공병호 박사가 내게 영어책을 한 권 건네면서 번역을 해보겠냐고 했다. 바스티아의 『The Law』였다. 당시 자유기업센터는 자유주의 고전들을 번역해서 자유주의 시리즈로 출판하기 시작했는데, 그 중의 하나로 내자는 것이었다. 자유주의에 매료되어 있긴 했지만 아직 바스티아를 잘 알지 못하는 상황이었다. 그러니 이 책조차 읽어 보지 않은 상태였지만 순전히 제목이 좋아 하겠다고 선뜻 맡았다.

읽어보니 무척 매력적인 책이었다. 바스티아라는 사람에게 반했다고나 할까. 핵심을 찌르면서도 위트가 번뜩였다. 한마디 한마디가 보석 같이 다가왔다. 그런 만큼 더욱 정성을 다해서 번역했고 그 결과물이 이 책이다.

쉽지만 자유주의자의 신조를 주는 데에 부족함이 없는 이 책을 여러분에게 강력 추천한다. 자화자찬이긴 하지만, 번역도 제법 괜찮다. 하하. 바스티아의 『법』!

인류 역사상 가장 도덕적인 체계

안재욱(경희대학교 경제학과 교수)

『자본주의 정신과 반자본주의 심리』
루드비히 폰 미제스 지음, 한국경제연구원 발행, 1984

드라마 정도전이 인기였다. 이 드라마의 하이라이트는 정도전이 이성계에게 "대업을 위해 왕위에 오르라."고 격정적으로 설득하는 대목이다. 정도전이 말한 대업이란 사람이 사람답게 사는 나라, 즉 민본(民本)이 되는 나라를 만드는 것이었다. 그러나 잘 알다시피 조선은 민본의 나라가 되지 못했다. 정도전이 소망한 '사람이 사람답게 사는 세상', 즉 '민본의 나라'는 세계 어느 왕정에서도 실현된 바가 없다. 인류 역사상 민본의 나라가 실현된 것은 자유주의 이념이 실현된 자본주의 국가에서다.

자유주의 이념이 실현되는 사회체제인 자본주의가 인류를 잘 살게 만들었으며, 특정한 그룹이 아니라 일반사람들과 사회 전체의 이익을 증가시켰다. 자기 행동에 대해 자기 스스로 책임지는 것이 다른 사람에게 책임을 떠넘기는 것보다 도덕적이다. 그래서 자기 책임의 원칙을 강조하는 자본주의가 훨씬 도덕적이다. 한국도 1948년 자본주의 체제를 도입한 이후 그 이전의 시기보다 잘 살게 되었으며 훨씬 도덕적인 사회가 되었다.

자본주의가 도덕적인 사회를 만든다

미제스는 수많은 저서를 통해 자본주의만이 인류를 가난에서 구하고 풍요와 번영을 가져다주는 유일한 길임을 역설하였다. 사회주의는 결코 실현될 수 없는 제도이고, 사회주의 국가는 망할 수밖에 없다는 것을 논리적으로 설파했다는 말이다. 정말로 그의 주장대로 사회주의 국가는 멸망하였다. 자본주의와 사회주의를 적당히 결합하여 제3의 길을 추구하는 것은 사회주의로 가는 길일뿐 결코 황금의 중용이 아님을 역설하며 국가간섭주의를 거부하였다. 미제스는 또한 "자본주의 체제에서 자신이 달성하고자 하는 지위에 도달하지 못할 경우 탓할 사람은 오직 자신뿐"이라며 자기 책임의 원칙을 강조하였다.

그의 사상이 잘 나타난 저서들은 『Planning for Freedom(자유를 위한 계획)』 『Liberalism(자유주의)』 『Socialism(사회주의)』 『Bureaucracy(관료주의)』 『Human Action(인간행동)』 『Theory of

Money and Credit(화폐 및 신용 이론)』 등이 있다. 나는 이 책들을 읽고 자유주의 경제학이 무엇인지를 알았고, 왜 우리가 자유주의를 추구해야 하는지 깨달았다.

자유주의·자본주의·시장경제를 제대로 이해하고 싶은 사람, 인류의 발전을 위해 기여하고 싶은 사람, 대한민국을 그야말로 평화롭고 살기 좋은 나라로 만들고 싶은 사람들은 미제스의 저서들을 읽어보기를 권한다. 그러나 그 많은 책들을 읽기에는 많은 시간과 노력이 들 것이다. 그런 시간과 노력을 절약하며 자본주의를 제대로 이해할 수 있는 길이 있다. 그것은 바로 『자본주의 정신과 반자본주의 심리』를 읽는 것이다. 이 책에 미제스가 주장하는 핵심 내용들이 함축되어 고스란히 들어 있기 때문이다.

이 책은 다른 저서들과는 달리 일반 대중들이 읽기 쉽다. 특히 이 책의 제1부인 '현대사상과 경제정책'은 미제스가 1958년 아르헨티나를 방문하여 체류하면서 강연한 내용들을 책으로 엮은 것이라 난해하지가 않다. 다양한 실례를 들어 논리적으로 설명하기 때문에 저절로 고개를 끄덕일 것이다.

내가 강의 중 가장 많이 받는 질문은 독점에 관한 것이다. 특히 경제학을 어디선가 조금 배운 사람들이 다음과 같이 질문하면서 주장한다.

"자유시장경제에 맡겨 놓으면 독점이 생기고 소비자가 그 독점에 의해 피해를 본다. 왜냐하면 거대기업을 설립할 자본을 가지지 못한 사업자는 그러한 규모의 자본을 운영·유지하고 있는 사업자에 의해 실질적으로 경쟁을 제한받기 때문이다. 다시 말하면 다른 경쟁 기업이 진입할 수 없는 장벽이 존재하기 때문에 정부가 개입하여 이를 시정해야 한다."

언뜻 보면 설득력이 있어 보인다. 이런 주장에 솔깃하는 사람이 있다면, 그리고 이 주장이 어딘가 문제가 있는 것 같은데 딱히 반박할 논거를 못 찾아 답답한 사람이 있다면 이 책을 통해 그 주장의 허구성을 밝히고 답답함을 해소할 수 있다. 미제스는 철도회사의 예를 들며 기존 거대기업의 '독점'이 부질없음을 설명하고 있다.

"과거 거의 모든 자본주의 국가에서는 철도회사들이 지나치게 비대해져 세력이 너무 강하다고 일컬어졌었다. 그들의 독점권에 대항하여 경쟁하는 일은 불가능한 듯했다. 운수분야에서 경쟁이 배제됐기 때문에 자본주의는 이 분야에서 자기파멸의 단계에 도달되었다고 주장되었다. 그러나 사람들은 다음과 같은 사실을 간과했다. 철도회사들이 지니고 있는 힘이란 여느 수송방법보다 더 좋은 서비스를 국민들에게 제공하는 능력에 의존한다는 사실이었다. 이러한 대규모 철도회사의 기존 노선과 나란히 또 다른 철도를 가설하여 경쟁을 벌이는 것은 어리석은 일이다. 기존 노선만으로도 현존하는 수요에 충분히 응할 수 있었기 때문이다. 그러나 이윽고 다른 경쟁자들이 나타났다. 경쟁의 자유란 다른 사람이 이미 이루어 놓은 것을 모방하거나 그대로 답습함으로써 간단히 성공할 수 있는 것이 아니다. 철도회사를 둘러싼 경쟁의 자유는 자유롭게 뭔가를 발명하고 무슨 일이든 하여 철도회사에 도전함으로써 그들을 불안한 상태로 빠뜨릴 수 있음을 뜻한다. 미국에서는 철도회사의 경쟁상대로 버스, 승용차, 트럭, 그리고 항공기가 등장하여 승객수송 면에서 철도회사를 고전에 빠뜨렸고 마침내 재기불능상태로 몰아넣었다."

대다수의 사람들이 독점을 잘못 이해하는 이유는 시장을 잘못 이해하고 있기 때문이다. 시장은 원래 끊임없이 변하는 동태적 과정인데 시장을 정태적인 것, 구조적인 것으로 보는 것이다. 이것은 움직이는 물체를 동영상으로 찍어서 보는 것이 아니라 스냅 샷으로 찍어보고 물체의 속성을 이야기하는 것과 똑 같다.

자유경쟁 시장에서도 '독점'은 생겨날 수 있다. 많은 기업들이 자유롭게 경쟁한 결과 가장 효율적인 기업이 하나만 남아도 '구조적'으로는 독점이다. 그러나 이런 경우의 독점 기업은 항상 새롭게 진입하려는 잠재적 기업들을 견제해야 해서 독점 가격을 설정할 수 없다. 독점 가격을 설정하지 아니하므로 자원배분을 왜곡하는 것도 아니고 소비자의 복지를 훼손하지도 않는다.

많은 사람들은 그저 진입장벽의 존재가 나쁘다고만 생각한다. 하지만 막상 정부에 의한 진입장벽과 자유시장에서의 효율에 근거한 진입장벽은 다르다는 사실을 잘 모르는 것 같다. 독점이 문제되는 것은 정부의 진입장벽에 의해 생긴 독점이지 경쟁의 결과 생긴 독점이 아니다. 정부의 진입장벽에 의해 생긴 독점과 경쟁의 결과로 생긴 독점을 구별하지 못할 경우 잘못된 정부 정책과 규제가 만들어진다. 우리나라의 '독점규제 및 공정거래에 관한 법률' 상당부분이 그렇다.

자본주의가 가난을 이긴다

자주 받는 또 다른 질문은 자본주의가 부익부빈익빈을 낳는다는 것이다. 그러나 이것 역시 자본주의를 잘못 이해하고 있는데서 비롯한다. 미제스는 자본주의 체제에서는 계층 간 이동성이 있어서 부익부빈익빈이 존재하지 않는다고 사례를 들어가며 설명하고 있다. 자본주의 사회에서는 성공하고 부자가 될 수 있는 기회가 누구에게나 주어진다. 어느 누구에게도 법적인 특권을 허락하지 않는 자유주의 사회에서 성공하고 부자가 될 수 있는 유일한 길은 다른 사람들을 착취하는 것이 아니라 다른 사람들을 만족시키는 것이다. 다른 사람들이 원하고 생각하는 것이 무엇인지를 파악하여 그것을 보다 더 잘 제공해주어야 하는 것이다.

헨리 포드는 친구에게 빌린 불과 수백 달러의 자금을 가지고 지극히 짧은 기간에 세계적으로 으뜸가는 대기업체를 키워냈다. 자본주의에서는 비록 당장 부가 불평등해 보이고 지금은 가난하다 할지라도 열심히 일하면 누구나 부자가 될 수 있다. 가난했던 사람도 열심히 일하면 그만큼 잘 살게 되고, 아무리 처음에 잘 살았다고 할지라도 열심히 일하지 않으면 가난해지는 것이 바로 자본주의 사회의 특성이다.

오히려 사회주의, 집단주의, 연고주의가 만연해 있거나 정부의 간섭과 통제가 심한 반 시장경제 체제에서는 아무리 열심히 일해도 낮은 계층에서 벗어나기 어렵다. 그러한 사회에서는 모든 사람에게 기회가 동등하게 주어져 있지 않기 때문이다. 반 시장경제 체제에서는 통제하고 있는 사람이나 그 주변사람들, 그리고 그들에게 가까이 접근할 수 있는 사람 등 소수의 사람들만 부를 쉽게 축적할 수 있는 기회를 얻는다. 그러한 사회에서는 자원과 부의 배분이 능력과 노력에 따르기보다는 혈연, 학연, 지연에 의해서 이루어진다. 열심히 일하기보다는 통제자나 기득권을 쥐고 있는 사람들에게 잘 보이거나 눈에 드는 것이 사회에서 신분을 높이고 부를 축적하는 길이다. 그러다 보니 시장경제 체제보다도 빈부의 차가 더 크게 되고 계층 간 이동이 어렵다.

경제현상은 정태적이 아니라 동태적이다. 그래서 독점을 평가할 때도, 부익부빈익빈을 판단할 때도 시간에 걸쳐 봐야 한다. 미제스의 저서들에서 발견할 수 있는 중요한 요소가 시간이다. 경제는 반드시 시간에 걸쳐 어떤 과정으로 변해 가는데 그것을 고려하지 않은 채 당장의 현상만을 보고 정책을 펴면 오류가 발생한다.

지금도 많은 경제정책이 시간을 고려하지 않는 오류를 범하고 있다. 그 전형적인 케이스가 앞에서 설명한 것처럼 어느 한 시점에서 시장점유율이 높다는 사실만 보고 독점이라 비난하며 규제하려는 것, 부익부빈익빈을 잘못 판단해 그에 따라 소득을 재분배하겠다고 정부가 경제에 개입하는 것 등이다. 요즈음 정부가 추진하고 있는 중소기업적합업종제도 역시 마찬가지다. 이것 역시 경제를 정태적 관점에서 바라보니 생긴 오류다. 이런 오류가 한 둘이 아니다.

유토피아에 대한 오도된 열정

제2부 '반자본주의 심리'는 자본주의가 인류의 삶을 크게 개선했음에도 불구하고 왜 사람들 사이에 반자본주의 심리가 나타나는지 설명한다. 계급이나 신분 사회에서 사람들의 삶은 태어나는 환경에 달려 있지만, 자본주의 사회에서는 그렇지 않다. 신분사회, 계급사회는 귀족의 집안에서 태어나면 귀족의 삶을 살게 되고, 노예의 집안에서 태어나면 노예의 삶을 살게 된다. 그러므로 자신의 부족함이나 불행을 자신의 탓이 아닌 조상 탓, 즉 불가항력적인 힘 때문이라고 변명할 수 있다. 그러나 자본주의 사회에서의 삶은 순전히 자기 하기에 달려 있다. 자본주의 체제에서 자신이 달성하고자 하는 지위에 도달하지 못할 경우 탓할 사람은 오직 자신뿐이다.

그럼에도 불구하고 자신의 소망을 모두 다 채우지 못한 사람들은 변명을 찾는다. 자기보다 앞선 사람들에게 열등감을 갖기 때문이다. 그는 적어도 자신보다 앞선 사람만큼 똑똑하고, 효율적이며, 근면한데 사악한 자본주의가 불행하게도 자기 같은 가치 있는 사람에게 보상을 주지 않는다고 생각한다. 사회가 부정직한 자, 파렴

치한 불한당, 사기꾼, 착취자, 자기밖에 모르는 이기주의자에게 보상한다고 생각한다. 이렇게 희생양을 찾는 사람들은 보다 더 성공한 사람들의 운명을 원망하고 시기한다. 남이 잘되는 것을 시샘하고 미워하는 마음으로 사람들은 가능하다면 다른 사람들이 가지고 있는 것을 빼앗고 싶어 한다. 이러한 심리를 이용하여 정치인은 사람들이 가지고 있는 것을 빼앗아 다른 사람에게 나눠주는 각종 제도를 만든다.

반자본주의 정서의 또 다른 원천은 유토피아에 대한 열정이다. 지식인들은 성공한 사람들에 대한 자신들의 증오를 철학으로 승화시켜 반자본주의 철학이라는 것을 만들어 낸다. 많은 지식인들이 자본주의를 비판하는 데 온 힘을 쏟으면서 자신의 실패가 '내 탓'이라는 내면의 소리를 들으려고 하지 않고, 다른 도피처를 찾는다. 그 대표적인 것이 마르크시즘이다.

'반자본주의 심리' 부분을 읽으면서 자신을 돌아 볼 필요가 있다. 과연 지금까지 내가 살아오면서 남을 탓하지는 않았나, 남을 미워하지는 않았나, 시기하지는 않았나 반성의 시간을 갖는 것은 인격 수양에 많은 도움이 될 것이다. 이 부분은 옛 성인들의 가르침과 다를 바가 없다.

우리에게 필요한 것은 그릇된 사상에 빠지지 않는 일이다. 우리 사회는 지금 그릇된 사상으로 많이 오염되어 있다. 자본주의를 제대로 이해하여 자본주의를 파괴하려는 정치인과 지식인에 강력히 대처할 필요가 있다. 우리 사회를 더더욱 사람이 사람답게 사는 사회로 만들기 위해서다. 우리 사회를 평화롭고 살기 좋은 곳으로 만들고 싶은 사람들, 특히 젊은이들은 『자본주의 정신과 반자본주의 심리』를 읽고 그릇된 사상을 더 나은 사상으로 대체하는데 노력해야 할 것이다.

풍요의 길로 안내하는 선택의 자유

최승노(자유경제원 부원장)

『선택할 자유』
밀턴 프리드먼 지음, 자유기업원 발행, 2009

필자가 자유주의 사상서로서 가장 먼저 접한 책은 밀턴 프리드먼의 『선택할 자유(Free to choose)』이다. 이 책을 처음 접한 것은 대학을 다닐 때였다. 모두가 '예.'라고 할 때 '아니요.'를 말하는 것이 어색한 시절이었다. 운동권 서적이 많았던 시대적 상황일 때 읽어서인지 좀 색달랐다. 다른 책과는 확실히 다르다고 느껴졌다. 현실에 잘 부합하는 메시지를 포함한다는 생각도 들었다.

이 책의 내용은 필자의 세계관과도 잘 부합하였다. 지금도 크게 다르지 않지만, 당시 대학가 분위기는 유난히 자본주의와 자유주의에 대해 비판적이고 부정적인 사고가 지배하고 있었다. 바람직한 비판은 긍정적인 결과를 가져오지만 부정적 사고는 비관론으로 빠지기 쉽다. 하지만 『선택할 자유』를 통해 접해 본 자유주의 사상은 긍정적이고 미래지향적이었다. 이는 신선한 충격으로 다가왔다. 이 책은 "넓은 세상에는 현실을 책임 있게 운영하는 체제가 있다."고 말한다. 그리고 이 책은 이를 합리적이고 수준 높게 제시하고 있었다. 어렴풋이 느낄 뿐이었지만 책은 개인적으로 부합하는 논리를 제공할 뿐 아니라 국가적 차원에서도 경제적 자유와 정치적 자유를 확보할 수 있는 납득할 만한 방법론을 제시하는 힘이 있었다.

이 책은 자유주의 사상의 바탕을 밝히고, 그 정책적 대안까지 내놓은 현실성을 갖추었다. 결국 1980년대 자유주의는 새롭게 조명되었고, 현실정치를 통해 정책으로 구체화되었다. 영국의 대처 총리, 미국의 레이건 대통령은 자유주의 정책으로 민영화, 감세를 내놓았다. 이로 인해 개인의 자유가 신장되면서 민간경제는 다시 활력을 되찾았다.

『선택할 자유』의 등장

한 시대를 대표하는 상징적 인물이 있듯이, 그 시대의 정신을 잘 표현한 책이 있다. 『선택할 자유』는 20세기 후반 역사의 새로운 흐름을 결정하는 책이라고 할 수 있다. 정부가 민간의 삶을 규제하는 반(反)자본주의 정책이 얼마나 허구적이었는가를 파헤치는데 성공한 상징적인 책이기도 하다.

자유주의자로 살아가는 것은 쉽지 않은 일이다. 자유주의자는 자칫하면 이기주의자로 오해받기 쉽다. 자본주의와 자유주의는 냉혹하고 이기적인 것이라는 비판도 받는다. 하지만 자유는 책임을 전제로 하므로 긍정적 결과를 낳을 수 있다. 반면에 평등을 우선하면서 개인의 자유를 보장하지 않는 것이야말로 경직되고 억압된 부정적 결과를 초래한다.

『선택할 자유』는 이러한 점에서 격하게 공감할 수 있는 책이다. 밀턴 프리드먼은 이 책을 통해 당시 대중들에게 "정부가 모든 문제 해결의 중심이라고 믿는 정부개입주의를 맹신하는 것이 잘못된 것"임을 밝혔다. 그의 논리는 현실적이고 강력한 설득력이 있었다. 이 책은 당시 모두가 옳다고 여긴 케인스 경제학이 범하고 있는 잘못을 당당하고 논리 있게 지적하였다는 점에서 큰 영향을 주었다.

더욱이 지적하는 것으로만 끝나지 않는다. 더 나아가 통제를 앞세운 정부가 왜 잘못된 결과를 가져오는지, 소비자의 선택을 제한하는 것이 얼마나 잘못된 일인지를 밝히고 있다. 경제학이 시장경제를 중심으로 그 이론의 틀을 다시금 정립할 수 있는 계기를 제공한 것이다. 그의 호소력 있는 논리는 대중에 효과적으로 전달되었고, 결국 경제역사의 흐름이 자유와 진보의 방향으로 전환될 수 있었다. 이러한 업적으로 그는 1976년 노벨경제학상을 수상했다.

시대의 흐름을 바꾼 책

한 위대한 사상가가 시대의 흐름을 바꾸어 놓을 수 있다. 한 사람으로 인해 한 나라의 흥망, 또는 세계의 판도가 뒤바뀌기도 한다. 밀턴 프리드먼은 『선택할 자유』를 통해 자본주의 세계질서가 다시 부활할 수 있는 계기를 마련했다.

세계경제는 1930년대부터 이어진 정부개입주의로 인해 1970년대 심각한 인플레이션과 엄청난 경제침체에 빠진다. 이 위기에서 세계경제를 구한 사상가가 바로 밀턴 프리드먼이며, 그의 대표적 저서가 바로 『선택할 자유』이다.

프리드먼은 1780년부터 1929년까지의 미국은 제한된 정부를 지향하는 자유주의가 오랫동안 지속되면서 풍요로운 성공의 역사를 쓴 시기라고 평가한다. 그러한 성공은 개인의 자유와 경제적 자유라는 두 축이 잘 어울린 결과라는 것이다.

경제적 자유는 재산권 보호, 무역의 자유, 작은 정부 등의 의미로 설명되었다. 이러한 프리드먼의 논의는 후에 '경제자유지수'라는 구체적이고 계량적(計量的)인 형태로 발전하였고, 세계의 나라들은 경제적 자유를 증진시키기 위해 경쟁하며 발전을 이룩하였다.

반면 이러한 자본주의의 경제적 자유를 부정하고 공산주의를 주장한 칼 마르크스의 사상은 결과적으로 수많은 사람들을 폭압과 가난으로 내몰았다. 공산주의 실험을 했던 국가들은 모두 경제적으로 완전히 침몰했으며, 결국 소련의 붕괴와 함께 막을 내렸다.

이처럼 공산주의 국가들은 패망했지만, 1930년대 경제수준이 비교적 높았던 선진국가에서는 또다시 개인의 자유를 억압하고 정부에 의존하는 삶을 강요하는 정부개입주의 열풍이 거셌다. 미국과 유럽의 국가들을 중심으로 자본주의 진영에서 일어난 사회주의 열풍은 주로 정부의 역할을 늘리는 방식에 바탕을 두었다. 이를 상징적으로 대표하는 인물이 바로 정부개입주의 시대를 연 존 메이너드 케인스이다.

마르크스가 개발도상국을 전체주의 공산국가로 타락시켰다면, 케인스는 선진국이 사회주의에 오염되도록 만들었다. 그는 개인의 자유와 선택을 대신하여 정부가 시장에 개입하는 시대를 열었다. 1930년대부터 1970년대까지는 정부의, 정부에 의한, 정부를 위한 정치의 시대였다. 큰 정부는 지배적 힘의 실체였고, 모든 사고와 해결방식은 정부를 통해 가능했다.

그러나 결국 정부개입주의는 세계경제를 위기로 빠트렸고, 이러한 경제 가뭄 속에서 밀턴 프리드먼의 등장은 단비와도 같았다. 사회주의 정치 사조를 종결시키고 자본주의의 순수성을 복원하여 인류의 삶에 새로운 활력을 불어 넣는데 성공하였기 때문이다.

『선택할 자유』는 정부의 역할을 개인의 생명, 재산, 자유를 지키는 일로 최소화할 것과 정부의 힘을 최대한 분산할 것을 주장한다. 프리드먼은 "진정한 자유인이라면 나라가 무엇을 해줄 것인가를 묻지도 않을뿐더러 나라를 위해 무엇을 할 수 있는가를 묻지도 않을 것"이라고 단언하면서 자유인은 "나 또는 나의 동포가 정부라는 조직을 통해서 자유 수호와 사회정의의 실현, 그리고 개개인의 책무를 어떻게 감당해 나갈 수 있을 것인가를 물어야 마땅하다." 고 하였다.

성공을 이끄는 선택할 자유

경제적 자유를 억압하는 사회주의식 배급체제와 큰 정부의 시대가 막을 내리면서 자본주의 국가들은 점점 경제적인 우위에 서게 되었다. 결국 체제경쟁에서 뒤처지게 된 공산국가들은 하나둘 역사 속으로 사라졌다. 올바른 사상이 대중을 설득하는데 성공하면서 정치, 경제 지도자들을 올바른 방향으로 유도하였고 결국 이는 인류의 진보에 기여한 것이다.

미국의 전 대통령인 레이건의 신념은 확고했다. 그는 공산주의의 사악함을 분명히 인식했고, 타협과 관용으로 이를 해소할 수 없다는 현실적인 판단력을 가지고 있었다. 대외적으로 공산권에 대해 실질적이고 구체적인 압박을 가해 악순환의 고리를 끊었다. 레이건과 같은 정치인들은 어떻게 시대의 흐름을 바꿔놓는 개혁에 성공할 수 있었을까? 정치지도자로서 시대를 바꾸는 그들의 리더십은 어디에서 나온 것일까?

레이건의 사상은 하이에크와 프리드먼에서 찾을 수 있다. 자유주의 철학의 이론적 토대를 세운 하이에크는 "세상을 바꾸는 것은 사상이다."라고 했다. 그의 말처럼 위대한 사상이 세상을 더 밝고 풍요롭게 만들 수 있다. 하이에크와 프리드먼은 개인의 자유와 선택을 존중하고 정부의 개입을 최소화하는 것이 진보된 삶을 가능케 함을 지적한 사상가들이다. 이 두 사람에게 영향을 받은 레이건은 현실 정치가로서 세상을 바꾸는데 성공한 것이다.

『선택할 자유』에서 주목할 점은 프리드먼이 "자유가 절대적"이라고 주장하지는 않았다는 것이다. 자유에 제약이 가해질 수 있다는 것도 인정한다. 그가 반대하는 것은 자유에 대한 '지나친 제한'이다. 그는 이렇게 말했다.

"자유가 절대적일 수는 없다. 우리는 상호의존적인 사회에서 살고 있다. 우리의 자유에 어떤 제한이 가해지는 것은 자유에 대한 더 나쁜 다른 제한을 회피하기 위하여 필요한 것이다. 그러나 우리는 도가 지나치게 자유에 제한을 가하여 왔다. 오늘날 우리에게 긴급히 필요한 것은 자유에 대한 제한을 추가시키는 일이 아니라 제한을 배제시키는 일이다."

자유와 평등 중 어느 쪽을 우선할 것인가는 인류의 오랜 숙제였다. 자본주의와 사회주의, 자유주의와 정부개입주의의 갈등 뒤에는 이러한 문제가 놓여 있다. 프리드먼의 다음과 같은 말은 우리에게 많은 것을 시사해 준다.

"평등을 자유보다도 앞세우는 사회는 결국 평등도 자유도 달성하지 못하게 될 것이다. 평등을 달성하기 위해 힘을 사용하면 자유가 파괴될 것이며, 좋은 목적을 위해서 끌어들인 힘일지라도 결국 자신의 이익을 증진시키려는 사람들의 손에 들어가게 될 것이다."

인간은 자신이 원하는 것을 추구할 권리를 가지고 있다. 이것이 바로 선택할 자유이다. 정치, 종교, 사회 등 삶의 전반적인 것을 선택할 권리가 있다. 이러한 선택을 정부가 대신하는 사회가 잘 살기는 어렵다. 정부가 '훌륭한' 목적을 내걸고 국민의 선택권을 빼앗아 가는 것은 대부분 이익집단에 이용되거나 정부의 권력만을 키우는데 사용될 가능성이 크다.

선택의 폭을 넓혀야

프리드먼의 『선택할 자유』는 대한민국에도 의미 있는 시사점을 던진다. 모든 국민 개개인은 선택할 자유를 가지고 있으며, 올바른 선택을 통해 성공의 역사를 쓸 수 있다는 것이다. 정부에 의존해서 문제를 풀려는 가부장적 문화에서 벗어나 개인의 자유를 존중하고 경제적 자유를 확대하는 길이 바로 진보의 길이다. 프리드먼은 이렇게 말한다.

"다행히도 우리는 한 사람의 인간으로서 아직 선택할 자유를 갖고 있다. 정부가 비대해 온 지금까지와 같은 길을 계속 걸어갈 것인가, 아니면 여기서 잠시 머물러 방향을 바꿀 것인가 하는 '선택할 자유' 말이다."

프리드먼의 말처럼 여전히 '선택할 자유'가 우리에게 주어졌다는 것이 얼마나 감사한 일인가. 우리는 과거에 연연할 필요 없이 현재 선택할 자유를 누릴 권리가 있다. 대한민국 사회도 개인 선택의 폭을 넓히는 새로운 시대를 향해 나아갈 때다. 정부의 자의적 규제를 축소하고 개혁할 시기이다. 이 길이 바로 경제적 풍요의 길로 나아가는 해법일 것이다.

경제가 어려울수록 기본에 충실하여야 한다. 인류는 시장경제를 통해 삶을 풍족하게 발전시켰다. 우리 역시 정부의 개입을 최소화하여 통제와 억압을 해소하고 개인의 자유를 확대하는 데 다시 관심을 기울일 때이다.

자유주의 신봉자라면 반드시 읽어보아야 할 책

권혁철(자유경제원 자유기업센터 소장)

『자본주의와 자유』
밀턴 프리드먼 지음, 청어람미디어 발행, 2007

독일에서 공부할 때 방학이 되면 틈나는 대로 아르바이트를 한 적이 있다. 봉급날이 되어 봉급명세서를 받게 되면 공장 한 쪽에 근로자들과 아르바이트를 하는 학생들이 옹기종기 모여 봉급명세서를 비교하면서 실 수령액이 얼마냐 하는 이야기를 나누곤 했다. 대부분 결론은 근로자들이 정부에 대해 불만을 표출하는 것으로 끝났다. 이유는 간단했다. 아르바이트 학생들은 근로자들과는 달리 봉급을 거의 다 수령하는데 반해, 근로자들은 봉급의 거의 절반밖에 실제로 수령하지 못하는 것이었다. 이유는 각종 세금과 국민연금과 의료보험 등 사회보장부담금 때문이었다. 독일의 국민 부담률은 거의 50%에 육박한다. 받는 봉급의 거의 절반을 세금과 사회

보장부담금 명목으로 정부가 가져가는 것이다.

그런 현상들을 보면서 복지국가라는 것에 대한 환상은 서서히 깨져 나갔다. 하지만 그 때는 물론 그 이후에도 줄곧 복지국가가 사회주의와 연결될 수 있다는 생각을 하지는 못했다. 사회주의는 생산수단이 국유화 혹은 사회화되어 있어야 한다고 생각했기 때문이다. 그저 정부가 너무 많이 가져가는 바람에 근로자들이 자신의 미래에 대해 스스로 준비하고 개척해 나가는 것이 어렵고, 때로는 자기 집을 장만하는 것을 애초부터 포기하기도 하는 현상을 관찰할 수 있을 뿐 사회주의와는 연계하지 못했다. 그러던 중 밀턴 프리드먼이 한 잡지와 인터뷰한 내용을 접하게 되었다. 그 인터뷰에서 프리드먼은 이렇게 말한다.

"사회주의가 도대체 무엇인가? '생산수단의 사회화'를 요구하면 '사회주의'라고 할 수 있을 것이다. 그런데 '생산수단의 사회화'가 아니라 '생산된 결과물을 사회화'한다고 생각해보자. 양자 간에 무슨 큰 차이가 있을까? '생산수단을 사회화'한다는 것은 결국 '생산된 결과물을 사회화'한다는 의미를 포함한다. 유럽을 한 번 살펴보자. 유럽에서는 소득의 절반 이상이 세금 등의 형태로 국가에 의해 통제되고 있다. 만일 국가가 소득의 절반을 차지하고 있다면 이는 곧 생산량의 절반을 국가가 차지하고 있다는 것과 같다. 이것이 사회주의가 아니고 무엇인가?"

정부의 비대화가 곧 사회주의화

이 인터뷰 내용은 필자로 하여금 복지국가와 사회주의가 분명하게 연계되어 있다는 생각을 갖도록 해주었다. 프리드먼이 "공산주의는 무너졌지만, 사회주의는 여전히 살아있다."면서 각종 복지정책과 기업에 대한 통제, 그리고 이와 더불어 끊임없이 추진되고 있는 정부의 비대화가 다름 아닌 '사회주의'라고 분명하게 밝혔기 때문이었다.

대한민국의 사정은 어떠한가. 현재 우리나라는 세금과 각종 사회보장부담금을 합쳐 국가가 소득의 약 30%를 가져가고 있다. 프리드먼의 말에 따르면 이것만으로도 대한민국은 약 30% 정도 사회주의화되어 있다. 더구나 최근 들어 국가가 차지하는 비중이 급속하게 늘고 있다. 대한민국에서 사회주의화가 이미 상당한 정도 진행되었고, 현재도 사회주의화가 급속하게 진행되고 있다는 뜻이다. 여기에 준조세와 실체도 보이지 않아 계산조차 불가능한 각종 규제와 통제까지 고려한다면 우리나라의 사회주의화는 이미 30%를 넘어 상당히 진행되어 있다고 할 수 있다.

프리드먼에 관심을 갖게 되면서 만난 책 중의 하나가 『자본주의와 자유(Capitalism and Freedom)』이다. 이 책이 처음 출판된 것은 1962년이다. 이 시기는 일반 여론은 말할 것도 없고, 학자들 사이에서도 가부장적 온정주의와 케인즈주의적 국가개입주의가 너무나 자연스럽고 당연한 것으로 받아들여지던 때였다. 이런 분위기

속에서 프리드먼이 제시한 제안들은 충격적이고 비현실적인 것으로서 도저히 용납될 수 없는 것이었다.

하지만 프리드먼이 했던 제안들은 오늘날 거의 대부분 미국에서 정책으로 실행됐고 경제학계에서 통설로 인정되고 있다. 이런 면에서 "프리드먼은 '비웃음을 받는 소수파'로 시작해서 경제학계와 지적 담론 모두에서 주류로서 인생을 마무리했다."는 평가를 받는다. 『자본주의와 자유』는 1962년 초판이 발간된 이래 매 20년 만인 1982년과 2002년 프리드먼이 서문을 직접 다시 쓴 재판이 출간된 바 있다.

이 책의 특징 중 하나는 쉽게 읽히고 쉽게 이해할 수 있다는 점이다. 1962년판 서문에서 그는 자신의 어린 자식들인 재닛과 데이비드에 대해 언급하면서 "어느 것 하나 쉽게 믿지 않으려 한 그 아이들이 있었기에 나는 기술적인 문제들을 쉬운 언어로 바꾸어 표현해야 했고, 그 과정을 통해 나도 쟁점들에 대한 이해를 높였으며, 바라건대 설명도 개선할 수 있게 되었다."고 밝히고 있다. 이처럼 이 책은 경제학을 접하지 않은 사람들도 쉽게 읽고 이해할 수 있도록 서술되어 있다. 1장과 2장에서는 경제적 자유와 정치적 자유의 관계, 그리고 정부의 역할 등 자유주의 원리에 대한 고찰을 하고, 3장 이하의 장에서는 화폐, 국제금융과 무역, 재정정책, 교육정책, 독점, 소득분배, 사회복지정책 등 다양한 문제들에 자유주의 원리를 적용하여 분석하면서 현실적인 대안까지 제시하고 있다.

자유와 번영을 위해 자본주의 시장경제는 필수

필자가 이 책 『자본주의와 자유』에서 특히 관심을 가지고 읽었던 부분은 두 군데였다. 하나는 정치적 자유와 경제적 자유의 관계에 관한 것이었고, 다른 하나는 복지제도에 관한 것이었다.

많은 사람들이 정치적 자유와 경제적 자유를 별개로 보고, 정치적 자유는 중요하게 생각하는 반면 경제적 자유는 부차적인 것으로 생각한다. 따라서 통제경제체제 하에서도 정치적 자유만 보장된다면 개인의 자유는 보장될 수 있다고 생각하는 경향이 강하다. 프리드먼은 이런 생각은 망상에 불과하다면서 "정치와 경제는 서로 밀접하게 연관되어 있어 정치체제와 경제체제 사이에는 오로지 특정한 조합들만 가능하며, 특히 민주적이라는 말을 개인의 (정치적) 자유만을 보장한다는 의미로 이해하는 한 사회주의 사회는 결코 민주적일 수 없다."고 단언한다.

경제적 자유가 중요한 이유로 프리드먼은 두 가지를 든다. 하나는 경제적 자유 그 자체가 자유의 주요 구성요소이며 하나의 목적이라는 것이다. 사유재산을 소유하고 자신의 선택과 결정에 따라 자신의 이익을 추구할 수 있는 경제적 자유는 그 자체로 중요성을 갖는다.

경제적 자유가 중요한 두 번째 이유는 경제적 자유가 정치적 자유를 보장하기 위한 필수불가결한 수단이기 때문이다. 고용주라고는 국가밖에 없어 자신의 생계가 국가의 뜻에 달려 있는 사회에서 자신의 정치적 신념을 자유롭게 표출하고 비판할 수 있을 것이라고 상상하기 어렵다. 반면 고용주가 다수 존재하는 자본주의 시장경제에서는 훨씬 자유롭게 자신의 의견을 표출할 수 있다. "시민들이 정치적 자유를 누릴 수 있도록 해주는 본질적인 보호막이 된 것은 그들로 하여금 생계를 유지할 수 있도록 해 준 민간 시장경제의 존재였다." 경제적 자유는 정치적 자유를 누리기 위한 필요조건이지만 그 역인 정치적 자유가 경제적 자유의 필요조건은 아니다.

'화려한 약속, 우울한 성과'

관심을 갖고 읽어 보았던 두 번째 부분은 복지제도가 낳게 될 치명적 결과들에 관한 것이다. 아무리 훌륭한 의도와 목적을 갖고 시작한 복지정책일지라도 대부분 엉뚱하고 부정적인 결과들을 낳는다는 것을 사례를 통해 전달하고 있다. 사익을 공익으로 교묘하게 포장하여 국민을 현혹시키는 사이비 정치인들이 추진하는 경우는 이론의 여지가 없다. 하지만 프리드먼이 강조하는 것은 훌륭하고 도덕적인 사람들이 추진하는 경우에도 마찬가지로 부정적인 결과가 나타난다는 점이다. '지옥으로 가는 길은 장미꽃으로 치장되어 있다.'는 말처럼 복지와 공공의 목적을 위한다는 명분으로 추진되는 정부의 수많은 정책들이 정반대의 부정적인 결과를 가져오는 경우가 많다는 것이 프리드먼의 판단이다.

『자본주의와 자유』에서 프리드먼은 최저임금제도, 인종과 종교 등을 이유로 한 고용차별의 금지 등 공정고용제도, 소득분배정책, 공영주택 공급제도, 농산물가격 지지정책, 국가연금제도 등 다양한 분야의 복지정책 사례들을 다루면서 그 실패와 폐해에 대해 다루고 있다.

사회복지정책 중에서도 프리드먼이 가장 강하게 비판하고 있는 것은 연금제도이다. 필자가 우리나라 연금제도의 문제점에 대해 생각하고 있을 때 도움이 되었던 부분도 바로 이 부분이다. 그는 연금의 강제가입 문제를 특히 핵심적인 문제로 파악한다. 그는 연금의 강제가입을 지지하는 사람은 독재를 신봉하는 사람이며, 인간은 잘못을 저지를 수 있다는 것을 인정하지 않고 오만을 부리는 사람이라며 비판한다. "겸손은 자유 신봉자의 두드러진 미덕이고, 오만은 가부장적 온정주의자의 두드러진 악덕이다."

나아가 그는 "연금이 독점화되어 있는 것은 참기 어려운 일"이라면서 민간기업과 경쟁시킬 것을 제안한다. 우리나라에서도 종종 "연금의 수익률이 높고 민간 기업에 비해 안정적이고 높은 연금을 지급할 수 있으며 소득분배에도 일조한다."면서 연금의 정부 독점을 지지하는 사람들이 다수 존재한다. 프리드먼에 따르면 정부 독점 연금이 그런 정도의 경쟁력을 갖추고 있다면, 민간기업 연금과 경쟁을 안 할 이유가 없다. "정부가 시장보다 나은 서비스를 제공할 수 있다고 믿는다면 공기업이 다른 기업들과 공개경쟁을 통해 연금을 유치하도록 해야 한다. 그것이 옳다면 공기업은 번창할 것이다. 틀렸다면 민간 기업이라는 대안이 존재하기 때문에 국민의 복지가 증진될 것이다. 오직 교조적인 사회주의자나 중앙통제 자체를 위한 중앙통제의 신봉자만이 연금제도의 국영화를 편드는 원리 쪽에 설 것이다."

우리나라에서도 현재 국민연금관리공단을 해체하고 국민연금을 민영화해야 한다고 주장하는 목소리들이 나오고 있지만, 예상대로 반대가 극심한 상황이다. 그런 식의 민영화보다는 프리드먼의 제안대로 해보는 것은 어떨까? 즉 국민연금관리공단은 여전히 존속시키되 독점적인 공급자로서의 지위를 박탈하여 민간기업과 서로 경쟁할 수 있도록 하는 것이다. 이것이 즉각적인 민영화보다는 현실적인 방법이라는 생각이 든다.

『자본주의와 자유』에서 가장 기억에 남는 부분이 무엇인가를 필자에게 묻는다면 단연 명연설로 유명한 케네디 대통령 취임연설을 '한마디로 터무니없는 소리'라며 일축한 대목이다. "국가가 당신에게 무엇을 해줄 수 있는지를 묻지 말고, 당신이 국가를 위해 무엇을 할 수 있는지 물어보시오."라는 구절에 대해 "자신의 운명은 스스로 책임져야 한다고 보는 자유인의 신념과 배치"되는 엉터리 표현이라는 것이 프리드먼의 판단이다. 자유인이라면 "시민들 각자가 추구하는 목적들과 일치하는 경우를 제외하고는 어떤 국가적 목적도 인정하지 않는다."고 선언하는 부분에서 충격을 받았던 기억이 여전히 생생하다.

『자본주의와 자유』는 쉬우면서도 내용이 많고, 자유주의적 관점에서의 실제적인 대안도 많이 등장하는 책이다. 자유를 신봉하는 사람, 스스로를 자유인이라 생각하는 사람, 자본주의와 시장경제가 자유와 번영을 가져온다고 믿는 사람, 국가 권력은 확고하게 제한되어야 한다고 믿는 사람, 복지는 화려하지만 암울한 결과를 낳는다는 사실을 믿는 사람, 그리고 자유주의적 해법을 찾는 사람이라면 반드시 읽어보아야 할 책이다.

자유로운 사회로 나아가기

김행범(부산대학교 행정학과 교수)

『열린사회와 그 적들』
칼 포퍼 지음, 민음사 발행, 1997

칼 포퍼, '열린사회'를 역설하다

1940년대 유럽에서는 히틀러가 오스트리아를 침략하고 유럽이 파시즘으로 장악되고 러시아가 레닌 사후 전체주의로 치달았다. 이런 분위기에서 칼 포퍼는 『열린사회와 그 적들(The Open Society and Its Enemies. 1945. Routledge)』을 통해 자유로운 비판과 토론이 허용되는 '열린사회'를 역설하였다. 이는 과학철학 분야에서 그가 창안해 성가를 높인 반증주의의 정치적 해석이기도 하다. 이 책은 1, 2권으로 된 방대한 분량으로 한국어 역자도 권별로 상이하다. 최근 2013년 Princeton University Press에서 단권으로 출판되었다.

포퍼는 이 책에서 우리 속에 나타난 전체주의의 뿌리가 제도, 정책, 개인이 아니라 실은 어떤 도그마식 철학 성찰 방식 때문임을 가르쳐주었다.

닫힌 사회의 주범은 역사가 보편적 법칙에 따라 전개된다는 역사법칙주의(empiricism)인데 이는 유토피아주의(utopianism)와 방법론적 신비주의(methodological holism), 역사법칙(historical law)으로 결합되어 있다. 그것이 서구 사상의 뿌리인 플라톤에서 연원하여 근대에 와서는 헤겔, 그리고 현대에 와서 마르크스 이론으로 구현되어 전체주의를 형성하고 있음을 자세히 규명한다. 이들의 사고가 어떻게 열린사회를 막는지를 자세히 비판하고 열린사회로 나아가는 것이야말로 우리가 인간으로 남을 수 있는 유일한 길임을 천명하였다.

닫힌 사상의 뿌리 '플라톤'

포퍼는 페리클레스·데모크리투스·소크라테스·칸트의 사상을 열린사회의 생각 흐름으로, 또 헤라클레이토스·플라톤·헤겔·마르크스의 사상을 닫힌 사회의 생각 흐름으로 본다. 후자에 공통적으로 들어 있는 것이 역사법칙주의(historicism)이다. 처음 역사법칙주의 생각을 보인 것은 그리스 철학자 헤시오도스이며 그 이전까지 세계는 대개 정지된 것으로 여겨졌다. 헤시오도스가 찾아낸 '변화'

라는 관념을 더 분명히 한 것은 "만물은 유전(流轉)한다."고 본 헤라클레이토스이다. 헤시오도스와 헤라클레이토스의 공통점은 "이 변화는 곧 퇴화(degeneration)를 의미했고 세상은 더 나쁜 상태로 몰락해 가는 과정을 따른다."고 보았다는 점이다. 플라톤도 마찬가지이다. 그러나 헤시오도스, 헤라클레이토스에 비해 플라톤은 이 퇴화를 적극적으로 저지하기 위한 거대한 인공적 구조, 곧 이상국가를 설계하였다. 플라톤은 역사에서 나타나는 사회의 변화란 곧 퇴화인데 이러한 추세에 지배되지 않으며, 변화와 부패의 악이 없는 완전한 불변의 이상국가를 그렸다. 그는 이상국가의 원형을 그리스인의 관념에 남아있던 과거의 '황금시대'에서 찾아야 한다고 보았다.

플라톤은 부패하지 않고 완전한 이데아(idea)가 있고 또 이것이 현실에 투영된 부패하고 퇴화하는 것들이 있다고 생각했다. 전자는 사물의 원형, 존재 이유, 덕, 이상 및 완성이다. 이 관념은 국가에도 적용된다. 현존하는 국가는 곧 이데아로서의 완전한 이상 국가가 현실에 투영된 복제품일 뿐이다.

이상국가에 가장 근접한 국가는 무질서한 민주정치에 쌓인 그의 조국 아테네가 아니라 강력한 노예제 사회였던 스파르타라고 보았다. 플라톤은 이데아에 부합되는 최고의 국가인 이상국가가 귀족정치체제, 과두정치체제, 민주정치체제, 참주정치체제의 순서로 타락해 간다고 보았다. 이러한 타락을 막는 것이 지도자의 임무이며 그 방법은 지배계급에 철저한 공산주의를 도입하는 것이었다. 그의 공산주의는 경제적 자원은 물론 처자식까지 공유하는 제도였다. 플라톤의 이상 국가는 본질적으로 불평등한 계층사회를 전제한다. 거기서 정의(justice)란, 곧 지배자는 지배하고, 노동자는 노동을 하고, 노예는 노예노릇에 충실한 것이다. 따라서 플라톤에게는 전체주의적 계급통치야말로 '정의로운' 것이었다. 플라톤에 의하면 지도자는 시민보다 우월한 사람이므로 절대적이고 무제한적인 정치권력이 주어져야 하고, 그 권위에 도전하거나 그 정책을 비판해서는 안 된다. 이 지도자가 절대 권력으로 이상 국가를 통치하는 것이 최선의 길이다. 그런데 누가 이상국가의 지도자이어야 하는가? 철학자여야 한다는 것이 플라톤의 철인정치이다. 지도자-피치자의 관계는 개인을 넘어 종족 간에도 이어지며 선천적으로 우수한 종족이 있다고 믿었는데 이는 후일 히틀러식 파시즘의 뿌리가 되었다. 또 개인은 전체를 위해 존재하되, 전체는 개인을 위해 존재하는 것이 아니라고 보고 이타주의를 집단주의와 동일시하고 개인주의를 이기주의로 간주함으로써 전체주의 국가관의 사상적 초석을 놓았다.

그러나 플라톤 식의 통치자를 기대하는 것은 메시아 콤플렉스에 불과하다. 이는 절대 권력을 가진 독재자를 부르며 그 귀결은 '닫힌' 사회이다. 플라톤은 그의 스승 소크라테스의 생각을 왜곡했다. 철학자란 지혜를 사랑하는 자이며 소크라테스에게 지혜란 '단지 내가 얼마나 무지한가를 아는 것'이었다. 결국 철학은 지식의 내용을 많이 아는 게 아니라 지식을 찾는 겸손한 사고 과정이다.

그러나 플라톤에게 지혜란 시민 위에 존재하며 국가 철인통치자가 갖춰야 할 완벽한 통치 지식이다. 물론 현실에 그런 인간은 없다. 절대 권력은 절대적으로 타락하기 때문이다. 그래서 포퍼는 플라톤식으로 최선의 통치자를 얻으려 하기보다는 최악의 통치자를 막는 것이 더 중요하다고 본다.

플라톤의 역사주의 및 전체주의 시각은 아리스토텔레스에게 이어졌다. 플라톤의 비관적 시각이 아리스토텔레스에서는 다소 낙관적으로 바뀌었다는 것만 빼고 말이다. 아리스토텔레스 철학의 핵심은 목적론이다. 플라톤이 모든 변화를 원형인 완전한 형상, 즉 이데아로부터 점점 멀어져 가는 퇴화(파멸)의 과정으로 보았지만 아리스토텔레스는 오히려 목적을 향해 움직여 가는 과정으로 보았다. 따라서 플라톤에게 변화는 곧 타락이지만 아리스토텔레스에게는 개선이요 진보이다. 이 궁극 목적은 바로 사물의 본질인데 이를 그는 형상(Form)이라고 불렀다. 요컨대, 플라톤은 이데아가 사물들과 떨어져 존재한다고 생각했지만 아리스토텔레스는 목적(형상, 본질)이 사물에 내재한다고 본 것이다. 아리스토텔레스도 플라톤과 마찬가지로 인간이 절대적으로 확실한 지식을 이성을 통해 가질 수 있다고 보았다는 점에서 지도자의 전능성을 가정한다. 그러나 포퍼가 보기에 인간에게 그런 지식이란 없으며 오직 시험에 의해 확증된 가설과 이론이 존재할 뿐이고 이것은 언제라도 시험을 통해 수정 및 폐기될 수 있다. 아리스토텔레스의 본질주의는 예언의 철학, 주술적 철학으로 발전되었고 나아가 중세 스콜라주의의 원천이 되어 논증에 대한 불신과 환멸을 초래함으로써 이성(理性)을 불신하게 만들었다. 포퍼는 플라톤은 자유에 대한 반역을 초래했으며, 이에 비해 아리스토텔레스는 이성에 대한 반역을 초래했다고 본다. 아리스토텔레스의 이러한 반(反)이성주의적 사고는 독일의 관념론자들인 피히테, 쉘링을 넘어 특히 헤겔로 이어져 합리적 논증을 내팽개친 그릇된 낭만주의로 치닫게 되었다.

전체주의의 원천 '헤겔'

헤겔과 마르크스는 오늘날의 전체주의에 더 직접적 영향을 준, 열린사회에 대한 최근의 적이다. 포퍼가 보기에 헤겔은 오늘날 역사주의와 전체주의의 원천이고 헤라클레이토스, 플라톤, 아리스토텔레스의 사상을 그대로 이어받았다. 모든 파시즘은 헤겔에 크게 연원하고 있다. 이는 파시즘 이론이 대개 헤겔 이론에다 19세기 유물론을 약간 보태어 구성되었기 때문이다. 그는 1789년 프랑스 혁명이 초래한 자유와 평등 이념이 프러시아에 파급되는 것을 막고자 프러시아가 자유와 역사의 최종 발전단계라고 주장하였다. 헤겔은 형이상학을 열렬히 비판한 칸트의 변증법을 형이상학의 연장에 불과한 자신의 변증법으로 왜곡해 버렸다. 그의 두 기둥은 변증법과 동일철학(philosophy of identity)이다. 전자는 정(正)·반(反)·합(合)이라는 진보의 과정이다. 본래 이 변증법은 과학적 사고의 전개과정에서 바람직하기도 하다. 왜냐하면 과학에서 어떤 모순 상태란 허용되지 않으며 과학자는 이를 제거하고자 노력하기 때문이다. 그러나 헤겔은 다른 결론을 유도했다. 모순이 과학 발전에 유용하므로 용납되어야 하며 바람직하기까지 하다고 주장한다. 포퍼는 헤겔의 주장처럼 모순이 그렇게 바람직하다면 그것을 제거할 필요도 없을 것이고 모든 진보도 중단될 것이라고 비판한다.

본래 플라톤이 말한 이데아(Idea)는 우리가 통상적으로 머릿속에 갖는 생각을 의미하는 idea와는 전혀 다른 개념이다. 플라톤은 이 이데아만이 실재(real)하는 것이고, 부패하고 파괴되는 현실의 사물들은 비실재(unreal)라고 본다. 이를 수식으로 표현한다면 이념(Ideal)=실재적인 것(Real)이다.

한편 칸트는 우리가 통상적으로 머릿속에 갖는 생각을 의미하는 idea를 "생각(Idea)=이성(Reason)이란 식으로 표현할 수 있다."고 보았다. 헤겔은 후자를 받아들이면서 Idea를 Ideal로 모호하게 바꾸고 앞의 관계식을 결합하여 Real=Reason이란 희한한 등식을 고안해내었다. 그리하여 실존하는 것은 다 필연적으로 존재할 수밖에 없으며, 합리적이며 선한 것이라고 본 것이다. 이 선의 주체는 바로 현존하는 프러시아 국가라는 주장으로 이어진다.

헤겔에게 국가란 '이성'을 가진 유기체였으며, 이 이성을 드러내는 과정에서 전쟁도 일으킬 수 있다고 보았다. "세계 역사란 세계의 법정이며 따라서 그것은 결과적으로 누가 이기는가에 달려 있을 뿐"이라는 헤겔식 사고는 현실의 강한 국가는 당연히 선하다는 닫힌 사고를 낳게 된다.

헤겔은 한편으로 중세기독교가 브루노 및 갈릴레이를 박해한 것을 비판하기도 한다. 마치 올바른 과학관을 가진 것처럼 표방했던 셈이다. 하지만 실제로는 객관적 지식을 목적으로 하는 과학을 '국가'가 보호해야 한다고 제시함으로써 열린사회와는 정 반대의 길로 끌고 갔다. 개인보다 우위에 있는 국가를 강조했던 헤겔은 법 앞의 실질적 평등도 인정하지 않았다. 헌정 이론에서도 "국가와 그 헌법을 보존하고 지속적으로 생산하는 참으로 살아있는 주체는 정부"라고까지 주장했다.

포퍼는 헤겔이 후일 히틀러에 의해 크게 왜곡된 독일민족주의 형성에도 기여했다고 본다. 본래 민족주의란 종족적 본능, 정념 및 편견에 호소하는 것이며 개인의 책임을 집단적 책임으로 대체하려는 것이다. 그것은 평등주의와 인도주의를 지향하는 열린사회와 정면으로 배치된다. 플라톤이 그리스인-야만인의 관계를 주인-노예관계로 본 것이 바로 그 예이다.

포퍼에 의하면 본격적으로 독일 민족주의가 형성된 것은 허풍쟁이 피히테와 야바위꾼 헤겔 때문이라는 것이다. 헤겔은 민족주의라는 정서를 없애기보다는 그것이 강력한 프러시아에 의해 충족될 수 있다는 식으로 교묘히 방향을 돌려 악용했다.

평등 사회를 추구한 '마르크스'

플라톤은 역사를 퇴보의 과정으로 인식하고 그 전개를 막기 위한 인공적 방법으로 지도층을 공산화하고 전능하고 강력한 권한을 가진 위대한 철인이 다스리는 국가를 지향했다. 그러나 마르크스는 역사를 계급투쟁의 흐름으로 보았으며 그것은 곧 발전의 과정으로 간주되었다. 즉 플라톤은 계급투쟁을 막아 불평등한 사회가 지속되기를 원했지만, 마르크스는 계급투쟁을 통한 평등 사회를 추구했던 것이다. 마르크스의 역사적 유물론은 역사법칙주의와 유물론으로 이루어져있다. 전자는 거시적 역사법칙에 따라 사회현상을 예언할 수 있다고 보는 것이다. 후자는 경제주의(economism)라고도 부른다. 하부구조인 인간의 경제생활에 기반해 상부구조인 사상이나 관념이 나온다는 것이다. 물질을 중시한 점에서 헤겔의 관념론과 다르며, 또한 인간의 존재는 심리(의식)가 아니라 사회적 조건으로 정해진다는 점에서 밀(J.S. Mill)의 심리주의와도 다르다. 마르크스 이론에 의하면 모든 사회 역사는 계급투쟁의 역사이다.

이는 모든 역사를 일반화하는 오류의 위험을 갖고 있다. 그럼에도 불구하고 포퍼는 마르크스 계급 투쟁이론의 시각이 19세기의 '방만한 자본주의' 상황에서 중요한 역할을 했다고 보았다. 포퍼는 마르크스의 시각이 격찬할 만하다고 평가한다. 포퍼는 우리가 통상적으로 알고 있는 마르크스적 이론적 특징을 애써 완화하여 아예 그가 물질보다 정신적 가치를 더 중시한 것처럼 옹호한다.

포퍼는 무제한한 경제적 자유에 대한 국가의 경제적 간섭이 필요하다고 주장한다. 단지 '기회의 평등'만으로는 불충분하며 국가가 정치력으로 경제적 불평등을 조정하는 게 필요하다는 것이다. 누군가의 경제적 힘이 과다하면 국가의 정치적 힘으로 견제하며(경제적 간섭주의), 국가의 정치적 힘 역시 피치자에 의해 견제되어야 한다(민주정치). 따라서 포퍼는 '민주적 간섭주의'를 강조한다. 개인에게 자유를 무한히 부여하면 누군가의 자유를 침해하게 되어 결국 '자유의 종말'이 오듯이(자유의 역설), 국가의 계획이 과다해 많은 권력이 집중되면 개인의 자유가 상실되고 결국 '계획의 종말'에 이를 것이기 때문이다(계획의 역설). 그래서 포퍼는 유토피아적, 전체적 사회공학이 아니라 점진적 사회공학을 제안한다. 국가의 간섭은 개인적이고 직접적이기보다는 제도적인 것이 더 바람직하다. 플라톤, 헤겔, 마르크스는 누가 통치자이어야 할 것인가를 다루었다. 그러나 포퍼는 "통치자를 어떻게 길들일 것인가?"를 더 중요하게 보았다.

'열린 포퍼'를 위하여

포퍼가 공격한 것은 플라톤, 헤겔, 마르크스식의 유토피아적, 독단적, 반민주적, 역사법칙적 사회 발전이다. 그가 옹호하고자 한 것은 열린사회, 곧 비판과 토론이 자유로운 민주사회였다.

포퍼의 열린사회론은 사고의 개방, 반대를 허락하는 비판적 합리주의를 통해 사회가 바람직한 상태로 진보해 간다는 점진적 사회공학을 기도한 것이다. 반세기가 지난 이 시점에 포퍼 자신도 비판과 토론 앞에 열려 있어야 한다.

첫째, 포퍼는 역사주의에 기대어 독단을 부리는 철인(플라톤), 국가(헤겔), 노동자(마르크스)들에게 점진적 민주정치로 나오라고만 인도했다. 그 민주주의의 한계를 성찰하지 못했다. 오히려 우리 시대 근본 과제는 그가 과신했던 민주주의가 되레 포퓰리즘이란 모습으로 변하여 개인의 자유와 재산을 침해하는 국면이다. 오늘날의 적은 플라톤도 헤겔도 마르크스도 아니다. 오히려 그가 암묵적으로 칭송한 민주주의란 기제를 교묘히 활용하여 사회주의, 재분배주의, 집단주의 정책 이념을 구현하려는 새로운 전체주의자들이다. 과거의 프롤레타리아 혁명, 인종주의와 같은 것들이 아니다. 민주주의란 이름을 내걸고 반(反)개인, 반(反)자유, 반(反)시장 정책을 기도하는 새로운 적들이 바로 그들이다.

둘째, 포퍼는 공산주의에 상당한 믿음을 가지고 있었다. 포퍼는 마르크스를 "불굴의 인도주의와 정의감"을 지닌 사람이라고 했다. 이에 반해 '위선적 변론가들'인 소위 자유방임형 자유주의자들을 "부끄러움도 없이 노동자를 착취하는 자"라고 보았다. 편견을 가진 그의 사고 또한 충분히 갇혀 있었던 셈이다. 그가 이상적으로 본 체제는 유럽의 사회민주주의쯤이었을 것이다.

그가 마르크스 이론을 닫힌 사회의 원인으로 본 이유도 실질적 내용보다는 그 분석 절차에 있다. 즉 마르크스 이론은 '예언적 도그마' 혹은 '주술적 지배력'에 의존한다는 것이다. 포퍼의 이런 해석이라면 토론과 비판의 외관을 거쳐 나온 것이라면 무조건 정당화되고 말 것이다. 비록 그것이 자유에 반하는 입법과 정책이라 할지라도 말이다. 토론과 비판으로 도출되는 입법과 정책은 형식적, 절차적 조건을 넘어 그 실질적, 내용적으로도 개인의 자유 증진에 기여해야 함을 명확히 지적하지 못한 것이다.

셋째, 포퍼는 경제적 결정론을 신봉한 마르크스가 정치 및 국가의 힘을 간과(정치무력론)했다고 비판하고서 국가가 적극적으로 경제 약자를 보호할 것을 주장했다. 정치의 창을 열고 여기서 비판과 토론 과정을 거쳐 좋은 사회정책을 산출하자는 것이다. 그러나 이 정치의 창을 통해 구원자로 들어온 국가가 오히려 개인의 자유와 가치를 억압할 위험을 간과했다. 비록 곳곳에서 이 국가의 민주적 통제를 강조하긴 했다. 하지만 '사회 공학(social engineering)'이란 관념 자체가 국가 계획주의를 신봉하는 것이다. 자생적 질서보다는 계획된 질서, 시장과 개인보다는 국가와 정치를 더 중시하는 그의 시각은 또 다른 의미의 닫힌 사회를 생산할 위험이 있다.

그는 역사법칙주의를 치열하게 비판하면서도 사회공학이란 또 다른 함정에 상당히 빠져든 것이다. 이 때문에 그를 고전적 자유주의의 반열에 포함하기는 어렵다.

이에 비해 하이에크는 두 개의 창을 제시한다. 시장·개인의 창을 더 넓히되 정치·국가의 창을 줄이자고 제안한 셈이다. 역사는 포퍼보다는 하이에크가 더 정확했음을 확인해 주었다. 포퍼의 명저를 논평하는 말미에 하이에크에 다시 눈이 가는 것은 이 때문이다.

이러한 비판에도 불구하고 포퍼의 『열린사회와 그 적들』은 우리 모두가 지식과 이론 앞에서는 겸손히 비판과 수정을 받을 준비가 되어 있어야 한다고 가르쳐준다. 그것이 바로 전체주의적 도그마로부터 자유로운 세상으로 가는 길임을 알려준 것이다. 자유로운 사회로 나아가려면 이 조건 또한 충족해야 함은 분명하다. 그것은 포퍼가 가르쳐 준 가장 소중한 가치이다.

재산을 소유한 자들만이 권력의 압제로부터 자유로울 수 있다

복거일(소설가, 사회평론가)

『소유와 자유』
리처드 파이프스 지음, 나남 발행, 2008

재산과 자유의 관례를 다룬『소유와 자유』

많은 사람들이 연구해서 정설이 나온 주제에서 개척적 연구가 나오기는 무척 힘들다. 재산과 재산권은 이미 많은 연구자들이, 특히 경제학자들과 진화생물학자들이 깊이 연구해온 주제다. 그런데도 재산과 자유와의 관계를 다룬 리처드 파이프스(Richard Pipes)의 『소유와 자유(Property and Freedom)』은 1999년 나오자마자 바로 '고전'의 반열에 올랐다.

나는 이 책을 저자 파이프스의 자서전 『나는 살았다 (Vixi)』에서 처음 만났다. 자서전에 대한 서평에서 파이프스가 러시아 역사를 전공한 역사학자이면서 1980년대 초엽에 미국 레이건 행정부에서 대소련 전략을 수립한 실무 책임자였다는 얘기를 읽었다. 냉전에서 미국 대통령을 보좌해서 대소련 전략을 수립한 참모라면 정치학자, 외교관 또는 군사 지휘관이리라는 것이 나의 선입견이었다. 그래서 그가 하버드 대학교의 역사학 교수라는 점이 내 마음을 묘하게 끌어당겼다(파이프스 교수는 하버드에서 오래 가르쳤고, 그의 제자들 가운데 한 사람이 러시아사학계 원로인 이인호 교수다).

로널드 레이건 대통령이 "악의 제국"이라 부른 소련과의 치열한 대립에서 미국이 끝내 이긴 일을 중심적으로 다룬 그 자서전에서 나는 많은 것들을 배웠다. 초강대국의 정책 결정 과정에 직접 참여했던 사람의 얘기들은 모두 흥미롭고 교육적이었지만, 내 마음에 특히 선연하게 남은 것은 레이건 대통령에 대한 파이프스의 평가였다.

원래 영화 배우였던 레이건은 지식인의 풍모를 지닌 사람은 아니었다. 그는 지식을 드러내기보다는 농담을 좋아했고, 사람들은 그에게서 너른 지식이나 깊은 통찰을 기대하지 않았다. 그러나 정작 소련의 본질을 통찰하고 소련의 취약함을 확신한 것은 레이건이었다. 덕분에 소련과의 적극적 대결 정책을 추진하고 끝내 소련의 붕괴를 부를 수 있었다. 당시 CIA가 소련의 안정성과 능력에 대해 터무니없이 높이 평가한 것을 생각하면, 그의 통찰은 놀랍다. 파이프스는 레이건의 이런 통찰이 그의 도덕성에서 나왔다고 진단했다. 레이건의 깊은 도덕성이 그에게 사악한 체제의 근본적 취약성을 꿰뚫어 보도록 만들었다는 것이다. 깊이 음미할 만한 얘기다.

무솔리니와 히틀러의 민족사회주의(National Socialism)가 우파 이념이라는 그른 견해가 널리 퍼진 상황에 대해서도 잘 알게 되었다. 하이에크가 『노예의 길』에서 소상히 밝힌 것처럼, 파시즘이나 나치즘은 자유주의와 시장경제에 적대적 이념이고(민족사회주의의 '사회주의'는 결코 장식이 아니다), 무솔리니와 히틀러도 원래 열렬한 공산주의자들이었다. 그들이 우파 이념을 따르는 우파 세력이라는 견해는 그들이 공산주의를 막겠다고 나선 데서 비롯했다. 당시 러시아에서 공산주의자들이 집권하자 서유럽에선 공산주의에 대한 두려움이 커졌고, 많은 사람들이 무솔리니와 히틀러를 공산주의의 확산을 막는 방파제로 여겼다. 제2차 세계대전에서 파시즘과 나치즘 세력이 패퇴한 뒤에도 소련의 비밀정보기관 KGB가 그런 오해를 확산시켰고, 무솔리니와 히틀러가 우파라는 견해는 더욱 널리 퍼졌다. 나는 KGB의 그런 공작에 대해서 그 책에서 처음 알게 되었다.

재산권에 대한 새로운 인식

그러나 내가 얻은 가장 큰 깨달음은 재산권에 대한 새로운 인식이었다. 재산권이 확립되지 못한 동유럽에서 자라난 파이프스에게 서유럽의 재산권은 경이로운 제도였다. 그러나 서유럽의 학자들은 재산권을 당연한 것으로 여기고 별달리 주목하지 않았다. 그래서 그는 정치권력과 재산 사이의 관계를 연구하기 시작했고 사유재산 제도가 자유롭고 풍요로운 사회의 진화에 결정적 요소라는 것을 발견했다. 국가 형성기에 사유재산 제도가 있었던 영국은 자유롭고 발전된 사회를 이루었고, 사유재산 제도가 없었던 러시아는 위치, 인종 및 종교에서 유럽에 속함에도 불구하고 정치권력이 지나치게 방대해져 서유럽의 나라들에 비해 훨씬 억압적이고 뒤떨어진 사회에 머물게 되었다. 그리고 그런 생각을 『Property and Freedom』에서 펼쳤다고 했다.

재산과 재산권을 주로 경제학자들과 진화생물학자들의 연구들을 통해서 공부했던 나에게 그런 역사적 접근은 새로웠고 흥미로웠다. 나는 바로 『Property and Freedom』을 구했고, 거기서 나의 이념적 체계를 보다 정교하게 만들 수 있는 역사적 지식들을 많이 얻었다.

『Property and Freedom』의 첫 부분은 고대부터 20세기까지 재산이라는 개념이 형성되는 과정을 살폈다. '재산'이란 말은 우리 마음에서 물질적 사물들을 불러내지만, 실제로는 훨씬 너른 뜻을 지녔으니, 특허나 저작권과 같은 지적 재산들도 포함한다. 17세기 이후 유럽에선 재산의 범위가 더욱 확대되어 생명과 자유를 핵심으로 한 사람이 자신의 것이라고 자연스럽게 주장할 수 있는 것들 모두를 가리키게 되었다. 현대의 '인권'이란 개념은 그처럼 넓게 정의된 '재산'에서 도출되었다.

재산에 대한 반감은 일찍부터 표출되었다. 고대 스파르타에서 이미 지배 계급은 재산을 공유하는 관행이 나왔고, 플라톤은 그런 사회를 선망했다. 근대 유럽에선 재산의 평등을 추구하는 이념이 두드러졌다. 원래 기회의 평등을 뜻했고 자유의 한 측면으로 여겨졌던 '평등'은 프랑스 혁명을 거치면서 결과의 평등으로 변질되었다. 이런 변질을 주동한 사람들 가운데 두드러진 이는 프랑수아 노엘 바뵈프였다.

개인의 성격 형성에 필수적인 '재산의 소유'

제2부에선 재산을 제도의 측면에서 살폈다. 동물들의 영역성(territoriality), 어린애들의 소유욕, 그리고 원시 사회들의 관행을 통해 재산이 생명의 본질에 맞는 삶의 근본적 제도임을 드러냈다. 아울러 재산을 소유하는 것이 성격의 형성에 결정적 중요성을 지닌다는 점도 밝혔다. 모든 것들을 공유하는 키부츠에서 자라난 이스라엘 젊은이들이 다른 사람들과 사귀는 일에 무척 서투르다는 사실을 제시하며, 재산의 소유가 개인의 성격 형성에 필수적임을 드러냈다.

재산권이 확립된 것은 고대 그리스와 로마에서였다. 기원전 8세기 내지 7세기경에 그리스에선 이미 토지의 사유가 시작되었고, 그것이 민주주의를 가능하게 했다. 반면 동양에선 재산권이 확립된 적이 없었고, 모든 나라들에서 절대 왕정이 표준적 권력 구조가 되었다. 이처럼 재산권의 유무가 서양과 동양 사회들의 성격을 근본적으로 규정했다. 고대사가 모제스 핀리가 지적한 대로, '자유(그리스어의 eleutheria 그리고 라틴어의 libertas)'라는 말은 히브리어 같은 고대 근동의 언어들이나 극동의 언어들로 번역할 수 없다. 동양에서 자유라는 말은 19세기에 일본 사람들이 번역 과정에서 새로 만들어냈다. 이것은 우리가 속한 전통에 대한 성찰에 긴요하다. 어떤 이념은 그것을 가리키는 낱말과 같이 진공 속에서 생기는 것이 아니라 서로 논의해야 할 만큼 절실해야 비로소 나타난다. 우리 전통 문명에 '자유'라는 말이('자유주의'라는 말은 말할 것도 없고) 없었다는 사실은 우리 전통 사회에 대해 많은 것을 말해준다.

물론 재산권의 확립은 산업 발전의 바탕이다. 법이 재산을 지켜주지 않는 상태에선 누구도 자기 재산을 보다 낫게 만드는 일에 투자하려 하지 않는다. 서양에서 과학혁명과 산업혁명이 일어나고 근대 문명이 융성한 것은 궁극적으로 사유재산 제도에서 찾을 수 있다

영국의 의회 민주주의

제3부는 영국에서 의회민주주의가 발생한 사정을 살폈다. 인류 문명에 대한 영국의 가장 큰 공헌이라고 평가되는 의회민주주의가

서유럽의 다른 나라들이 아니라(예컨대 영국보다 크고 부유했던 프랑스가 아니라) 영국에서 자라난 까닭은 무엇인가? 파이프스가 든 여러 요인들을 살피면(영토의 협소, 외국의 침입이나 내전의 희소, 상대적으로 작은 국왕의 재산, 거대한 상비군의 불필요 따위) 우리는 민주주의가 얼마나 큰 요행의 산물인가 깨닫게 된다. 그래서 우리가 지금 의회민주주의를 누린다는 사실에 새삼 감사하게 된다.

이어 제4부는 영국의 경험과 대척적인 러시아의 경험을 살폈다. 러시아는 시민들이 권리와 자유를 거의 누리지 못한 사회다. 1991년 공산주의 체제가 무너진 뒤에도, 러시아 사람들은 시민으로서의 권리와 자유를 유럽의 다른 나라들보다 훨씬 적게 누린다. 파이프스는 러시아 사람들이 재산권을 지니지 못했다는 사실에서 그런 사정을 찾는다. 토지가 원칙적으로 국가에 속하고 군주가 마음대로 세금을 거둘 수 있어서, 귀족 계급조차 권리를 제대로 누리지 못했다. 19세기 러시아 역사학자 세르게이 솔로비에프가 지적한 대로, 서유럽에선 귀족들이 자신들의 정체성을 자신들의 소유지들과 연관시켰지만 (예컨대, 영국의 of, 프랑스의 de, 그리고 독일의 von처럼), 러시아에선 그런 관행이 없었다.

동시에 자유롭고 평등할 수 있는 길은 없다

제5부는 20세기의 재산을 다루었다. 파이프스는 역사상 20세기가

사유재산에 가장 적대적이었던 시기라고 단언한다. 그리고 그렇게 된 경제적 및 정치적 이유들을 살폈다. 공산주의와 민족사회주의 같은 전체주의 이념이 가장 창궐했던 시기이고 복지국가를 위한다는 명분으로 엄청난 세금이 부과되며 정부의 규제가 점점 심해져서 개인들의 자유와 재산권이 크게 위축되었다는 사실을 떠올리면, 그의 단언이 이내 이해가 된다.

마지막 '전조들'에서 파이프스는 낙관적이지 못한 전망을 내놓았다. 하긴 지금 누가 사유재산과 자유민주주의의 앞날에 대해 선뜻 낙관적 전망을 내놓을 수 있겠는가? 결과의 평등을 내세우는 이념과 세력이 점점 기승을 부리는 세상에서, 한 세기 전 월터 배저트가 한 얘기가 새삼 아프게 닿는다. "사람들이 동시에 자유롭고 평등할 수 있는 길은 없다."

이 책을 다 읽고 나자, 나는 바로 '자유기업원(현재는 자유경제원)'에서 출판을 관장했던 최승노 박사에게 전화를 했다. 이 책에 대해 간략히 설명하고 번역판을 출간해 줄 것을 요청했다. 최 박사의 노력 덕분에 이 소중한 책은 이내 『소유와 자유』라는 이름으로 나왔다. 원제의 Property를 소유로 옮긴 것은 정확한 번역은 아니지만, 자유라는 말과 운이 맞아서, 멋진 제목이 되었다. 자기 재산을 소유한 자들만이 권력의 압제로부터 자유로울 수 있다.

2부

바로 보는 대한민국 역사

대한민국 다시보기

박지향(서울대학교 서양사학과 교수)

『대한민국 이야기』
이영훈 지음, 기파랑 발행, 2007

구불구불 비뚤어진 역사, 그 과정을 이해하다

1960~70년대에 중고등학교를 다닌 나는 '우리는 민족중흥의 역사적 사명을 띠고 이 땅에 태어났다.'로 시작되는 교육헌장을 매주 한 차례 외워야했다. 그런데 그렇게 외우다 보니 그 문구가 내 안에 내면화되었고, 대학에 들어갈 즈음의 나는 진정 국가와 민족을 위하여 무언가를 성취하여야 한다는 굳은 결의로 가득 차 있었다. 더군다나 등록금도 월등 싼 국립대학에 들어갔으니 그 결심은 더욱 굳건해질 수밖에 없었다. 대학시절에 경제학 개론을 들은 적도 없었고 당시 한국경제를 통사적이고 객관적으로 해부한 책이 존

재하지도 않았기에 한국경제에 대한 내 지식은 대단히 제한적이었다. 그저 아무런 근거도 없이 젊은이들 사이에 떠도는 이야기를 통해 우리 사회는 반(半)봉건 식민지이고 빈부격차가 세상에서 가장 심한, 형편없는 나라라는 확신만 가지고 있었다. 그리고 그 신념에 따라 당시 박정희 정부를 무척이나 미워했다. 유신 이후 점점 심해지는 정치적 탄압을 경험하면서 심지어는 누군가가 박대통령을 암살해주었으면 하는 바람까지도 가졌었다.

그러다가 1978년 미국 대학의 장학금을 받아 유학을 가게 되었다. 대학원 경제사 세미나를 통해 나는 내가 이전에 믿었던 것들이 온통 헛것이었다는 사실을 알게 되었지만 오랫동안 믿어왔던 신념을 버릴 수는 없었다. 그렇지만 공부가 깊어지자 헛것을 놓을 수밖에 없었다. 한국의 경제발전은 세계 모든 사람들로부터 기적으로 평가되고 있으며 부의 불평등도 상대적으로 그리 나쁘지 않다는 사실을 인정하지 않을 수 없었던 것이다. 역사를 더 많이 공부하면서 역사는 젊은이들이 기대하듯이 그렇게 쭉 뻗은 신작로가 아니라는 사실, 역사의 과정은 구불구불하고 비뚤어지고 때로는 앞으로 나아가는 것이 아니라 되돌아가기도 한다는 사실도 깨닫게 되었다. 그러고 나니 우리 역사도 다시 보이기 시작했다.

이 세상 많은 민족과 국민들은 자신들의 역사가 유난히 더 비극적이고 슬프고 특이하다고 믿는 공통점을 가지고 있다. 하지만 20세기 한국사가 특히 더 독특하고 험난했다는 사실은 부인하지 못하리라. 500년간 이어져 온 봉건전제국가였다가 나라를 잃고 식민지로 전락하였다. 뿐만 아니라 동족상쟁의 전쟁까지 치렀지만 그 후 불과 반세기만에 세계 10위권의 경제대국이 되었다. 누구보다도 더 험난하고 우여곡절이 많은 과정을 겪었기에 그 과정이 순탄하지 못했음은 자명하다. 나는 그 사실을 인정하는 따뜻한 시각을 한참 후에야, 세상을 비교사적으로 더 많이 보고 역사를 더 많이 공부하고 나서야 얻게 되었다.

나는 2006년 이영훈 교수를 포함하여 몇 명 동료교수들과 함께 『해방 전후사의 재인식』이라는 책을 편찬하였다. 그렇게 결심한 것은 우리 역사를 '기회주의가 득세한 역사'라고 한 당시 노무현 대통령의 발언 때문이었다. 노 전 대통령의 그러한 역사 인식은 『해방 전후사의 인식』(이하 『인식』)이라는 출판물에 근거를 두고 있었다. 1979년 첫 권이 출간되어 총 6권으로 마무리된 『인식』은 민중과 민족을 주축으로 한 역사해석을 제시하여 수백만 젊은이들에게 큰 영향력 내지는 해악을 끼쳤다. 『인식』은 우리 현대사를 민족 지상주의와 민중혁명 필연론으로 해석하는 극단적 입장을 취하였다. 이를 살펴보면 첫째, 소위 민족적 모순, 즉 민족통일은 역사적 소명이며 그것을 민중의 힘으로 이루어야 한다는 역사적 필연성을 강력히 주장하였다. 둘째로 『인식』은 친일파에 대해 추상과 같은 단죄를 하면서 더불어 대한민국의 성립과 발전 과정을 극도로 비판적으로 바라보는 시각을 제기하였다.

그러나 그 책은 사료와 자료를 근거로 한 학문적 성과라기보다 강력한 정치적 메시지를 담은 선언문에 불과하였다. 비록 그것이 시대적 요구였다는 사실을 감안하더라도 그 책이 드러낸 명백한 문제점은 지적되어야 했다. 그리하여 1980년대 이후 학계에 발표된 연구물들을 엄선하여 『인식』의 잘못된 점을 바로잡고 문제점을 극복하고자 한 것이 『해방 전후사의 재인식』이었다. 책은 판매 첫날 초판본이 매진되는 큰 호응을 얻었다. 이러한 호응에 부응하고자 이영훈 교수는 『해방 전후사의 재인식』을 알기 쉽게 설명해주는 대중서를 집필했는데 그 책이 바로 『대한민국 이야기』이다. 이 책에서 이영훈은 조선왕조가 패망한 원인, 식민지수탈론, 친일 협력자, 위안부, 반민특위 등 민족정서에 저촉될지 모르는 민감한 문제들을 용감하게 그러나 담담하게 다루고 있다. 그리고 당시 정부 여당과 좌파인사들로부터 '태어나지 말았어야 하는 나라'라는 비난을 들었던 대한민국의 성립과 발전과정을 열정적으로 변호하고 있다.

조국의 근대화를 갈망한 '주저하는 협력자'

아직도 친일파 문제는 우리사회를 분열로 치닫게 하는 중요한 이슈 가운데 하나이다. 우리사회에 만연해있는 민족지상주의적 입장에서 보면 친일은 가장 비난받을 행위로 간주된다. 대한민국의 성립을 비난하는 사람들은 이승만정부가 친일파를 척결하지 않았기 때문에 나라가 이 모양이 되었다는 식의 주장을 되풀이해왔다. 그러나 식민지배를 받는 모든 사회에서 지배세력에 대한 협력과 저항은 실상 이분법적으로 분명하게 구분되는 행위가 아니다. 우리의 경우에도 민족을 의식하면서 동시에 친일을 해야 하는 상황이 얼마든지 있었다. 『해방 전후사의 재인식』의 한 필자는 친일파의 대표로 비난받아온 이광수의 사상적 궤적을 추적한 후 그를 '친일 민족주의자'로 규정한다. 나 역시 졸저 『제국주의: 신화와 현실』에서 '주저하는 협력자'라는 개념을 사용하였다. 우리만이 아니라 일반적으로 식민지사회에서 제국 세력에 협조하는 사람들은 악랄한 일부를 제외하고는 대부분이 외세에 의존해서라도 조국의 근대화를 이루고자 갈망한 '주저하는 협력자들'이었다.

이영훈은 『대한민국 이야기』에서 우리나라 공교육에 의해 자행되고 있는 반일교육 행위를 강도 높게 비판한다. 2001년 발행된 고교 국사교과서는 총독부가 토지조사사업을 통해 전국 농지의 4할이나 되는 많은 토지를 국유지로 수탈하였고 일본농민이나 동양척식회사와 같은 국책회사에 헐값으로 불하하였다고 서술하고 있다. 교과서는 또한 일제가 우리 땅에서 생산된 쌀의 절반을 빼앗아 일본으로 실어 날랐으며 정신대라는 명목으로 수십만의 처녀들을 위안부로 삼았다고 기술하고 있다. 조정래의 소설 『아리랑』에도 일제가 총칼을 앞세워 토지를 수탈하는 장면이 나오며, 그 시대를 연구하는 학자들 역시 그러한 주장을 무조건 수용해왔다. 그러나 토지조사사업을 자세히 연구한 이영훈은 실증적 연구를 토대로 그러한 주장은 대부분 근거가 없거나 과장된 것이라는 사실을 밝힌다. 그는 그러한 왜곡된 서술은 대중의 집단기억의 권력화인 동시에 후진사회의 특징이라고 비판한다.

이승만, 그에 대한 오해를 풀다

해방 후 대한민국의 성립에 대한 좌우 학계의 대립 역시 아직도 우리사회를 분열시키는 심각한 문제로 남아있다. 이 문제는 특히 이승만에 대한 평가와 연결되는데, 일반적으로 이승만은 남한만의 단독정부 수립을 주장하여 민족의 분단을 초래하였고 친일파를 청산하기 위한 반민특위의 활동을 저지했으며, 농지개혁을 지주층에 유리하게 실시하여 실패하게 만들었고, 자신에게 대립하는 정치세력을 탄압하여 민주정치의 싹을 잘랐다는 등의 비난을 받아왔다. 그러나 『대한민국 이야기』는 이 모든 비난의 대부분이 중상모략이라고 결론짓는다. 오히려 마치 전쟁과도 같았던 나라 세우기의 정치판에서 대한민국이 공산주의가 아니라 자유민주주의 이념 및 개인의 재산권과 경제활동의 자유를 보장하는 체제를 기본으로 출발할 수 있게 된 것이야말로 투철한 자유주의자이자 현실주의자였던 이승만의 가장 큰 공이라는 것이다.

『대한민국 이야기』는 분단의 책임을 이승만에게 돌리는 것도 잘못되었음을 지적한다. 북한은 이미 1946년부터 사실상 정부에 준하는 통치행위를 전개한 데 반해 한반도 남쪽의 미군정은 협력자를 선택하는 데 무척이나 주저하였다. 이승만이 반민특위를 중단시킨 것에 대해서 이영훈은 "이승만이 보기에 민족의 거의 절반이나 차지하는 친일파를 단죄하는 것은 또 하나의 부질없는 분열과 혼란을 의미할 뿐"이었기 때문이라고 해석한다.

6.25전쟁의 발발 책임에 대한 수정주의 해석도 반드시 짚고 넘어가야 할 문제이다. 1980년대 브루스 커밍스가 주장한 수정주의 해석은 내전설과 유인설로 구성되는데, 내전설은 식민지 시기부터 시작된 이념적 갈등이 크고 작은 갈등으로 이어지다가 결국 대규모 전쟁으로 터졌다는 주장이며, 유인설은 미국이 북한으로 하여금 남침하도록 덫을 놓았다는 주장이다. 그러나 이러한 수정주의 해석은 소련이 몰락하면서 설 자리를 잃어버렸다. 비밀 해제된 구소련 문서에 의하여 6.25전쟁은 김일성과 스탈린, 모택동에 의해 주도면밀하게 기획되고 추진되었다는 사실이 밝혀졌기 때문이다. 그런데도 수정주의 해석이 아직도 우리사회 구성원의 일부의 머리에 굳건히 자리 잡고 있는 상황을 『대한민국 이야기』는 무겁게 다루고 있다.

잘 세워진 나라 대한민국

『대한민국 이야기』는 1950년대를 어둡고 우울한 절망의 시대로 묘사하는 것도 맞지 않다는 점을 지적한다. 그 시대는 의회정치와 정당정치의 시도, 자본주의 경제의 도입, 국민교육의 확대, 농지개혁이 가져다준 평등화의 실현 등 비록 만족스럽지는 못하나 첫 삽으로 뜨기에는 충분한 역사적 성과가 이루어진 시대였던 것이다. 특히 이승만 정부의 업적은 그동안 과도하게 폄하되어 왔는데 요즘 연구들은 농지개혁, 한미수호방위조약, 그리고 수입대체 공업화를 이승만의 중요한 업적으로 인정하고 있다. 그러한 바탕이 없었다면 1960년대 이후 우리의 성공적인 경제발전과 근대화는 불가능했을 것이라는 판단이다.

모든 역사적 사건과 인물에는 공과가 있기 마련이며 그것을 공정하게 보여주는 것이 역사학자의 임무이다. 역사를 제대로 이해하기 위해서는 균형 잡힌 역사관과 편협하지 않고 조급하지 않은 태도가 필요하다. 유럽의 경우 전제정으로부터 시민사회의 발달과 민주주의 성립에 이르는 과정이 수세기에 걸쳐 차근차근 진행된 데 반해 우리는 그 과정을 단지 수십 년 만에 치러야 했다. 그 과정에서 많은 무리가 따랐고 어쩔 수 없는 시행착오가 일어날 수밖에 없었다. 그런 아버지, 할아버지 세대의 어려움에 오늘날의 잣대를 들이대고 비난하는 것이야말로 '후손들의 오만함'의 극치이다.

이영훈 교수의 『대한민국 이야기』는 20세기 우리 역사를 편협한 민족주의적 입장에서 벗어나 '개인들의 삶'이라는 관점에서 보여주려 한다. 특히 해방 후 한국사회가 어느 쪽으로 갈지 모르는 혼동에서 시작하여 암중모색 속에 여기까지 온 과정은 부끄러운 것이 아니라 오히려 자랑스러운 과정이었음을 설득력 있게 이해시켜준다. 이제 '대한민국은 잘못 세워진 나라'라는 터무니없는 비방은 사라져야 하며 『대한민국 이야기』는 그 사실을 실증적으로 확실하게 보여주는 책이다.

가치 있는 나라 대한민국 바로 알기

김인영(한림대학교 정치행정학과 교수)

『대한민국 역사』
이영훈 지음, 기파랑 발행, 2013

자랑스러운 대한민국 만들기

20년 전 한국의 경제성장이 국가주도에 의한 것인가 기업주도에 의한 것인가의 적실성을 삼성의 자본축적 과정을 통하여 검증하는 박사논문을 썼다. 박사논문을 준비하는 과정에서 일제 식민지 경제 속에서 삼성의 기업 활동에 대한 이해, 이승만 행정부의 정부 소유 상업은행의 민영화와 삼성의 은행주식 인수에 대한 정경유착 논쟁, 삼백(三白)산업의 호황과 삼성의 성장, 박정희 행정부의 수출주도 경제로의 전환과 이병철을 포함한 경제계의 수출주도 정책 제안과의 관계, 종합무역상사의 도입과 중화학 공업화 추진

및 성공에서 정부와 기업가의 역할 등을 연구했다. 특히 이승만 대통령의 건국과 박정희 대통령의 산업화와 권위주의 통치에 대한 엇갈린 평가를 두고 수많은 밤을 고민했다.

당시는 "대한민국의 역사란 정의(正義)가 패배한 역사이므로 이승만 정권이든, 박정희 정권이든, 남한만의 대한민국이든 태어나지 말았어야 할 괴물" 쯤으로 인식하는 사고가 군림하고 있었다. 하지만 어느 날 우연히 접하게 된 서울대학교 경제학과 이영훈 교수의 조선, 일제 식민지, 미군정, 대한민국 역사에 대한 정확한 해석과 합리적인 평가는 내게 기쁘기 그지없는 희망의 빛이 되었다. 학문을 시작하는 '초짜' 학자로서 당연히 갖게 되는 수많은 의문의 늪에 빠져 고민의 나날을 지내고 있을 때 이영훈 교수의 연구 논문은 어디서도 찾을 수 없는 납득할만한 답을 주었고, 합리적 역사 해석의 방향을 제시해 주었다. 특히 이영훈 교수의 조선후기 경제사 실증 연구는 자본주의 맹아에 관한 국사학자들과의 토론에서 느끼는 허망함을 깨끗이 씻어 주었다. 실증 연구에서 나온 통쾌한 분석이었다.

이영훈 교수는 최근 『대한민국 역사』를 출간하면서 『대한민국 이야기』과 『대안교과서 한국근현대사』에 이어 자신의 한국현대사 연구를 완결하고 있다. 위 3부작은 조선시대 후기의 경제 현실과 문제점, 일본의 침략과 식민지 근대화 과정, 해방과 대한민국의 건국, 제주4.3사건의 객관적 전모, 6.25전쟁의 발발과 이승만 대통령의 집권 연장, 5.16군사혁명의 성공과 박정희 대통령의 산업화 추진, 유신의 선포와 중화학 공업화, 그리고 대기업집단의 성장, 박정희 대통령의 서거와 신군부세력의 등장, 경제안정화 정책, 그리고 1987년 민주화의 성공을 모두 담아내고 있다. 위의 역사서들에서 이영훈 교수는 중요한 역사적 사건들의 원인과 결과를 담담하게 기술하면서도 좌파적 '얼치기' 해석에 반대해 객관적 사실을 비교 제시하며 정확한 해석을 하는 서술 방식은 취하고 있다.

특히 대한민국을 '실패한 역사'로 보는 학자들에서는 발견할 수 없는 객관적이고 엄밀한 해석을 쉽게 발견할 수 있다. 사실 이영훈 교수가 대한민국의 역사적 사건과 인물에 대해 평가하고 해석하는 방법은 실증 연구에 기반을 두어 정확성을 담보하고 있다. 그리고 실증성과 정확성은 대한민국 역사에 대한 긍정적 해석의 기반이 된다.

객관적인 역사 해석을 보여주는 독보적인 책

이영훈 교수는 『대한민국 역사』에서 1945년 해방에서 1987년 민주화 시대 개막까지의 역사를 '성공한 대한민국 나라 만들기'라는 주제로 서술하고 있다. '상처투성이의 나라'로 출발한 대한민국이 1988년 민주화시대를 맞으며 (완성된 것은 아니지만) 자랑스러운 '나라 만들기'를 일단락지은 역사로 바라본 것이다. 제2차 세계대전 이후 생겨난 수많은 신생국들 가운데 거의 유일하게 경제적 산업화와 정치적 민주화를 동시에 달성한 역사였음을 주목하고 있다.

한국사회는 분열되어 있고 이념 대립은 치열하다. 특히 역사의 해석에 관해서는 특별히 대립의 골이 깊고 넓다. 고등학교 교과서와 일부 민주화 운동 경력 정치인들의 역사 발언을 보면 대한민국 역사를 보는 시각이 이렇게도 부정적이고, 부분만 보고, 분열 지향적이며, 친북좌파적일 수 있는가 깜짝 놀라게 된다. 거기에 국수주의적이고 시대에 뒤떨어진 복고적 사회주의 사고로 가득한 역사서들이 널리 확산되어 있다. 따라서 자유민주주의의 굳건한 이념적 기초 위에 세계화의 흐름을 포함하는 객관적이고 긍정적인 역사 교과서를 찾기 힘든 안타까운 현실이다.

이렇게 편협한 역사 교과서만이 출판되고 읽히는 우리 현실에서 이영훈 교수의 『대한민국 역사』는 객관적인 역사 해석을 보여주는 독보적인 책이다. 좌파적 역사관에서 그야말로 시원하게 벗어나 있다. 편협한 민족주의와 좌파적 사관을 실증 사관으로 극복하고 있다. 끝까지 읽고 나면 "아! 대한민국은 실패한 역사가 아니라 성공한 역사구나!"라는 것을 쉽게 알게 된다. 책의 시작부터 줄곧 왜곡된 역사 교육과 역사 해석을 비판하면서, 잘못된 해석들을 바로 잡으며 대한민국 '성공한 나라 만들기'의 역사를 힘 있게 설명한다.

학자들이 '마녀사냥'이 무서워서, 혹은 우리 사회의 치부를 드러내기 싫어서 쉬쉬하며 침묵하고 있던 내용을 『대한민국 역사』는 명징한 논조로 조목조목 설명하며 힘 있게 사실을 밝히고 있다. 지금 어느 역사(국사)학자에게서도 찾기 힘든 '힘찬' 역사서술이다.

『대한민국 역사』를 읽어 내려가면서 느낄 수 있지만 이영훈 교수는 역사적 사건들에 대한 어떠한 해석에도 명확한 근거를 제시한다. 예를 들어 조선은 왜 망할 수밖에 없었는가? 일제가 침략했기 때문이 아니었다. 조선은 이미 계급제도가 무너지고 농업 생산성이 크게 하락했었기 때문이라고 설명한다. 일제 식민지 지배와 근대화는 어떠한 방식으로 이루어졌는가? 해방 이후 친일파에 대한 처벌은 어떻게 이루어졌고, 왜 '실패한' 처벌이 아닌가를 설명한다. 남북한은 어떠한 과정으로 분단되었고, 어떠한 과정을 거치면서 서로 국가를 만들어 갔는지를 설명했다.

해방 후 그토록 바라던 통일 민족국가는 왜 만들어지기 어려웠나? 그 이유는 "자유민주주의와 공산주의가 대립할 때 그것을 어떤 무엇으로도 통합할 수 없었기 때문"이었다고 친절히 설명한다. 북한은 어떠한 이유로 남한보다 먼저 토지개혁을 실시했으며, 왜 남한의 유상몰수 유상분배 토지개혁이 북한의 무상몰수 무상분배 토지개혁보다 더 농민들에게 이익을 가져다주는 것인지, 김일성은 어떻게 스탈린의 승낙을 얻어 6.25전쟁을 일으켰으며, 전쟁 이후 김일성은 어떠한 이유와 방식으로 정적(政敵)을 제거했는지 놀라울 정도로 가감 없이 객관적으로 전달하고 있다.

특히 이 책은 대한민국을 태어나지 말아야 했던 반통일 분단 지향 국가라고 보고 북한의 역사만을 긍정의 역사로 보는 편협한 좌파 이데올로기 사관을 통쾌하게 날려버린다. 그간 출간된 대다수의 역사서들은 1948년 8월 15일 대한민국 건국에 관해 "남한의 건국이 미국의 후원 하에 북한보다 먼저 건국되었으므로 이승만과 미국은 남북한 분단의 최고 책임자들"이라고 주장한다. 나아가 대한민국 건국과 부국화(산업화), 민주화를 '나라만들기'의 관점에서 사회 통합적인 시각으로 기록하고 있다. 이영훈 교수의 설명을 원문 그대로 보면 다음과 같다.

"해방 후 … 좌우를 초월한 중도적 통합은 소망스럽기는 했지만 현실적 대안이 못되었다. 자유민주주의와 시장경제를 신봉하는 사람들은 미군정에 협조하고 대한민국의 건국에 참여하였다. 계급독재와 공산주의가 옳다고 믿는 사람들은 소련을 지지하고 북한의 건국에 참여하였다. 어느 방향이 옳았는지는 당대의 인간들로서는 알 수 없는 일이었다. … 이후 60년 이상의 역사가 흘렀다. 지난 60년의 세계사는 개인의 자유와 권리를 존중하고 그것을 국가체제의 기본원리로 채택한 자유민주주의와 시장경제가 인간의 물질적 복지와 정신적 행복을 증진시키는 올바른 방향이었음을 보여 주었다. 모두가 골고루 잘 산다는 공산주의의 이상은 인간의 본성에 맞지 않은 체제였다."

이영훈 교수는 서문에서 통합의 관점에서 책을 쓴 이유를 다음과 같이 밝히고 있다. "이 나라가 세워지고 발전해온 역사를 정당하게 평가하지 않았다. 역사가 오히려 국민을 분열시키는 역할을 하였다. 그런 분열의 역사가 아니라 통합의 역사를 새롭게 쓸 필요가 있다." 즉 '국민이 자랑스럽게 공유할 역사' '통합의 역사'를 목표로 했던 것이다.

역사를 위한 올바른 관점 제시

이영훈 교수는 대한민국의 분열을 넘는 통합의 역사를 위한 전제 조건으로서 '역사를 위한 올바른 관점' 5가지를 제시하고 있다. 그 다섯 가지는 다음과 같다.

첫째, 국민이 공유하는 역사가 필요하다.

둘째, 사실을 있는 그대로 정확히 이해해야 한다.

셋째, 민족주의는 우리의 소중한 공동체 정서이지만 휩쓸려서는 안 된다.

넷째, 자유의 이념은 역사발전의 근본동력이다.

다섯째, 해방 후 경제성장과 민주주의가 정착된 1987년까지는 '나라 만들기'의 과정이다.

『대한민국 역사』에서 이영훈 교수는 역사의 거짓을 밝히는 것을 넘어 새로운 역사 해석을 제시하고 있다. 즉, '대한민국 만들기'라는 주제가 함축하는 바와 같이 과거와의 단절 없이 앞뒤가 이어진 통합의 역사관을 제시한다. 예를 들어 대한민국의 압축적 경제성장의 기원과 근본 원인을 찾아보면서 경제 근대화의 성공이 시장경제에 의해 가능해졌다는 것을 밝히고 있다. 또한 이승만 정부와 박정희 정부의 수립이 역사적으로 긴밀히 연결되어 대한민국 성공이라는 하나의 역사로 통합되어 흐르고 있음을 설명한다. 박정희의 경제 근대화 성공은 이승만의 건국과 나라 지키기 때문에 가능했다. 이영훈 교수는 "박정희의 근대화혁명은 이승만의 커다란 건국유업에 두 발을 딛고 있었다."고 해석한다. 그리고 4.19와 5.16이 겉으로는 대립적인 것 같지만 결국 하나로 연결된다고 본다. 4.19가 추구한 민주주의는 5.16에 의한 경제성장과 중산층의 확대로 1987년 결실을 맺게 된다는 것이다. 그러한 의미에서 4.19와 5.16은 연속적인 사건이다. 진정 탁월한 역사 해석이다.

『대한민국 역사』는 대한민국 긍정의 역사를 보여준다는 이유 때문에 재미있게 읽힌다. 역사서 가운데 거의 유일하게 "어떻게 그렇게 되었는가?"를 제기하고 탐구한 역사서가 된 것 같다. 어떻게 대한민국의 건국은 이루어졌으며 그리고 어떻게 헌법은 만들어졌고 이승만은 대통령이 되었는가? 박정희의 경제성장은 어떠한 방식이었기에 성공했는가? 자유민주주의는 어떻게 시장경제와 함께 하는가? 이러한 문제의식은 이영훈 교수가 '뉴라이트 운동'을 주도했던 행적과 일치한다. 그야말로 학문과 행동의 일치다.

이영훈 교수가 『대한민국 이야기』에 이어 『대한민국 역사』에서 보여준 역사에 대한 문제의식과 관심범위의 확대는 무척이나 자연스럽다. 조선후기 경제사를 연구하면 농업생산성 하락을 통한 양반체제의 몰락, 이어 조선이 망하고 일본에 의해 진행된 근대화의 모습을 보게 된다. 그 과정을 가감 없이 논문으로 밝히지만 이러한 학문적 주장을 일부 비판론자들은 '친일'과 '식민지 근대화론

'으로 비난하면서 친일과 식민지 근대화론을 일치시켰다.

이렇게 반근대적이고 시대착오적이고 좌익적 세계관을 가진 학자들에게 반문하고 싶다. 그러면 '친중(親中)'과 '친북(親北)'은 객관적이며 옳은 것인가? 식민지 근대화가 사실이 아니라면 우리의 근대화가 자생적인 것이었다는 실체적 근거는 무엇인가? 자생적인 근대화의 씨앗이 일제의 침략으로 그렇게 쉽게 없어질 성질의 것이었는가? 그들은 이 질문에 성실히 답해야 한다.

이영훈 교수는 한국 사회에 진실로 자리 잡은 수많은 역사의 거짓을 밝히고 있다. 『대한민국 이야기』에서는 정신대와 종군위안부의 차이를 명확히 밝히고 있다. 위안부는 군인들처럼 강제 징입된 것은 아니지만 배후에 일본군과 조선총독부가 없었더라면 존재하지 않았을 것임을 설명한 바 있다.

몇몇 역사학자들이 주장하는 '자본주의 맹아론'의 허구를 밝히고 있다. 일제의 침략을 무력만이 아닌, 법과 제도 등 근대문명의 이식과 무역을 통한 개방이라는 측면에서 해석한다. 경제사학자로서 식민지 근대화론을 통해 일제 식민지 시대를 미화하는 것이 아니다. 오히려 일제의 진정한 수탈 메커니즘을 밝히고 있다. 즉 일제 식민지 시대는 민법의 기초원리가 세워지고 소유권 절대의 원칙을 통해 사유재산 제도가 확립되었고, 근대 서구 문물이 이식되고, 제도로 정착된 시대였다. 일제는 수탈이 아니라 투자를 통해 한반도의 자원과 공업시설을 일본인의 소유로 만들어 갔다. 이때는 민족 차별과 억압이 횡행한 불행했던 시기였다.

근현대사의 주요 사건을 모두 다룬 완결판 역사서

『대한민국 역사』는 해방 이후 근현대사의 주요 사건들을 모두 다룬 완결판 역사서이다. 기존 부정적인 역사 이해 때문에 자세히 기술하지 않거나 간과해버린 부분들을 찬찬하게 기술해 내려간 다음, 부정을 극복하고 긍정에 이르게 한다. 그리고 사건들을 다룸에 있어 지나친 좌편향적 역사 서술과 역사 교육을 비판하고 역사의 주인공을 '민족'이 아닌 '자유'와 '개인'이라는 문명의 요소로 재해석하고 있다. 자유를 갈망하는 청소년과 젊은이들이 왜 이 책을 읽어야 하는가를 설명하는 이유이기도 하다. 최근 이영훈 교수가 자신이 자유주의자임을 선언한 이유도 우리는 알게 된다.

한마디로 『대한민국 역사』는 대한민국의 수립과 발전을 다룬 균형 잡힌 (거의 유일한) 역사서이다. 대한민국에 사는 모두에게 교과서에 해당하는 서적이다. 좌편향에 물들지 않은 우파의 역사서이다. 감정적이지 않고 실증적이며 그래서 객관적인 흔치 않은 교과서이다. 대충 알던 대한민국 역사를 자세히 알 수 있고, 논쟁적인 역사에 대해 자유민주주의와 시장경제에 기초한 시각에서, 즉 자유주의자의 시각에서 설명해 주는 책이다. 한 마디로 '좌파적' 역사만 배워온 중고등학생들, 대학생들, 그리고 대한민국 시민이라면 반드시 알아야 하는 것이다. 대한민국 건국과 그 이후 경제성장, 민주주의의 확립 등 나라 만들기 역사를 알려주는 역사서이다.

마지막 제7장에서는 북한의 현대 역사를 김일성 독재정권의 확립부터 김정일 시대, 수령체제의 위기와 선군정치까지의 핵심 사건들로 설명한다. 북한 역사를 대한민국 역사의 일부분으로 포함시키고 있는 것이다. 이영훈 교수는 북한의 역사 역시 통일 이후 대한민국의 역사의 일부분이 될 수밖에 없다는 것을 『대한민국 역사』에서 그대로 보여준 것이다.

자기 나라의 역사를 모르고 사랑할 수는 없다. 그저 우리나라니까 사랑한다는 맹목적인 생각은 쉽게 깨지고 오래 가지 않는다. 그래서 거의 모든 국가가 어린 시절부터의 역사 교육에 관심을 두고 신경을 쓰는 것이다. 이 책을 다 읽고 나면 "나라를 만들고 지키고 성공적으로 키워온 선조들처럼 대한민국은 목숨을 바쳐 지켜야 할 가치 있는 나라구나."라는 생각이 들게 한다. 북콘서트에 참석한 수많은 학생들의 열정적이고 진지한 반응에서 보듯이 이영훈 교수는 자유주의 역사학자로서 자신의 목적을 충분히 달성하고 있다. 『대한민국 역사』로 우리는 다음 세대에 자랑스럽게 물려줄 역사를 가지게 되었다. 『대한민국 역사』는 한국 사회를 살아가는 시민으로서, 대한민국의 국민으로서 반드시 몇 차례는 숙독(熟讀)해야 할 명저(名著)다.

건물 짓기와 목수들의 스토리

김광동(나라정책연구원장)

『건국과 부국』
김일영 지음, 기파랑 발행, 2010

이승만·박정희 시대의 재조명

광화문에 가면 교보빌딩이 있다. 불과 23층이지만 거대하고 우람하다. 광화문거리를 빛내는 건물 중 하나다. 1980년도에 지어지고 2011년에 리모델링된 34년 된 건물이다. 그런데 가만히 살펴보면 비판할 점도 수두룩하다. 주변 경관과 조화롭게 자연친화적으로 짓지 못했다는 것부터, 광화문의 상징적 건물이라면 보다 한국적 미를 살렸어야 하는 것 아니냐는 것은 물론, 예술적 감각도 없이 만들어졌다는 등 건물에 대한 비판이 한도, 끝도 없을 수도 있다. 가만히 듣다보면 언뜻 그럴 듯하다. 비난하기는 쉽기 때문이다. 수십 년 전에 지은 건물을 놓고 지금 시각으로 비난할 때 그 비난에서 벗어날 건물은 하나도 없다. 특히 건물이 어떤 상황에서, 어떻게 지어지는지도 모르는 사람들의 비판은 더 가혹하다. 비난하는 사람들은 책임지지도 않는다. 짓기는 어려워도 비판은 쉬운 것이다.

그러나 건물 짓는 과정에 수반되는 힘겨운 상황이나 건설과정에서 기업과 건설자들의 어려움을 이해하며 그런 헌신에 감사를 표할 수 있다면, 그건 분명 철들었다는 이야기다. 젊은 시절 나도 비판에 능했고, 비판이라면 일가견이 있었다. "우리 사회는 왜, 이 모양인가? 도대체 어떻게 했기에 이 수준인가? 정말 이것 밖에 안 되나?" 남을 비난하고 사회를 비판하면 할수록 내가 더 대단하다는 착각도 들었다. 비판 대상도 전 방위적이었다. 국가지도자에서부터, 나라의 대소사에 이르기까지, 심지어 정부의 각종 정책과 주변사람의 태도에 이르기까지 내 비판의 대상에서 벗어날 수 있는 것은 아무 것도 없었다. 그럴수록 나는 그들보다 더 우월하다고 생각했다. 그래서 내가 해야 할 일은 더 많아 보였고, 남들보다는 내가 더 주도적 지위에서 역할을 해야 한다는 망상으로까지 연결되던 것이 철없던 시절의 나다. 물론 지금도 그런 식의 사고를 다 털어내진 못했다. 인격의 한계로 평생 못 털어내고 죽을지도 모른다.

건물 짓기는 어렵지만 비난하며 부수기는 쉽다.

건물 짓기는 어렵지만 비난하며 부수기는 쉽다

세상 일이 하나같이 어렵다는 것을 알게 된 것은 직업을 갖고 일도 해보고, 가정도 꾸려나가면서부터다. 생산적 일에 종사하지 않는 사람들일수록 남에 대한 비난은 더 무책임하고 가혹하다는 것도 알게 되었다. 남들이 힘겹게 만들어 놓을 것을 비판하며 "함께 나눠먹자."는 논리를 구사하는 것도 하나의 직업이라는 것도 알게 되었다. 이젠 축구경기 중계를 볼 때도 있는 그대로를 설명하고, 무엇을 시도했지만 잘 안된 것이라고 설명하는 아나운서나 해설자가 좋다. 내가 미숙했을 때는 화려한 언변으로 코치역할을 대행하는 해설자가 당장 축구감독이 되었으면 하고 안타까워했던 적이 한두 번이 아니었다. 마치 자기는 전지전능한 것처럼 말하면서, 이러저러하게 하면 잘되는데, 그렇게 못하고 있다고 타박하는 해설자가 이제는 정말 싫다. 그가 해보면 그 반도 못한다는 것을 알게 되었기 때문이다.

김일영의 『건국과 부국: 이승만·박정희 시대의 재조명』은 그런 책이다. 부정과 비난의 역사가 아니라 긍정과 계승으로의 역사를 강조한다. 우리 현대사를 재구성하면서 "그것 밖에 못했냐!"고 타박만 하는 것이 아니라 있는 그대로를 설명하고 해석하는 책이다. '부정과 지우기'라는 시각이 아니라 현실이란 바탕에서 '대한민국의 탄생과 나라 만들기(nation-building)' 과정을 그려내고 있다. 이상적인 나라를 만들 수 있었는데 그렇지 못했다고 악다구니를 쓰거나, 우리 대통령들은 하필 다 그 모양이냐며 비난의 화살을 마구 쏘아대는 대부분의 학자들과는 차원이 다르다. 제2차 세계대전 종전(1945) 후 수많은 독립 국가들이 출현했지만, 대한민국보다 더 훌륭한 역사를 만들어낸 나라가 단 하나라도 있는지 묻고 있는 것이다. 1948년 건국 이후 30년간 대한민국이 만든 모델과 성취보다 더 훌륭한 대안이 되거나, 더 성공한 나라가 어디에 있느냐고 묻는다.

비판은 쉽지만 건물 짓기는 매우 어렵다. 더구나 건물을 지어본 경험도 없던 목수가 건물을 지어 올린다는 것은 불가능한 도전이다. 1948년 대한민국이 건국되면서 '대한민국'이란 국호와 태극기를 내걸고, 민족사 처음으로 민주공화국 체제의 '나라 만들기'가 시작되었다. 1392년 조선 건국 이래 무려 550여년 만에 누구도 해 본 적이 없는 근대국가(modern state)가 만들어진 것이다. 더구나 36년간의 일본 군국주의 식민체제로 자치를 경험해 본 적도 없었고 근대국가를 운영해 본 경험은 더더욱 없었다. 경험해 본 것은 봉건체제와 군국주의체제뿐이었다. 그렇다고 이제 다시 봉건왕조 체제로 돌아갈 수도 없었다. 인구 대부분(71%)은 농업에 종사하는 전형적 농업 국가였고, 미국 원조로 연명해야했으며, 경제상황과 소득수준은 참혹했다. 광복을 맞자마자 서로가 신생국의 권력을 차지하겠다며 정당과 지도자가 난립했고, 서로가 상대방이 누구인지도 구분하기 어려웠다. 『건국과 부국』을 통해 김일영은 무경험과 혼돈의 길을 걸으며 나라를 만들어야 했던 과정을 그려내고 있다.

'성공 국가'의 '실패한 지도자'라는 궤변에 도전

더구나 한국은 주변의 대다수 국가들이 가야했던 공산주의의 길을 선택할 수는 없었다. 공산주의의 길은 우리 민족이 일본 전체주의에서 공산 전체주의라는 파멸과 질곡으로 가는 길이었기 때문이다. 당시 우리는 근대 국가를 만들기는커녕 공산주의가 유라시아대륙 전역으로 쓰나미 같이 확산하는 상황에서 공산주의를 막아내기도 힘겨웠던 현실이다. 우리도 주변 국가들처럼 공산체제로 가야 한다는 세력이나 좌·우 합작으로 공산주의와 자유주의를 반반씩 합친 나라를 만들어보자는 세력에서부터, '차라리 일제시대가 더 낫다.'는 논리까지 횡행하였다. 그 과정에서 자유민주적이고 자유시장적 체제를 만들고자 한 이승만 대통령과 대한민국은 외롭고 힘겨운 사투(死鬪)를 전개한다. 공산전체주의로 전락하는 것을 막아내면서도 근대적 자유민주적 번영사회를 동시에 만들어내야 했던 것이다.

이승만은 한반도가 다시 후진적 대륙문명으로 가면 안 된다는 확신을 갖고 근대문명과 한반도의 결합을 일관되게 추진하여 성공시켰다. 중국과 러시아 등 당시 한반도와 국경을 함께하고 있는 대륙문명은 낙후된 봉건문명이거나 공산주의적 전체주의였다. 5,000년 역사를 함께 했던 중국이나 또 다른 전체주의인 소련의 길을 거부하고 서구문명을 기준으로 대한민국의 길을 만들어 냈던 것이다. 이승만은 전체주의에는 일본 군국주의만 있는 것이 아니라는 점을 간파했다. 소련 공산주의가 훨씬 더 문명유린적이고 자유와 민주에 반한다는 것을 뼛속 깊이까지 잘 알고, 경험했던 지도자다. 봉건도 아니고, 식민도 아니며, 공산주의도 아닌 문명의 길을 개척하며 새로 출발한 대한민국은 건국이라는 집짓기에 나선 것이었다. 반봉건, 반제국, 반공산주의라는 건국투쟁으로 다른 신생국과는 전혀 다른 대한민국이란 집을 지었다. 그 결과가 바로 오늘날 대한민국과 다른 신생독립국들과의 차이의 기원이다.

이승만 시대가 대한민국이 달려가야 할 철길을 닦는 시기였다면 박정희 시대는 기관차와 열차를 만들어 그 철길 위로 달려 나가는 시기였다. 집짓기가 끝나자 살림을 마련했고 먹고 입을 것을 만들어 번영의 길을 만들었던 것이다. 농업국가를 넘어 산업국가 시대의 대한민국이 철강과 자동차강국이 되고 제3의 정보사회 시대에 반도체와 IT강국이 되면서 삼성, 현대·기아자동차와 LG, POSCO가 세계를 누비게 된 것은 박정희 시대가 쌓아놓은 땀과 눈물 때문이다. 우리는 그 시대를 살아간 분들께 빚을 지고 있고, 그런 토대를 딛고 우리 모두 더 나은 삶과 직업을 추구하며 출발할 수 있게 된 것이다. 비록 언제나 '살기가 어렵다.'고 누구나 푸념하지만 지난 60년간 우리가 구할 수 있는 모든 통계로 다 비교해보면 대한민국에서 태어난 사람만큼 삶의 질(quality of life)의 상승이 있었던 민족은 없었다. 그런데 도대체 왜 세계적인 성공국가의 모델이 된 대한민국에 실패한 지도자만 있다고 하는지.

『건국과 부국』은 근대적 문명과 담을 쌓고 폐쇄와 은둔으로 치달았던 나라가 글로벌 국가로 거듭나는 과정의 역동성을 분석한다. 어떻게 대한민국이 전자, 철강, 기계, 자동차, 조선, 석유화학 등을 중심으로 중화학공업의 강국으로 가게 되는지를 보여준다. 그것은 다른 신생독립국들과는 전혀 다른 길이기도 했다. 한국은 4.19 민주혁명에 이어 5.16 군사혁명으로 거듭나며 산업국가를 통한 민족웅비의 시대를 열게 된 것이다. 제1차 경제개발 5개년 계획을 시작으로 농업국가가 세계적 산업국가로 가게 되는 발전국가(development state)의 형성과 변화과정을 설명한다. 번영국가를 향한 민족적 열망이 박정희 시대를 만들고 그런 예외적인 성공이 수반한 위기가 곧바로 1972년 이후 전개된 '유신(維新)'이라는 권위주의 체제로 귀결되었는지 보여준다. 성공이 새로운 위기와 과제를 만들었고 그 위기와 과제를 극복하며 다시 성공의 길을 찾아나갔다는 것이다.

긍정과 계승의 역사인식을 갖추자

다시 돌아보면 대한민국은 자유와 민주와 민족의 성지(聖地)를 만든 나라다. 그만큼 건국 이래 60여 년간 빛나는 길을 만들고 달려온 나라다. 그럼에도 한국 사회가 넘어야 할 고비들이 있고, 그 고비마다 주어진 과제를 잘 넘어서야 함을 김일영 교수는 잊지 않는다. 특히 "대한민국은 다른 나라와 달리 극심한 '체제선택'의 전쟁과 전투가 펼쳐졌던 나라였고 그 문제가 아직 종식되지 않은 사회"라고 평가한다. 그렇기에 전혀 다른 체제를 지향하는 세력에 맞서 대한민국 체제선택의 문제를 완결지으면서 '발전국가' 모델을 더 성숙시켜야 하는 다중적 과제를 짊어지고 있다는 것이다. 그리고 한국의 강점이었던 발전국가를 폐기하기보다는 국가도 강해지고, 동시에 시장과 사회도 강해지면서 상호 견제할 수 있는 '제한적 발전국가' 모델을 마지막으로 제안한다.

결국 『건국과 부국』에서 그리려 했던 것은 수많은 한계와 어려움 속에서 쌓아올린 대한민국과 우리 아버님, 어머님의 삶의 궤적이다. 미화할 것도 없고 비하할 것도 없는, 있는 그대로의 '국가건설과 번영사회 만들기' 과정이다. 그리고 부모세대가 만든 것을 부정하고 지우려고 해서는 더 이상 발전이 없다는 것을 재차 강조한다. 대한민국 역사를 지우고 부정하려는 좌파 수정주의에 맞서서 오히려 극복하고 교훈으로 만들어 미래의 토대로 삼자는 긍정과 계승이란 역사인식의 틀을 견지한다. 2009년 김 교수가 49세로 세상을 떠나게 되면서 그가 규명하고자 했던 것은 이제 남은 이들의 몫이 되었다. 건물 짓기의 어려움을 조금이나마 이해한다면 대안도 없이 비난하고 부정하기보다는 계승하고 더 훌륭한 건물로 거듭나게 만드는 것이 바로 우리의 몫이라고 강조하는 것이다.

겸손함으로 우리 현대사 바라보기

이유미(컨슈머워치 사무국장)

『편견에 도전하는 한국현대사』
남정욱 지음, 시대정신 발행, 2014

20살, 90살의 노장군을 '친일파'라 욕하다

대학생 시사교양지 「바이트」를 운영할 때 일이다. 2010년 6.25전쟁 60주년을 맞아 백선엽 장군 강연회를 기획했다. 「바이트」 대학생 기자에게 강연회 참석을 요청했는데, "백선엽이요? 친일파잖아."라며 참석을 거절했다.

1920년에 태어난 백선엽은 만주군관 학교를 나온 후 해방 뒤 영어군사학교에 입학, 6.25전쟁 당시 사단장으로 군국 제1사단을 이끌었다. 낙동강까지 밀린 전선을 다부동 전투에서 막아내면서 진격의 발판을 마련했다. 이 후 1군단장, 휴전회담 한국대표, 국군 최초 4성장군으로 육군참모총장까지 지냈다. 예편 이후에는 외교관으로, 공기업 최고 책임자로 공직의 길을 걸었다.

파란만장한 한국현대사를 온 몸으로 겪은 90살 노장군의 삶을 20살의 대학생이 '친일'이라는 잣대로 단죄하려는 것이 이 시대의 보편적 역사인식이다.

어디서부터 잘못된 것일까? 왜 우리는 건국과 산업화 세대에 대한 존경을 갖지 못하는 것일까? '태어나지 말았어야 할, 독재로 인민이 신음한, 재벌이 민중을 수탈한' 역사로 한국현대사를 배웠다면, 당연한 결과일 것이다.

이런 편견에 도전하는 한국현대사 책을 이곳에 소개하려고 한다. 저자는 숭실대학교 문예창작학과에서 영화를 가르치는 남정욱 교수다. 쉬운 글쓰기를 추구하는 그는 '죽어라 날짜와 공허한 명칭들과 씨름해야 하는' 역사 공부가 아닌 사건 중심의, 스토리가 있는 역사 기술에 도전했다.

나는 올해 3월 OTV에서 남정욱 교수와 『편견에 도전하는 한국현대사』에 대해 대담을 나눌 기회를 가졌다. 1966년생인 저자는 '386'세대였지만 타고난 천성 때문인지 집단주의적인 당시 운동권 문화가 싫어 선배들의 주장에 자꾸 딴지를 걸었고, 자연스럽게 운동권 핵심 맴버는 될 수 없었다고 한다. 그러나 그 역시 읽은 책의 80%는 '마르크스주의'였고, 20%는 '한국은 미국의 식민지'라는 내용이었다고 한다. 시간이 흐르면서 자연스럽게 한국현대사에 대한 새로운 인식을 갖게 됐고,『꾿바이 전교조』『꾿빠이 386』을 시리즈로 내면서 한국현대사 책까지 출판하게 됐다고 말한다.

군(軍), 시대의 최고 엘리트 집단으로 역사에 등장하다

이 책은 처음부터 도전적이다. 보통 해방정국으로 시작하는 현대사 책과 달리 이 책은 '군(軍)'으로 시작한다. 남정욱 교수는 말한다. "5.16부터 노태우정권까지 32년간 군이 한국현대사를 끌고 왔다. 32년간 한국을 이끌어온 세력에 대한 이해 없이 어떻게 한국현대사를 이해할 수 있는가"

그의 지적처럼, 군이 32년간 한국현대사를 이끌어 왔다. 한국발전의 가장 결정적 사건인 5.16혁명도 군에 의해 이뤄졌다. 무력을 갖춘 집단이기 때문에 가능했던 것이 아니다. 그것보다 중요한 것은 당시 군은 대한민국 사회에서 유일하게 잘 조직되고, 응집력 있고, 합리적으로 행동하는 집단이었다는 점이다. 강대국들이 모두 참가한 국제전이었던 6.25전쟁을 치르면서 한국군은 합리적이고 능률적인 조직으로 발전했다. 비합리적이고 비능률적인 군대는 전쟁에서 살아남을 수 없기 때문이다.

반면 당시 우리 사회는 중세 사회의 모습을 많이 지녔다. 자연히, 국군을 구성한 인적자원은 우리 사회에서 중요한 역할을 할 수밖에 없었다. 남정욱 교수는 "당시 군은 대한민국 국민 평균치보다 20~30년 앞서 있었다."고 말한다. 어쩌면 압력이 높은 국군이 압력이 낮은 사회 속으로 들어오는 것은 필연적이라고 할 수 있다. 그리고 그것은 당시 사람들의 평가다(5.16이 일어나자 윤보선 대통령과 장준하 사상계 대표는 "올 것이 왔다."고 말했다).

기아선상의 가난을 겪어보지 못한 세대의 '평등' 타령

박근혜 대통령도 대선 당시, 5.16을 '혁명'으로 부르는 것에서 한 발 물러났다. 그러나 남정욱 교수는 5.16는 '혁명'이라고 주저 없이 표현한다.

"이전의 관습이나 제도, 방식 따위를 단번에 깨뜨리고 질적으로 새로운 것을 급격하게 세우는 일이라는 혁명의 뜻에 어울리는 것은 4.19보다 5.16이다."

가난한 농업국가가 자동차를 수출하는 나라로 변모했으니, 혁명이라 평가하는 것이 타당할지도 모르겠다. 필자는 5.16을 이해하기 위해서는 당시 시대상을 정확히 아는 것이 무엇보다 중요하다고 생각한다.

4.19로 새로운 사회가 들어왔지만, 권력을 장악한 민주당은 구파와 신파로 나뉘어 대통령과 총리가 파벌 싸움하기 바빴다. 새로운 사회에 대한 갈망이 4월 혁명으로 폭발했지만 정치권의 무능으

로 그런 갈망들이 수용되지 못하자, 제각기 욕구를 분출하면서 매일같이 데모가 일어났다. 초등학생들이 데모하지 말라는 데모를 할 정도였다니 말 다했다. 그러나 무엇보다 지금 세대가 이해하려고 노력해야 하는 것은 '가난'일 것이다.

박정희가 내건 혁명 공약 중 하나는 '기아선상의 민생고를 해결하기 위해 자주적 국가경제 재건에 전력을 집중한다.'이다. 남정욱 교수는 "'기아선상'이라는 말이 참 낯설게 들린다."며, "겨우 50년 전 일인데, 당시 한국은 참 처참했다."고 말한다.

그는 지금 세대에게 너무도 낯선 '기아선상'이라는 단어를 이해할 수 있게, 당시 신문기사를 인용해 구체적으로 보여준다.

"품팔이로 근근이 여섯 식구의 생계를 이어오던 현씨는 12월 중순부터 시름시름 앓기 시작했다. 현씨의 처 송씨는 이때부터 채소를 이고 겨울의 눈보라 치는 산길을 걸어 '보리죽' '밀가루죽'의 끼니를 마련했다. 이런 생활로 건강이 지탱될 리 없다. 그나마 송씨는 지난 1월 3일 아들을 순산하고 누었다. 이때부터 맏딸인 '빠끔'(12)양의 구걸로 연명해왔고 구호양곡이라고는 찐보리 닷 되를 얻어먹었을 뿐이다. 이렇게 살려고 바둥거리던 송씨는 지난 3일에, 다시 8일후엔 18일 된 젖먹이가, 그 다음 날인 9일에는 현씨마저 줄을 이어 황천길에 올랐다. 이 사진에 보이는 두 어린이가 살아남은 '빠끔'(12)양과 '정기'(6)군이다. -「한국일보」, 뉴우스의 눈"

아버지와 어머니, 갓 태어난 동생이 굶어 죽고 12세, 6세 두 남매만 살아남았다는 1961년도 기사다.

찢어지게 가난하게 자랐던 박정희는 기아선상에 놓인 민생고 해결에 전력을 다 했고 대다수의 국민들도 자신의 가난을 자식에게는 물려주지 않겠다는 생각으로 머리카락도 잘라 팔고 독일에서 탄광에 들어가 탄을 캤다. 중동의 모래바람도 이겨냈다. 우리의 부모, 조부모들이 눈물겹게 배고픔과 싸워 현재의 풍요를 일궈낸 것이다.

남정욱 교수는 가난을 경험하지 않은 세대들이 우리 사회를 향해 '좀 덜 가졌지만 평등한 사회로 가야 한다.'고 말하는 것은 매우 무책임한 주장이라고 비판한다.

경제발전의 명암 - 전태일 평전 실화인가 신화인가

이 책은 우리사회 금기시된 사항에 대해서도 입을 연다. 필자가 가장 놀라웠던 것은 '전태일 열사'에 대한 평가다.

박정희 시대는 저자의 표현을 빌리자면 '전 국민이 속도전이라는 전투 상황에 내몰린 상황'이었다. 한국 국민들은 어떻게든 꼬박꼬박 달성되는 수출목표에 자긍심이 생겼다. 그러나 그 과정에서 '정부는 기업을 압박했고 기업은 노동자를 볶아쳤다. 노동자는 골병이 들었다.' 그리고 몇 년 후 "우리는 기계가 아니다." 라는 호소가 등장했다.

"1970년 11월 13일, 동대문 평화시장 앞에서 재단사였던 전태일이 분신을 한다. '근로기준법을 준수하라!' '우리는 기계가 아니다!' '노동자들을 혹사하지 말라!' 불길이 기도를 타고 들어갔는지 그의 마지막 말은 잘 들리지 않았다."

근로기준법을 공부하다가 너무 어려워 "대학생 친구가 하나만 있었으면 좋겠다."라고 쓴 전태일의 일기가 공개되면서 수많은 대학생들이 산업 현장으로 뛰어들었다. 그러나 저자는 우리가 알고 있는 사실에는 좀 불편한 진실이 숨어있다고 말한다.

일단 전태일에게는 대학생 친구들이 많았다는 것이다. 버락 오바마와 힐러리 클린턴이 존경하는 미국의 급진적 사회운동가인 사울 알린스키는 시카고 빈민촌 주민들을 조직화하면서 실천적 조직 모델과 이론을 정립했다. '잠자는 민중을 깨워 리더를 양성시킨 뒤 그들 스스로 문제를 해결하도록 한다.'는 지역사회이론이다. 알란스키에서 교육 받고 귀국한 오재식 한국기독학생총연맹 사무총장은 학생 사회개발단을 꾸려 빈민촌에 학생을 투입했고 전태일은 그런 대학생들에게 교육을 받은 사람이었다. 전태일의 분신 후 목숨을 담보한 노동자들의 시위가 열병처럼 번졌다. 대의를 위해 한 개인의 희생을 아무렇지 않게 생각하는, '민중'을 외치는 운동권의 이면을 남정욱 교수는 지적한 것이다.

산업화와 경제발전은 이렇게 명암을 갖고 완성돼 갔다. 그리고 경제발전 덕택으로 가난을 경험해보지 못한 새로운 세대가 1980년대 대학에 들어갔고 5.18를 통해 폭발적으로 학생운동이

성장했다. 남정욱 교수는 5.18로 전위조직이 지도할 대중이 탄생했다고 지적한다. 이때부터 반봉건식민주의에 기초한 민중사관이 대중들에게 전파되고 어느새 우리 역사의 주류를 장악하게 됐다.

긍정의 마인드 그리고 역사 앞에 겸손함

254페이지의 역사책치고 비교적 얇은 이 책은 1945년부터 2014년까지 대한민국을 크게 여섯 개의 사건으로 나눈다. 한 번의 전쟁(6.25전쟁)과 두 번의 쿠데타(10월 유신과 12.12쿠데타) 그리고 세 번의 혁명(4.19과 5.16 그리고 87년 6월 시민혁명)이다. 굵직한 사건들과 군인으로, 학생으로, 노동자로, 기업가로 산 사람들의 인생사가 적절히 섞여 우리의 발전과정을 흥미롭게 펼쳐 보인다.

저자의 표현대로 대한민국은 '자유시장경제 선택'이라는 첫 번째 허들을, 그리고 '산업화'의 두 번째 허들을, 마지막으로 '민주화'라는 세 번째 허들을 넘어 여기까지 왔다. 지금 우리는 네 번째 허들 앞에 서 있다. 그런데 그 허들이 무엇인지 모른다. 뛰어 넘어봐야 지금 우리 앞에 놓인 과제가 무엇이었는지 또렷하게 보일 것이다. 문제는 우리가 네 번째 허들을 뛰어넘을 만큼의 체력을 갖고 있느냐이다.

"자기 나라를 부정하는 역사를 가르치면서 어떻게 군대에 가서 나라를 지키라 말할 수 있는가?"라는 남정욱 교수의 지적은 우리 사회 지적 허위에 대한 통렬한 꾸짖음이다.

저성장, 북한붕괴, 극심한 사회갈등…. 지독한 가난과 싸워 여기까지 올라온 우리의 역사를 긍정적으로 바라 볼 때 우리 앞에 놓인 허들을 뛰어넘을 체력을 갖게 될 것이다. 긍정적인 마인드로, 그리고 내가 살아 보지 못한 역사에 대한 겸손함으로 우리의 굴곡 많은 현대사를 바라봤으면 좋겠다.

냉혹한 현실에 대한 이해와 올바른 대처자세를 일깨워주다

강규형(명지대학교 기록대학원 교수)

『한반도에 드리운 중국의 그림자』
복거일 지음, 문학과지성사 발행, 2009

미국과 중국이 이끄는 세계

중국은 등소평의 과감한 개방정책과 시장경제 도입 이후 비약적인 발전을 거듭하고 있으며 정치·경제·군사 면에서 강대국으로 급부상하고 있다. 가히 욱일승천(旭日昇天)의 기세다. 곧 미국을 추월하는 세계 최강대국으로 도약할 것이라는 관측도 나오고 있다. 중국은 이제 일본의 국내총생산(GDP)을 넘어 세계 2위 경제대국으로 올라섰다. 영국 경제학자 앵거스 매디슨(Angus Maddison)은 "2015년경 중국 경제규모가 미국을 앞지를 것"이라고까지 섣부르게 예측했다.

이제 세계는 G2(미국과 중국)가 이끈다. 하버드대 니얼 퍼거슨(Niall Ferguson) 교수는 저서 『금융의 지배』에서 이것을 '차이메리카(Chimerica) 시대'라 불렀다. 중국이 저가 상품을 수출해서 얻는 경상수지 흑자로 미국의 국채를 사면서 미국은 적자재정을 메우는 동시에 중국 상품을 수입·소비하는 공생 관계가 형성됐다는 것이다. 이런 상호의존 관계는 경제버블의 한 원인이었지만 아직 지속되고 있다.

그러나 20세기 말 "21세기는 '중국의 세기'가 될 것"이라는 예측이 난무할 때, 저명한 경제학자인 레스터 서로(Lester Thurow) MIT 대학교 교수는 중국이 초강대국이 되려면 적어도 1세기가 더 걸릴 것이며, 오히려 유럽이 21세기를 주도할 가능성이 크다는 전망을 했다. 반짝 발전은 쉽지만 진정한 글로벌 리더가 되는 것은 장기적인 게임이라는 게 그 이유였다.

서로 교수의 표현대로 중국이 진정한 초강대국이 되는 것은 쉬운 일이 아니다. 한 중국학자가 잘 표현했듯이 내륙지역 중국인의 생활은 아직 제3세계 수준이다. 정치 사회의 민주화 정도도 미약하다. 2008년 12월 중국 지식인 303인은 세계인권선언 60주년에 맞춰 인권보장과 일당독재의 종식을 중국 정부에 촉구하는 '08헌장'을 공표했다. 훗날 역사는 이 사건을 1977년 공산주의 시절 체코슬로바키아의 민주화를 요구한 77헌장(하벨 주도)에 비견되는 일로 기록할지도 모른다. 또한 공산당 기관지 런민(人民)일보 사장을 지낸 후지웨이(胡績偉)를 포함한 중량급 원로 지식인 23명은 작년

10월 언론자유 보장을 촉구하는 공개서한을 발표했다.

한반도 수천 년 역사에서 지난 20여 년간이 중국에 큰소리쳤던 처음이자 마지막 시대로 기록될지 모른다. 그런 시대는 이제 끝났다. 그래서 우리 사회 일각에서도 해양세력보다 대륙세력인 중국을 더 중시해야 한다는 시각이 힘을 얻고 있다. 또한 한국은 패권국으로 다시 떠오르는 중국 앞에서 다소 굴종적인 태도를 취해야 한다는 의견도 있다. 한 중국 문제 전문가는 한국인에게는 장구한 세월 중국의 조공 국가로 살아온 DNA가 있어서 중국의 횡포에 대해선 일본의 횡포와는 달리 어느 정도 감내하려는 성향이 있다고까지 얘기한다.

중국에선 축구경기에서 자국 팀이 졌다고 한국 응원단을 집단 구타한다든가, 탈북자를 연행하면서 한국 외교관을 폭행한다든가, 합법적인 계약을 통해 지은 한국인 소유 호텔을 경찰력을 동원해 강제 철거하고 인권 유린을 하는 등의 일들이 그동안 계속해서 벌어졌다. 또한 중국 정부의 최근 한반도 관련 언행 중 일부는 청나라 말기의 위압적 태도를 연상케 한다. 천안함과 연평도 문제는 물론이고 여기에 더해 한국 해경함을 들이받은 중국 어선에 대해 피해 보상을 요구하고 '한국 측 사고 책임자'의 엄벌을 요구하는 적반하장격인 일도 벌어졌었다 비록 한국이 외교적 힘이 없어서 이런 사태에 대해 속수무책이지만, 사람들 마음속엔 이런 후진성에 대한 분노가 일어나게 돼 있다.

중국 내에서도 도광양회(韜光養晦, 힘을 드러내지 않고 기다린다는 대외

정책 기조)를 너무 일찍 버렸다는 자성이 나온다. 중국이 혼란스럽거나 불건강해질수록 한국은 힘들어진다. 중국이 건강하고 세련된 강대국으로 커 나가야 한국도 편해진다.

한국에 대한 중국의 영향력

이런 상황에서 소설가이자 시인, 사회 평론가로 경계를 넘나들며 전방위적으로 활동해온 작가 복거일의 저서 『한반도에 드리운 중국의 그림자』는 우리에게 많은 시사점을 준다. 복거일은 경제 영역을 위시한 정치·외교·군사 등의 영역에서 한국에 대한 중국의 영향력을 다루고 있다. 특히 중국이 한국의 최대 교역국으로 올라섬에 따라 생길 중국에 대한 경제적 의존도 심화와 그에 따른 중국의 정치를 포함한 전반적인 한국에 대한 영향력이 지나치게 커질 것을 우려한다.

복거일은 "빠르게 늘어나는 중국의 영향력에 한국의 주권이 점점 자주 그리고 깊이 침해되는 현상"을 경계하면서 "중국이 우리 사회에 제기하는 문제는 경제적 영향을 훌쩍 넘는다."는 냉철한 현실인식을 하고 있다. 이에 바탕해 최근 빠르게 부상 중인 중국과 한국의 관계를 진단하고, 앞으로 한국이 나아갈 바를 제시한다. 그는 중국과 한국의 관계는 이미 "비대칭적"이기에 중국의 위협은 "앞으로 중국의 힘이 커지면서 점점 심각해질 것"이라고 평가한다. 그리고 이 책의 열두 장에 걸쳐 중국이 한국에 미치는 영향력과 그 대책을 진지하게 분석한다.

중국의 제국주의는 미국의 제국주의보다 훨씬 일방적이고 공격적일 가능성이 높고, 한중 양국 사이의 힘이 비대칭이면, 양국 사이 관계 역시 비대칭적이 된다. 이미 북한에 대한 중국의 영향력은 막대하다.

강대해진 이웃은 불길한 징조다

이 책은 먼저 중국이 최근 강대국으로 급부상하게 된 원인으로 경제개혁을 든다. 경제 분야를 자유화함으로써 폭발적인 경제성장이 이루어졌고, 또한 이러한 경제성장을 바탕으로 어느새 강력한 군사력을 지니게 되었다고 지적한다. 이러한 폭발적인 경제성장과 군사력 증강을 기반으로 자연스레 중국의 국제적 위상은 높아졌다.

저자는 역사적 경험을 근거로 제국으로 부상하고 있는 중국의 미래상을 그린다. 중국이 자유주의 체제가 아니라 여전히 공산주의 체제 국가라는 점을 지적한다. 그동안 세계질서를 주도해왔던 '미국 제국'과의 비교를 통해 이런 중국의 용솟음이 결코 한국에 유리하지 않다는 평가를 내린다. 중국 제국주의의 위험성은 공산당 일당체제의 독재적 특성과 필연적으로 연결되고, 여기에 중국이라는 큰 나라를 통치하기 위해 필요한 민족주의라는 배타적 이데올로기가 결합돼 나타날 공격성은 상상을 초월하는 수준일 수가 있다는 것이다.

"강대해진 이웃은 늘 불길한 징조"이며 "강대한 나라 바로 옆에 자리잡은 작은 나라는 강대한 나라의 눈치를 볼 수밖에 없다."는 것이다. 그 예로 오랫동안 러시아(또는 소련)에 굴욕적인 자세를 취한 핀란드의 역사적 경험을 통해 강대국 옆에 위치한 작은 나라가 처할 수 있는 위험을 설파한다. 즉, 저자는 큰 나라에 대응하는 작은 나라의 '적응적 묵종(adaptive acquiescence)'의 대표적 예인 '핀란드화(Finlandization)'의 가능성을 경고한다. 핀란드는 영토의 일부를 러시아에 할양하고 러시아에 묵종함으로써 국가의 생존을 유지했다.

저자는 "한국은 현실을 정직하게 살피고 우리에게 괴로운 상황을 인정하는 도덕적 용기를 발휘해야" 하며 "우리는 이미 중국의 영향을 크게 받고 있으며, 되짚어 나올 길도 좀처럼 보이지 않는다. 적응적 묵종이 선택하는 전략은 '양보(concessions)'와 '대항력(counterweight)'이다. 따라서 우리의 합리적 대응은 강대국의 더 큰 압박을 막아내고 현상을 유지하기 위해 대항력을 함양시켜 양보를 최소화하는 것"이라 결론짓는다. 여기서 대항력의 요소는 '외교적 대항력' '군사적 대항력' '시민적 대항력' 등이며, 특히 외교적인 면에선 다소 소원해진 미국과의 관계를 회복하고 이웃나라 일본과의 협력을 공고히 할 것을 요구한다. 즉, 저자는 자유민주주의 체제의 동질성을 바탕으로 동맹국 및 우호국가와의 동맹을 강화할 것을 주문한다.

저자는 이러한 냉엄한 현실에 대한 한국 사회의 진지한 자기 성찰이 거의 없다는 사실을 통탄하며, 오히려 한국사회가 현실을 외면하고 위선에 매달리는 "도덕적 타락"으로 빠지고 있다고 걱정한다.

중국은 의심할 바 없는 강대국이며 한국과는 대단히 밀접한 관계를 맺는 국가로서 영속할 것이다. 언젠가는 1등 국가가 될 잠재력도 충분하다. 그러나 그렇다고 해서 중국이 조만간 세계 공동체나 아시아 공동체의 진정한 리더가 될지는 명확치 않다.

이러한 기준을 놓고 봤을 때 중국은 당분간은 세계의 리더는 물론이고 동아시아의 리더가 되기에도 힘겨워 보인다. 하부구조인 경제체제는 한국보다 더 자본주의적이라는 평가를 받고 있다. 하지만 정치체제는 여전히 공산당 일당체제이며, 국가 이데올로기도 (비록 대단히 변형된 형태이긴 해도) 아직 공산주의인 기형적 이중구조가 존재한다. 발전하는 시장경제와 나날이 자유로워지는 사회체제에서 인간의 욕망은 다양한 형태로 표출될 수밖에 없다. 개명되긴 했지만 경직된 상부구조가 과연 이런 욕구를 효율적으로 충족시키거나 통제할 수 있을지가 매우 불투명하다. 이 문제가 해결되지 않고는 지속적인 경제발전 역시 불가능하다.

동아시아, 나아가 세계의 번영과 평화를 위해 한국과 중국은 밀접한 협력과 상생관계를 유지해야 한다. 그러나 신(新) 조공체제로 가자는 얘기는 옳지 않다. 중국의 무서운 성장과 커다란 영향력 앞에서 대한민국이 생존해 나가기 위해선 현 국제정세의 위기의 본질을 더 잘 이해하고 현명하게 대처해 나가는 길밖에 없다. 그런 의미에서 복거일의 『한반도에 드리운 중국의 그림자』는 독자들에게 냉엄한 현실에 대한 올바른 이해와 대처자세를 일깨워 주는 길잡이 역할을 할 것이다.

3부

자유주의 거울에 비친 세상

자유주의자 21명의 21가지 실패담

이원우(미래한국 편집장)

『나는 왜 자유주의자가 되었나』
복거일 편저, FKI미디어 발행, 2013

사람의 마음은 어떤 원리로 움직이는 걸까. 10년쯤 전에 다단계 회사 설명회에 끌려갔다가 여기에 대한 약간의 통찰을 얻은 적이 있어.

지금도 아마 크게 다르지 않을 거야. 시작은 오랜만에 만난 친구와의 수다부터지. 홍대 앞에서 만나 이런저런 안부 인사를 나누다가 문득 "요즘 내가 알바 비슷하게 일하는 곳이 있는데 구경 한 번 올래? 요즘 나 되게 재밌는 거 하거든."이라고 말을 건네는 거야. 재밌는 거라고? 나쁠 것 없지 뭐.

"그럴까?"

"그럼 이번 주 토요일 아침 8시에 역삼역에서 만나자."

역삼역이라고 하면 빌딩 숲이 우거진 한국의 월스트리트 같은 이미지를 떠올릴 수도 있지만, 사실 역삼역도 역삼역 나름이야. 한 15분쯤 골목을 헤매고 고갯길을 넘나든 뒤에야 '○○○ Network'라는 허접한 간판이 붙어 있는 3층 건물에 도착했지. 지금 생각하면 '네트워크'라는 단어를 발견한 시점에서 발걸음을 돌렸어야 하는 거였지만, 그땐 나도 그런 개념이 전혀 없었어.

솔직히 건물만 보면 애당초 친구가 말했던 '재밌는 거'를 하는 회사처럼 보이지는 않는다는 생각은 했지. 하지만 그래도 뭐 모르는 거잖아? 겉모습만 보고 속단해선 안 되는 거니까 말이야. 똑똑한 친구니까 틀린 판단을 하지는 않았을 거라고 믿음을 다잡았어.

사무실은 2층이었던 걸로 기억해. 일단 놀란 건 그 이른 시간에 그 좁은 사무실 전체가 입추의 여지없이 붐비고 있었다는 거야. 이러다 건물이 무너지는 게 아닐까 싶을 정도의 박력으로 사람들이 넘치고 있었어. 여자들은 소위 '풀 메이크업'을 하고서, 생경한 표정으로 들어선 나 같은 예비신입들에게 칭찬 세례를 퍼부었지.

"어머, ○○씨 친구시라더니 역시 미남이시네요."

"이런 분이 오시다니 왠지 예감이 좋은데요?"

후줄근한 선배 형들 서너 명이랑 중간 중간 축구도 하고 게임도 하면서 세상을 놀라게 할 계략을 꾸며대는 벤처회사를 생각했던 선입견은 이쯤에서 깨졌어. 회사에는 나를 데리고 온 친구 말고 이미 중견 급으로 자리를 잡은 또 다른 동창도 있었는데, 함께 점심을 먹으면서 창밖으로 벤츠가 지나가자 이런 얘기를 하더라.

"저거, 내가, 6개월 안에 산다."

돈을 벌겠다는 게 목표였던 거야. 그것도 아주 큰돈을. 성공에 대한 무모하리만치 커다란 망상이야말로 그 이른 시간에 그 많은 사람들을 모이게 한 원동력이었어.

누구도 '실패'를 말하지 않는다

"안녕하세요. '다단계 회사'에 오신 걸 환영해요."

오후 설명회가 시작되고 난 뒤 화려한 차림으로 연단에 올라선 강사(그래봤자 20대 초반)가 건넨 말이야. 본인들 스스로가 '다단계 회사'라는 표현을 써. 그런데도 그곳의 분위기는 흔들리지 않아. 오히려 '우리 회사는 아무 것도 모르는 사람들이 말하는 다단계 회사와는 다르다.'는 메시지를 강조하는 자조적 유머가 되지. 인간의 심리는 희한해서 이렇게 되면 이상하게도 더 귀를 기울이게 되는 거야. 모르긴 해도 이거 아마 지금 통합진보당 애들도 쓰고 있는 수법일 걸?

"종북정당, 빨갱이 소굴에 오신 걸 환영해요."

"푸하하."

그러면서 오히려 조직력을 더 공고하게 만드는 거지. 사람들은 '자신감'에 이끌린다는 것. 이게 첫 번째 통찰이야.

그러고 나선 다단계 판매원리(전문용어론 네트워크 마케팅원리)에 대한 복잡한 설명이 시작됐어. 이거 진짜 장난 아니게 복잡해. 솔직히 거기 앉아 있던 사람들의 5%도 제대로 이해 못했을 거야. 하지만 포인트는 있어. 요점은 결국 '열심히 해서 사람들을 많이 불러오면 큰돈을 벌 수 있다.'는 거지. 설명은 주로 기하급수적으로 수입이 불어나는 원리에 초점이 맞춰져 있어.

9가지 어려운 얘기가 나오다가 1가지 쉬운 얘기가 나오면 사람들은 그 1가지를 중요한 메시지로 받아들이는 경향이 있어. 사람들은 자신이 듣고 싶은 이야기만 걸러서 듣는다는 것. 이게 두 번째 통찰이야.

설명이 진행되면 될수록 강연장에 있던 학생들 대부분이 설득당하고 있다는 게 느껴져. 그리고 이미 그곳에 있는 (선택받은) 우리 모두가 큰돈을 벌 수 있다는 확신을 공유하게 된 그때쯤! ○○○ Network가 취급하는 상품목록이 소개되지. 간이침대, 바르면 가슴이 커지는 크림, 처음 보는 브랜드의 건강 드링크….

절망적인 리스트 같지? 당최 이걸 사람들에게 어떻게 팔 수 있을까. 사실 제일 중요한 게 바로 상품의 퀄리티인데도 이미 설득당한 사람들은 그런 생각을 하지 못해. 그저 어떻게든 저 물건들로 사람들을 낚아야겠다, 그러면 나는 큰 부자가 될 수 있다, 나만 열심히 하면 된다…. 그 생각뿐이야.

오해하지 말고 들어줬으면 좋겠는데, 거기 모인 학생들 중에는 서울대, 연고대를 비롯한 명문대 재학생들이 수두룩했어. 마냥 멍청해서 낚이는 게 아니라는 얘기야. 도대체 다단계 회사는 어떻게 사람들을 설득할 수 있었을까?

간단해. 사람들은 '성공담'에 매혹되기 때문이지. 이게 마지막 통찰이었어.

'멘토 열풍'을 믿지 않게 된 이유

내가 그곳에서 빠져나올 수 있었던 이유는 (아까 벤츠를 사겠다고 했던) 중견 급으로 올라선 친구의 '빽'이 있었기 때문이었어. 그 친구가 '책임지고 담당하는 신입'이었기 때문에 1박2일 코스로 구성된 프로그램 중간에 나올 수 있었던 거지. 당구 한 게임 치고 난 뒤에 "생각해 볼게."라고 대충 둘러대고 집으로 왔어. 인터넷에 그 회사 이름만 검색해 봐도 피해사례가 줄줄 쏟아지더라. 2명의 친구와는 10년이 지난 지금까지도 연락을 하지 못하고 있어. 그 아이들이 이 글을 보지 않았으면 좋겠는데….

각설하고. 이 일이 있고 몇 년 뒤부터 한국에는 '멘토 열풍' '힐링 열풍'이 불기 시작해. 다 큰 어른들이 젊은이들한테 이런 말을 읊조려대는 구도였지.

"살기 힘들지? 지치지 않아? 힘내. 네 삶이 그렇게 힘들어진 건 결코 네 잘못이 아니야."

재밌는 건 이 메시지를 송출한 사람들의 면면이야. 다들 하나같이 성공한 사람들(적어도 그런 이미지의 사람들)이지. 대표적인 인물이 안철수야. '새정치민주연합'이라는, 사실상 민주당에 해당하는 정당에 입당한 뒤로는 그냥 평범한 정치인이 됐지만 그 이전까지 안철수는 20대들의 워너비였지. 안 그래도 안철수처럼 되고 싶은데, 그 사람이 내가 듣고 싶었던 얘길 해주니까 '정답'인 것처럼 생각됐던 거야.

일련의 열풍은 방식이 새로웠을 뿐 내 눈엔 신종 다단계와 똑같아 보였어. 너희들은 충분히 성공할 수 있다, 그런데 부조리한 세상, 못된 어른들 때문에 정체돼 있을 뿐이다…. 비틀린 성공신화라는 거지. '나꼼수' 열풍도 사실은 비슷해. 루저인 척 하지만 나꼼수 멤버들은 그 콘텐츠로 수십억을 번 '성공자들'이라는 걸 사람들은 생각하지 못했어.

자신감 있게, 상대방이 듣고 싶었던 얘기를, 성공(成功)의 암시와 섞어서 들려주는 것. 이렇게 하면 사람들은 움직여. 그리곤 모든 게 끝난 뒤에야 달라진 것 하나 없이 속절없는 시간만 흘러갔다는 사실을 깨닫게 되지.

21가지 실패담

그저 유명하기만 한 사람들의 뜬구름 잡는 성공담의 폐해는 이제 충분히 목격했다고 봐. 차라리 그보다 유익한 건 오늘도 조용히 자기 갈 길을 걷고 있는 사람들의 나직한 실패담과 진솔한 회고가 아닐까. 『나는 왜 자유주의자가 되었나』라는 책이 바로 그 부분에 천착해서 만들어진 작품이야.

나더러 이 책을 한 마디로 정의하라면 난 이렇게 말할 거야. 21가지 실패담.

대표적인 실패자(?)가 바로 첫 원고의 주인공인 서울대학교 경제학부 이영훈 교수야. 20대를 마르크스, 사적유물론, 민족주의와 함께 보냈지만 사실을 찾아 연구를 하다 보니 어느덧 자유주의 경제학자가 되어 있었다는 결론이지. 밖에서 보면 일련의 순조로운 과정 같아 보이지만 본인한테 이건 실패담이었을 거야. 본인이 한때 진실이라고 믿었던 것들을 끊임없이 양보하고 밀어내야만 하는 과정이었을 테니까.

나머지 분들의 사정도 크게 다르지 않아. 공학도였다가 경제학으로 길을 바꾸면서 세상사에 새롭게 눈을 떴다는 전남대학교 경제학부 김영용 교수, 자유주의자이면서도 자유주의를 전파하는 자유기업원(CFE) 원장 생활이 힘들었다는 프리덤팩토리 김정호 대표, 청와대 경험을 통해 전통 재정학에서 공공선택 이론으로 기조를 변경한 현진권 현 자유경제원 원장, 대학시절 운동권 서클에 가입했다가 나중에 자유주의를 접하게 된 권혁철 자유경제원 자유기업센터 소장, 대학시절 사회주의에 매료됐던 송원근 한국경제연구원 공공정책연구실장 등등….

반드시 개인적 실패나 전향(轉向)을 경험하지 않았더라도 자유주의(Libertarianism)는 아직 한국사회에서 생소한 소수의 사상이기 때문에, 신념 때문에 소수이기를 택한 사람들은 다 나름대로의 실패와 고군분투를 감당하고 있다고 봐야 할 거야. 막대한 부나 명예, 화려한 스포트라이트는 없지만 그래도 매일 조용히 물 한 방울씩을 떨어트리는 심정으로 글을 쓰고 강의를 하고 책을 읽는 사람들의 이야기는 어떤 것일까.

이 책에는 본인이 스스로 대단한 성공을 이뤄냈다고 자만하는 사람은 한 명도 없는 것 같아. 그리고 적당히 (사람들이 듣고 싶어 하는) 세상 탓을 하면서 남들 인생에 감 놔라 배 놔라 하는 사람도 없지. 그저 조용히 자기 할 일을 하고 있는 사람들의 조용한 고백담, 진솔한 실패담의 집합이야. 역설적인 건 이 책이야말로 제대로 된 '멘토 서적'의 역할을 할지도 모른다는 거겠지.

나 역시 「미래한국」이라는 매체에서 일하면서 보수주의, 자유주의와 관련된 수많은 책을 읽고 취재를 하고 글을 쓰지만, 때때로 힘들고 앞이 안 보일 때가 있어. 지식의 문제라면 학술서적을 읽으면 되겠지만 멘탈의 문제 같을 때는 이 책을 뒤적거리지. 나에겐 스승이기도 한 분들이 각자 나름대로 어떻게 이 분야에서 버티고 노력하고 계신지를 보면 어쩐지 힘이 나는 느낌이 들어. 오늘도 사람들은 신화적인 성공담을 원하지만, 우리에게 진짜 필요한 건 이런 얘기들이 아닐까. 어쩌면 나도 '자유주의 다단계'에 깊게 빠져버린 건지도 모르지만.

무기가 아니라 사상만이 저울이 기우는 방향을 결정한다

정재청(자유경제원 연구원)

『딱 맞게 풀어 쓴 자유주의』
안재욱 지음, 자유기업원 발행, 2007

사상은 우리에게 더 이상 필요 없는 것들인가

사실 많은 사람들은 '이념이나 사상, 철학이 자신들의 삶에 그다지 도움이 되지 않으며 한가한 사람들이나 공부하는 것'이라고 생각하는 경우가 많다. 물론 나 또한 불과 3년 전까지만 해도 그렇게 생각했었다. 그리고 정치문제나 경제문제에 있어서 '이념'이나 '사상'은 필요하지 않으며 그런 말을 하는 사람들을 '이데올로그'나 '편향된 사람'이라고 욕하기도 한다. 그러나 이 말은 "사람이 사는데 '영혼'이나 '정신'이 뭐가 중요하냐? 그냥 '육체'만 중요한 것 아니냐?"고 말하는 것과 같다. 하지만 인간의 물질적 복지를 충족시키기 위한 '경제'와 '비즈니스'라는 것들도 '시장'이라는 인간들의 대규모 질서 속에서 이루어진다. 우리의 삶에 영향을 주는 (특히 정치, 경제와 관련된) '제도'나 '정책' '법' 등도 결국에는 그 배경에 '이론'과 '학설'이 존재한다. 더욱이 그 이론과 학설들조차 그것을 연구하고 주장하는 학자나 사상가들의 생각인 '이념, 사상, 철학'의 산물이다.

우리가 '법학박사(J.D.)'나 '의학박사(M.D.)' 등을 제외하고 대체적으로 거의 모든 박사학위를 'Ph.D.(Doctor of Philosophy: 직역하면 철학박사, 여기에서는 '학문 일반'을 의미)'라고 말하는 것은 모든 '학문'의 뿌리가 결국에는 철학이라는 것과 관련이 있다. '경제학'이라는 학문도 본래 철학에서 시작되었다. '애덤 스미스'라는 도덕철학자(『도덕감정론』이라는 도덕철학 저서의 저자)도 처음에는 인간의 본성을 연구하던 사람이었다. 그러다가 인간들이 자신의 힘과 타인의 힘을 교환하고 분업과 협동을 하는 자연발생적 질서인 '시장(애덤 스미스는 '상업사회'라고 함)'에 대해 풀어 쓴 『국부론』을 세상에 내놓음으로 경제학이라는 학문이 발아한 것이다. 18세기 후반인 그 때부터 지금의 21세기까지 오면서 거의 모든 국가에서 '시장경제(Market Economy)'라는 경제제도를 통해 경제를 운영하고 있다는 사실을 우리는 알고 있다.

내가 자유주의라는 사상 또는 이념에 대해 알게 되었던 것은 '칼 포퍼'라는 철학자의 책을 읽으면서부터이다. 나는 그때 금융 분야에 관심이 많았서 '조지 소로스'라는 해지펀드의 대부에 대한 평전을 읽고 있었다. 그런데 그가 런던 정치경제대학(LSE)에서 철학을 전공했고 '칼 포퍼'라는 철학자에게 배운 '과학철학'이론을 금융투자이론에 응용해서 엄청난 부자가 되었다는 게 아닌가! 그러면서 칼 포퍼의 『우리는 20세기에서 무엇을 배울 수 있는가?』를 읽게 되었고 그 때 처음으로 '자유주의'라는 사상이 존재한다는 사실을 알게 되었다. 그러나 학부에서 경영학을 전공했던 나는 철학이라는 학문에는 그다지 관심이 없었다. 내가 전공하는 경영학과 영어, 자격증 등 취업을 위한 공부를 열심히 해서 좋은 직장에 들어가고 나 혼자 잘 먹고 잘 살면 되는 것 아닌가라는 생각을 했었다(물론 일상생활이 먼저라고 생각하는 것은 여전하다).

'인류의 지성사'로서의 '자유주의'

그러나 내가 철학이나 사상, 이념에 대해 생각을 바꾸게 된 것은 3년간의 직장생활을 한 후 대학원에 진학하면서부터이다. '대중문화연구'에 대해서 공부하면서 이념이나 철학이 '문화이론'과도 밀접한 연관이 있다는 사실을 알게 되었다. 그리고 2012년 총선과 대선을 치르는 과정에서 여러 정치 관련 청년모임에 가입해서 공부하게 되었는데 그 때 파리드 자카리아의 『자유의 미래』를 공부하게 되었고 그 책을 소개한 변종국 씨를 만나게 되었다. 내가 어렴풋이 '반공주의' 정도로만 알고 있던 '자유민주주의'라는 정치제도가 본래 유럽의 '헌정적 자유주의(입헌민주주의, 의회민주주의, 대의제, 공화제, 권력분립론 등)'로부터 시작되었고 존 로크 『시민정부론(통치론)』, 몽테스키외 『법의 정신』, 알렉시 드 토크빌 『미국의 민주주의』, 프리드리히 A. 하이에크 『자유헌정론』 등의 책들이 그 분야의 고전으로 꼽힌다는 것을 알게 되었다. 그리고 변종국 씨가 속해 있는 '경제진화연구회'와 소규모 연구모임인 '자유살롱'에 대해서 알게 되었고 그 곳에서 '오스트리아학파(Austrian School)'의 사상가이자 화폐 분야의 저명한 경제학자인 루트비히 폰 미제스의 『자유주의(Liberalism: The Classical Tradition)』에 대해서 공부한다는 말을 들었다. 많은 사람들이 미제스를 사상가나 이데올로그 정도로만 생각하는 경우가 있는 것 같은데 미제스는 1912년에 『화폐와 신용의 이론』을 저술한 경제학자다. 오늘날 거시경제학의 주류인 '미시경제학에 기초를 둔 거시경제학'에 대한 선구자적 경제이론가이기도 하다.

그래서 나는 『자유주의』를 공부하게 되었다. 그러므로 본격적으로 내가 '경제적 자유주의' 즉 '자유주의 시장경제'에 대해 제대로 공부하게 된 것은 바로 이 책으로부터 시작되었다고 할 수 있다. 그리고 미제스의 대표작인 『인간행동』과 하이에크의 『치명적 자만』 등의 책들을 공부하게 됐다. 인류 문명의 진화과정과 인간들의 행동을 중심으로 한 경제학을 연구하는 오스트리아학파의 사상과 정치경제학(주관주의)에 심취하게 된 것이다.

나는 경제학에 대해서는 학부시절 전공기초과목인 '경제학원론'

을 수강하면서 『맨큐의 경제학』을 공부했던 것이 전부이기 때문에 막상 경제학에 대해서는 잘 모른다. 그래서 '주류경제학'이라고 불릴 수 있는 '신고전파 경제학' '수리경제학'에 대해서는 거의 문외한이다.

하지만 오스트리아학파 경제학이 19세기까지만 해도 영국의 (앨프레드 마셜로 대표되는) 케임브리지학파와 함께 주류경제학을 주도했지만 지금은 비주류로 밀려났다는 사실은 알고 있었다. 그러나 내가 자유주의를 옹호하는 이유는 이것이 인간의 본성에 가장 적합하다고 생각하기 때문이다. 실현가능성이 가장 높다. '자유주의'에 입각한 경제정책들을 실현한 국가들이 번영해왔다는 것도 역사적 사실이다. 최근까지도 노벨 경제학상을 휩쓸며 경제학계를 주도하고 있는 '시카고학파(통화주의, 객관주의)'나 최근 주류경제학을 형성하고 있는 '새고전학파 거시경제학', 새롭게 주목받고 있는 '버지니아학파(공공선택론)' '헌법경제학'도 모두 '자유주의 사상'을 기초로 하고 있다. 때문에 '자유주의'는 철학, 정치학, 경제학, 법학, 진화심리학 등을 아우르는 사상으로서 '인류의 지성사' 그 자체라고 할 수 있다.

이보다 쉽게 '자유주의'를 설명할 순 없다

경희대학교 경제학과의 안재욱 교수가 쓴 『딱 맞게 풀어쓴 자유주의』라는 책을 한 마디로 말하자면 '이보다 더 쉬울 수는 없다.'이다. 내가 읽었던 미제스의 『자유주의』 또한 사상서로서는 비교적 쉬운 편에 속하고 미제스의 놀라운 논리력과 문장력에 감탄할 수밖에 없는 책인데 안재욱 교수의 이 책은 그 미제스의 『자유주의』를 요약하고 정리한 것에 그치지 않고 지금의 시대와 한국의 경제 상황에 더 적합하고 더 이해하기 쉽도록 풀어쓴 책이다. 그래서 주변에 고등학교에 입학하는 청소년들이 있다면 한권씩 사서 선물해주고 싶은 책이기도 하다(이 책은 최근에 『응답하라! 자유주의』라는 이름으로 다시 출판되었다).

이 책은 1장에서 '자유주의 사상의 마지막 기사(Knight)'이자 '오스트리아학파의 선봉장'으로 불리는 루트비히 폰 미제스라는 '불운의 경제학자'에 대해 소개하고 있다. 자유주의자들이 그를 '불운한 사람'이라고 부르는 이유는 그의 위대한 학문적 업적에도 불구하고 그가 정치적으로나 학문적으로 92년의 긴 생애에 걸쳐 제대로 인정받아 본 적이 없기 때문이다. 그는 학계에서 항상 소수에 속했고 월급을 받는 정식 교수로 발탁된 적도 없는 인기 없는 학자였다. 그러나 그의 사상과 경제학에서의 업적은 그의 제자들과 후학들이 발전시켜 빛을 내고 있다. 지금 미국에 있는 'Mises Institute'는 'Cato Institute'와 함께 미국의 저명한 자유주의 성향의 경제연구기관으로 자리매김했다. 그리고 그와 그의 제자이자 동료들인 하이에크, 머리 로스바드, 아인 랜드, 밀턴 프리드먼 등 자유주의자들의 영향력에 의해 설립된 여러 자유주의 성향의 기관과 연구소들(예를 들면 Mont Pelerin Society, FEE, The Bastiat Society, The Ayn Rand Institute, Institute for Humane Studies, Fraser Institute 등)이 활발하게 활동하고 있다.

이 책 2장에서는 '자유주의란 무엇인가?'를 설명하고 있다. 자유주의가 어떻게 인류를 잘 살게 만들었는지, 자유주의의 목표가 인간의 물질적 복지향상에 집중되는 이유, 사회 전체의 이익을 추구하는 점, 반자본주의 정서의 근원 등에 대해 설명하고 있다. 3장에서는 '자유주의의 기초'적 개념이라고 할 수 있는 사유재산권, 평화, 법 앞의 평등, 작은 정부에 대해 설명하고 있으며 4장에서는 '자유주의에 대한 오해와 진실', 5장에서는 '자유주의와 한국사회'라는 주제로 한국 사회의 여러 분야에 적용될 수 있는 자유주의 정책들에 대해 다양한 사례와 함께 설명하고 있다.

미제스는 1927년 "자유주의와 전체주의와의 투쟁에 있어서 그 궁극적인 결말은 무기가 아니라 사상에 의해서 결정될 것이다. 무기가 아니라 사상만이 궁극적으로 저울이 기우는 방향을 결정할 것이다."라고 하였다. 그 만큼 사상은 인간들의 삶의 조건을 개선할 수도, 파괴할 수도 있는 중요한 요건이기 때문이다. 그 증거는 남북한 주민들의 삶의 격차가 극명하게 보여주고 있다.

우리는 아직도 자유주의로의 여정에 있다

박종운(시민정책연구원 연구위원)

『하이에크, 자유의 길』
민경국 지음, 한울아카데미 발행, 2007

대한민국에서 과연 자유민주주의가 최종적으로 승리했는가?

1980년대 말부터 사회주의 체제는 붕괴하기 시작했다. 미제스와 하이에크가 1920년대부터 예언했던 바이다. 일본계 미국학자인 프랜시스 후쿠야마는 그의 책 『역사의 종언?』을 통해 "사회주의의 승리로 역사의 종언이 이루어질 것"이라고 했던 마르크스를 조롱하였다.

그러나 세계사적 대전환에도 불구하고, 대한민국 그리고 한반도 내에서는 자유민주주의가 완전히 승리하지 못했다. 철의 장막

저편에 남아있는 최후의 냉전세력인 북한 3대 세습정권이 여전히 건재했기 때문이다. 1987년 대한민국의 민주화 승리 이후, 여세를 몰아 북한도 민주화하고 자유시장경제로 통일되었으면 좋으련만, 북한 주민들에 대한 숨막히는 감시와 정보통제로 민주화의 기운은 북한 땅으로 스며들지 못했다. 오히려 민주화 운동 과정에서 (반정부라는 공통점에 착안하여) 민주화운동의 일원인 척 하였지만, 실제로는 3대 세습 독재 정권을 추종하는 주사파 무리들이 대한민국 내에서 준동을 벌이고 있는 실정이다.

되돌이켜 보면 필자가 대학에 진학하여 학생운동, 민주화운동을 했던 전두환 군사독재 시절에는 1980년 광주민주화운동 강제 진압과 각종 보도지침 등의 언론통제가 있었다. 반복되는 군사독재에 대한 불신이 있었기에, 공식적인 언론 보도 및 교육의 내용은 믿을 수가 없었다. 그래서 카더라 통신을 더 신뢰한 나머지, 음성적으로 유통되는 잘못된 정보에 휘둘릴 수도 있었다. 필자도 한때 그러한 잘못된 정보와 사상에 휘둘렸었다.

예컨대 이영희 씨는『8억 인과의 대화』『전환시대의 논리』등에서, 모택동의 권력놀음에 놀아난 문화대혁명을 모범적 '인간개조' 운동이라고 격찬했던 적이 있다. 실은 그것이 끔찍한 인간사냥이었음에도 말이다. 그래서 필자를 포함한 피가 끓는 순진한 대학생은 이에 속아 넘어가 '이기적인 시장경제 인간형과는 다른 이타적인 사회주의적 인간형(?)'에 대한 동경을 가진 적도 있다.

또『역사란 무엇인가?』라는 좌파 서적도 있었다. 영국 외교관 출신 친소 역사학자인 카(E. H. Carr)는 이 책에서 "역사가가 달을 가리킬 때는 그의 말을 듣기보다는 먼저 역사가의 계급적 손을 보라."고 했다. 역사 논의의 자세를 진실 추구 내지 온고이지신(溫故而知新)이 아닌 계급성 파악으로만 전락시킨 것이다. 그럼에도 불구하고 마치 올바른 역사관을 세우는 책인 양 일세를 풍미하기도 했었다. 마르크스의 『자본』은 유통이 통제되었지만, 갖가지 이름을 달리했던 『자본』의 일본 해설판 번역서들이 애덤 스미스 노동가치설의 권위를 빌어 대학생들의 의식을 왜곡할 때, 그에 심취하기도 했었다.

그렇지만 열혈 민주화운동가의 하나였던 필자는 1987년 박종철의 희생이라는 아픔을 딛고 마침내 6월 항쟁을 통해 민주화를 성취하자, 또 1948년 건국 이후 집권연장이나 군사독재로 얼룩졌던 민주주의를 본래대로 회복하자, 자유민주주의의 열린 공간에서 새로운 진실들을 빨아들이기 시작했다. 민주화된 대명천지 하에 음습한 정보 유통 채널에도 진실의 햇볕이 내려쬐었다. 덕분에 진실에 목말라 했고, 치열한 토론 및 행동주의적인 삶을 사는 것이 기본이었던, 필자를 포함한 상당수의 민주화운동가들은 사회주의 지향의 잘못된 정보와 사상들이 가리고 있던 '장막들'을 이내 걷어차 버릴 수 있었다.

다행히도 마침 1987년 민주화를 전후한 시대적 환경은 나쁘지 않았다. 1976년 모택동 사망 이후 등소평의 주도 하에 대외 수출을 통한 시장봉사를 자기 발전의 원동력으로 삼기 시작했던 중국과의 교류도 이루어지기 시작했다. 1989년에는 동독이, 1991년에는 소련이 붕괴하면서 한소수교 등으로 진실이 드러나기 시작했다. 이러한 대명천지의 개방된 정보에 접한 행운 덕에 필자와 상당수의 민주화운동가들은 민주화 이후의 조국과 민족에 대한 기여면에서 제대로 된 길을 걸을 수 있게 되었다. 이는 마치 하이에크가 청년학생시절 사회주의에 심취했었지만, 미제스의 『공동체주의(사회주의)』를 읽는 행운을 만나 사회주의의 미몽(迷夢)에서 깨어났던 상황과 비슷했다고나 할까?

어쨌든 필자와 상당수의 민주화운동가 출신들은 이제 자유와 시장경제 그리고 민주주의의 사상에 심취하고 있지만, 아직 그렇지 않은 사람들도 일부 있다. 일부는 3대 세습독재인 김일성주의(주체사상)를 여전히 신봉하기도 하고, 일부는 마르크스주의를 여전히 신봉하면서 (민주주의와는 전혀 동떨어진) 프롤레타리아 독재를 표방한 사회주의 일당 독재체제를 꿈꾸며 이따금 본색을 드러내기도 한다. 이들은 사회적 현안에도 적극적으로 대응하여, '광우뻥' 소동에 적극 편승 혹은 주도하기도 했고, 역사교과서 좌편향에 적극 기여 혹은 찬동하기도 했다. 한미FTA 반대운동에 적극 나서기도 했고, 해군기지를 해적기지라며 반대하기도 했다. 그런데 정치권에서는 이들과 단호히 선을 긋지 않고 은근히 이들이 자신의 편에 서기를 바라거나 이들과 연합을 추구하기도 했다.

그렇기에 우리는 한편으로 사상과 이념 차원에서 자유시장경제 민주주의 사상으로 무장하고, 다른 한편으로 북한민주화를 통한 통일로 자유민주주의의 최종적 승리를 이루어가야 한다. 북한이 있는 한, 자유민주주의 하에서 '프롤레타리아 독재'를 꿈꾸거나 3대 세습독재 편을 드는 이런 좌편향이 쉽사리 정리되지는 않을 것으로 보이기 때문이다.

자유주의 사상무장을 위해서는 왜 미제스, 하이에크를 읽어야 하는가?

필자가 청년 시절 자주 들었던 이야기가 있다. 그것은 사회주의가 이론적으로는 맞지만(혹은 맞을지 모르지만), 현실에서는 사람들이 이기적이기 때문에 맞지 않는다는 말이었다. 현실과 타협하는 것이 능사라는 투의, 비굴한 처세법에 가까운 조언에 혈기방장하고 정의감으로 똘똘 뭉친 청년들이 쉽사리 수긍할 리가 없었다. 결국 마음을 닫은 청년들에게 일부 기성세대들의 오염된(?) 권고는 소귀에 경 읽기였을 뿐이었다.

그러나 민주화 이후 열린 공간이 형성되자 열린 마음으로 진실을 추구할 수 있는 기회가 많아졌다. 심리적으로도 민주화를 성취했다는 뿌듯함이 있었다. 필자는 그때 사회주의 자체 붕괴의 원인을 알기 시작했다. 중국의 문화대혁명에 대한 이영희 씨의 속임수도 알아내게 되었다. 배급체제는 관료지배 독재체제고, 봉사 체제인 시장경제만이 이타적인 체제로서 (박정희의 수출입국 노선이 대한민국 국민에 대해서 그러했던 것처럼) 중국 인민의 가난을 없앤 길이었음도 알았다. 필자는 시장경제 승리의 요인에 대해서 탐구하기 시작했다. 이 과정에서 미제스와 하이에크를 만났다. 그것은 필자의 또 다른 행운이었다.

미제스와 하이에크의 책 번역서들을 읽으면서, 필자는 그들이 (정부 규제를 긍정했을 뿐 아니라, 사회주의에도 긍정적이었던 슘페터나 새뮤얼슨 같은 경제학자들과는 전혀 다르게) 자유와 시장경제를 당당하게 문명 발전의 기본 원동력으로 보았고, 사회주의 내지 전체주의는 문명을 파괴하는 체제들이라고 일관되게 말했음을 알 수 있었다(그들은 나아가 수리경제학이 가진 필연성에 기초해 슘페터나 새뮤얼슨 같은 경제학자들이 왜 사회주의를 긍정하게 됐는지도 규명한다). 그 과정에서 시장경제체제가, 이기적 개인들의 행태에도 본의 아니게 자유와 번영이 만들어지는 것이 아니라, 본래부터가 타인을 위한 봉사 체제로 소비자에 대한 '충성 봉사 경쟁'이 벌어지는 긍정적 현장이라는 것도 알았다. 소비자 민주주의야말로 시장경제에서 일상적으로 일어나는 참모습임도 알게 되었다. 반면 생산자 민주주의, 노동조합의 기업 탈취는 소비자에 대한 충성 봉사 정신이 없기 때문에 필연적으로 망할 수밖에 없다는 것도 알게 되었다(필자는 이들에 대한 심취의 연장선에서, 경기도경제단체연합회 사무총장 시절 『Human Action』을 직접 구입해서 번역을 감행하기도 하였다. 이 책은 민경국 교수와의 공동 번역작업 끝에 『인간행동』이라는 제목으로 출간되었다).

그렇다. 정의감에 불타는 청년 학생들이라면 이들의 책을 읽어야 비로소 만인 대 만인의 봉사 체제이자 이타주의 체제의 최고봉인 시장경제체제만이 자유와 번영을 이루는 체제라는 것을 깨달을 수 있고, 그 체제에 대해 긍지를 가질 수 있다. 정의감에 불타는 청년학생들이라면 이들의 책을 읽어야, 정부를 위탁 운영하는 자가 자신의 본래 임무와는 무관하게 국가권력의 힘을 악용하여 시장경제체제를 제약하고 왜곡하고 방해하는 국가간섭주의 타파의 길에 나설 수 있다.

상당히 일상적으로 실시되는 가격상한제도 실은 잘못된 국가간섭주의의 전형이다. 또한 '종부세' 파동이 그러했듯이 '부유세' 선동도 국가권력을 악용한 잘못된 징벌이다. 누진세로도 모자라, 부유세를 도입하자는 목소리도 있지만, 그것은 종국적으로 시장봉사의 대가를 모아 부를 일구는 시장경제의 선순환을 가로 막는 퇴보세(Retrogressive Tax)이다. 오히려 시장봉사 대상(大賞)을 주어야 할 사람에게 징벌을 내리는 것은 사실상의 약탈이며, 정당하게 번 소득을 훔쳐가는 것이기에 정의와도 거리가 멀다. 이러한 것들을 타파해야 한다. 대처나 레이건의 등장 역사, TEA(Taxed Enough Already) Party 운동('이미 충분히 세금을 냈으니 그 세금 내에서 국가를 운용하라.'고 요구하는 미국의 풀뿌리 민주주의 운동)도 참고하면 좋을 것이다.

이처럼 미제스와 하이에크를 읽으면 "부의 원천이 시장에서 소비자의 효용에 맞추어 봉사한 결과"라는 점을 알게 된다. 또 (빌게이츠, 삼성 재단 등이 그러하듯이) 시장봉사로 돈을 번 사람들이 자선사업의 원천이라는 것도 (즉, 이중의 봉사라는 것도) 알게 된다. 정의와 자유와 번영의 체제가 바로 시장경제이고, 만인이 만인에 대해 자발적으로 봉사하는 시장경제 덕에 인류문명은 발달했다. 그렇기에, 이 체제를 발전시키는 것이 청년학생의 사명이고 그러한 운동에 나서는 것이 긍지임도 알 수 있다.

하이에크의 사상이 가장 잘 집대성된 책, 『하이에크, 자유의 길』

미제스와 하이에크 모두 자유와 시장경제의 수호자들이다. 그러나 미제스의 제자 하이에크가 더 유명한 이유는 두 가지 이유가 있다. 하나는 그가 미제스의 지도하에 이뤘던 (정부의 간섭주의적 화폐 및 신용 남발이 경기변동의 원인이라는) 경기변동 연구의 성과 때문이다. 다른 하나는 하이에크의 유명한 책 『노예의 길』이 나치즘(파시즘)과 싸워야 하는 이유를 제대로 설파하여 대중적으로 인기를 끌었기 때문이다. 덕분에 하이에크는 미제스 사망 직후인 1974년 제6회 노벨경제학상을 수상했고, 대처와 레이건의 자유시장경제 부활을 불러 일으켰기 때문이다. 그들의 사상을 흡수하려면, 하이에크의 책으로부터 시작하는 것도 좋을 것이다.

마침 하이에크 사상의 전모를 한 권으로 잘 정리해놓은 책을 찾을 수 있다. 그 책은 바로 민경국 교수의 책 『하이에크, 자유의 길』이다. 민경국 교수는 오랫동안 자유주의 시장경제 사상을 전파하는데 일생을 바쳐온 분이다. 본래 하이에크가 직접 저술했던 책의 이름은 『노예의 길』이었다. 사실 그 책이 비판하고자 한 대상은 전체주의 나치즘(파시즘)이었고, 하이에크가 가고자 했던 길은 자유의 길이었다. 그래서 하이에크 연구의 대가 민경국 교수는 책의 제목을 『하이에크, 자유의 길』이라고 선명하게 붙였던 것 같다

민경국 교수는 이 책에서 하이에크 사상의 핵심을 한마디로 '자유'의 사상이라고 정리했다. 경제학자부터 사회철학자로까지 광범위한 분야에 대해 글을 쓴 하이에크 사상의 핵심이 '자유'라는 것이다. 민경국 교수는 세부적으로 하이에크의 사상을 진화적 인식론, 자생적 질서이론, 법과 제도의 진화, 자유론, 법의 지배 이론, 자유를 위한 헌법주의로 요약하고 각각에 대해 한 장씩 할애하여 상술하고 있다. 민경국 교수가 각 장들에서 정리하고 잘 녹여서 재구성한 하이에크 저서들은 다음과 같다.

인식론 저서이자 이성의 한계를 규명한 『감각적 질서(The Sensory Order)』(1921, 발간은 30년 뒤에나 되었다), 나치즘(파시즘)을 위시한 전체주의 비판서인 『노예의 길(The Road to Serfdom)』(1944), '열린(포퍼), 거대한(스미스), 그리고 자생적(하이에크) 사회질서를 유지하고 보호하는' 것을 목적으로 평화와 자유의 헌법을 주장한 『자유의 헌법(Liberty of Constitution)』(1960), 무소불위의 국가간섭주의적 법제(法制)가 아닌 코몬 로(commom law) 정신 즉 '법치주의(法治主義)'의 필요성을 말한 『법, 입법 그리고 자유(Law, Legislation and Liberty)』 시리즈(1973~1978), 사회주의 비판서인 『치명적 자만(The Fatal Conceit)』

(1988), 기타 논문들 등.

이 책을 빠른 시간에 윤곽을 파악하며 읽을 수 있는 방법이 있다. 민경국 교수가 이 책의 마지막 한 장에서 '하이에크의 자유주의 사상이 주는 교훈'이라는 제목으로 위의 여섯 가지를 다시 잘 요약해두었기 때문이다. 따라서 바쁜 분들은 이 마지막 장을 먼저 읽고 개괄적인 이해를 한 후, 시간을 내어 주제별로 할당된 앞의 각 장들을 꼼꼼히 살펴보는 것이 이 책을 잘 읽는 방법의 하나일 수 있다.

이 책은 하이에크의 책들을 단순히 요약해놓은, 그렇고 그런 수준의 책이 아니다. 하이에크의 사상들을 둘러싸고 제시된 각종 의견들에 대해서도 일일이 거론함으로써, 하이에크 사상의 진수에 대해서 제대로 이해를 하도록 만드는 한 차원 높은 수준의 책이다. 오랫동안의 연구의 축적이 없으면 쓰기 힘든 종류의 책이다. 아무쪼록 민경국 교수의 이 책을 개론서로 읽고, 자유와 시장경제의 옹호자 하이에크를 공부하고, 나아가 보다 원리주의적인 미제스로 공부 범위를 넓혀나가자. 그렇게 해서 이 책을 읽는 독자들이 정의감과 혈기, 긍지를 갖고 자유와 시장경제를 옹호하고, 또 이 사회에 사는 수많은 사람들의 번영발전에도 그들 못지 않게 큰 기여를 할 수 있길 바란다.

지금의 내가 있는 것은 내가 혼자 있었기 때문이다

남정욱(숭실대학교 문예창작학과 교수)

『개인이라 불리는 기적』
박성현 지음, 들녘 발행, 2011

"혹시 우리 과 학생 아니신가?"

"아저씨는 누구세요?"

졸업하던 해, 강의실 앞에서 마주친 교수님과 오갔던 대화다. 나는 미안해하지 않았고 그는 불쾌해하지 않았다. 그 세월이 그랬다. 대학시절, 나는 그 시간의 절반을 총학생회실에서 보냈다. 2학년 때에는 차장으로, 3학년 때에는 부장으로. 80년대 총학생회의 기획부장이라고 하면 당연히 운동권이었을 것이라 짐작하기 쉬운데 죄송하지만 아니다. 언더(지하 이념 서클)에서 오픈(공개 학생 기구)을 띄우는 것은 맞다. 그러나 그건 메이저 캠(시위를 자체 가동할 수 있는 운동력이 있는 학교)의 경우이고 마이너 캠(타 학교 시위에 묻어간다)에서는 언더의 체력이 달려 그게 안 된다. 마이너 캠에서는 이른바 '뀐'과 리버럴이 합의하여 총학생회를 장악하고 자리를 배분한다. 나는 리버럴쪽이었다. 선배 하나가 내 정체를 꿰뚫어보고 이렇게 말했다. "이 자식은 얼핏 보면 좌익이지만 실은 뼛속까지 부르주아야." 당시 선배는 자유주의라는 말을 몰랐다. 그래서 떠올린 말이 당시 척결해야 할 악의 대명사처럼 쓰이던 부르주아라는 단어였을 것이다. 예리한 놈. 졸업식 때 입고 갈 양복 사 입을 돈도 없었는데 부르주아는 무슨 얼어 죽을. 이데올로기에 흥미를 느낀 것은 사실이지만 구체적인 현실 변혁 같은 데는 별로 관심이 없었다. 머릿수로 뭘 해보려는 집단주의도 싫었고 가식적인 민중 친화적 풍토도 싫었다. 물론 드러내고 반발할 수 있는 분위기는 아니었다. 학교에서는 루카치를 읽었지만 집에서는 카프카를 읽었다. 카프카의 이런 구절이 좋았다. "지금의 내가 있는 것은 내가 혼자 있었기 때문이다."

'우리'만 있고 '나'는 없는 사회

80년대 대학가 서점에는 딱 두 종류의 책 밖에 없었다. 마르크스가 쓴 책, 마르크스에 대해 쓴 책. 마르크스주의자가 되는 건 필수였고 볼셰비키가 되는 건 선택이었다. 마르크스는 집단의 철학자이고 경제학자였다. 마르크스에게 개인 같은 건 없었다. 하긴 80년대에 개인이라는 건 없었다. 나는 한 번도 홀로 '나'인 적이 없었고 항상 '우리' 중의 하나로서의 '나'였다. 군사 파쇼와 싸우는 우리들 자체가 파쇼(이태리 말로 묶음이라는 뜻이다)였다. 우리는 같은 책을 읽고 같은 노래를 불렀으며 동시에 분노하고 동시에 달려야 했다. 거부나 이견은 '우리'로부터의 배제와 단절과 말살로 돌아왔다. 노동운동 관련 세미나를 하다가 이렇게 물어 본 적 있다. "이 사람, 혹시 엠페도클레스 콤플렉스 환자 아니에요?" 이 사람은 전태일이었고 엠페도클레스 콤플렉스란 불에 타죽고 싶어 하는 병증을 말한다. 맞아 죽을 뻔 했다. 나는 세상에 대해 영원히 입을 다물기로 했다.

보면 나 같은 인간이 아주 없지는 않았나 보다. 서울대 사회학과 운동권이었던 이건범의 '내 청춘의 감옥'은 수형 생활을 담담하게 써 내려간 회고담이다. 그는 운동권 노래를 부르는 도중 화음을 넣어 선배에게 '쿠사리'를 먹는가 하면 징역 생활 내내 다른 운동권처럼 철학책을 읽는 대신 소설을 읽는다. 소설에는 인간이 있다. 그는 철학이나 역사를 성찰한 것이 아니라 인간에 대한 성찰을 반복했다. 다음은 책의 한 문장이다.

"세상이 달라지는데 '자율적이고 충만한 개인'이 얼마나 중요한 전제 조건인가를 고민하면서부터 나는 철의 규율로 단련된 혁명 조직 그리고 그 조직이 주도하는 폭력혁명과 헤어져야 했다. 아니 그렇게 혁명이 되어서는 곤란하다는 입장으로 변했다. 개인의 내면세계를 일구고, 더디더라도 민주주의를 거쳐 최대한의 공통분모를 만드는 게 앞으로 내가 우리 사회를 좋은 세상으로 만들기 위해 해야 할 일이라고 보았다. 그럼으로써 나는 '이념'의 포승줄에서 풀려나 '나'에게로 돌아왔다."

이 사람은 타고난 자유주의자였다. '운동업계'에서는 절대 성공하지 못할.

'떼'의 근성 안에 있는 폭력과 잔혹함

사상가인 박성현 역시 운동권 출신이다. 자유주의자는 성향을 숨길 수 없다. 박성현은 수배 도중 니체를 품고 다녔다(남민전의 전사였던 김남주가 레닌 선집을 끼고 다녔던 것과 대비된다). 나중에 박성현은 니체와 자신의 오랜 숙고를 섞어 책을 한 권 낸다. 그게 '개인이라 불리는 기적'이다. 박성현은 집단 혹은 떼와 대비되는 존재로서의 개인을 조명한다. 세상과 팽팽한 긴장 상태에 놓여있는 자아로서의 개인을 통해 역사를 말하고 철학을 논한다. 먼저 역사 이야기부터 하자. 니체 스타일로 말하면 '떼의 계보학' 쯤 되겠다.

"호모사피엔스는 수만 년 동안 문중, 대가족, 씨족을 가장 중요한 생존 단위이자 생존 전략으로 삼아 살아왔다. (중략) 정착 농경사회에서는 사정이 더 엄격했다. 사람은 떼에 속하고 떼는 땅에 속했기 때문이다. (중략) 인간은 아주 오랫동안 떼로 살아왔다. 따라서 공공연하게 자신의 이익을 추구하고, 자기 자신의 판단 기준과 선택을 내세우는 사람, 즉 개인은 '공공의 적이 될 수밖에 없었다. 전통 사회의 입장에서 보면 개인은 낯설고 위험한 종족이었으며 매우 예외적인 현상이었다."

박성현은 이 떼에서 이탈한 개인들의 대표 주자로 디오게네스를 꼽는다. 뭐 필요한 거 없냐고 묻는 알렉산더 대왕에게 댁이 햇볕을 가리고 있으니 좀 비켜 달라고 말한 바로 그 사람이다. 고대 그리스 사회에서 그는 명백히 이단아다. 전쟁에서 지는 날이면 한 국가가 몰살당하거나 노예가 되는 상황에서 강력한 전체주의는 필수다. 그는 그 전체의 바깥에 있었다. 그는 스스로 홀로 개인이 되었다. 박성현이 두 번째로 꼽은 인물은 루터다. 루터는 신앙 자체로 죄를 용서받는 것이지 교회의 권위 혹은 교황이 인정한 선행에 의해 용서받는 것이 아니라고 주장했다. 루터의 생각에 신 앞에는 교회가 있는 것이 아니라 개인이 있었다. 그래서 신과 인간 사이에서 권력을 행사하던 교회라는 집단을 밀어냈다. 루터는 교황이 특별 공격대를 보내 자신을 암살할지 모른다는 공포에 떨어야 했다. 신과 세상에 대한 손톱만큼의 다른 생각도 인정하지 않고 불에 태워 죽였던 로마 가톨릭의 잔혹한 권력은 민중이라는 떼와 결합해 있었기에 가능했다. 떼의 근성 안에는 폭력과 잔혹함이 존재한다. 떼의 원동력은 두려움이다. 박성현은 이 두려움이 종종 질투라는 형식으로 나타나며 이것이 어떻게 폭력적으로 발휘되는지를 역사에서 발굴한다.

"'키 큰 양귀비 신드롬'은 부와 명예를 가진 인간들에 대한 질투심이기도 하고, 그러한 질투심을 이용한 포퓰리즘을 뜻하기도 한다. 이 용어는 기원 전 509년 로마가 공화국이 되기 직전, 폭군 타르킨에 얽힌 이야기에서 나왔다. 타르킨은 아들 섹스투스를 '가비'라는 경쟁 도시국가에 거짓으로 투항시켰다. 가비 사람들은 섹스투스가 폭군인 아버지로부터 박해를 받아 투항했다고 믿고 군대 지휘권을 주었다. 섹스투스가 전령을 아버지에게 보내 앞으로 취해야 할 조치에 대해 묻자 타르킨은 전령을 양귀비 밭에 데려가서 홀(笏, 지휘봉)로 양귀비 중 키가 큰 것을 쳐내는 모습을 보여주었다. 전령으로부터 아버지의 행동을 들은 섹스투스는, 가비의 서민 대중이 상류층에게 가지고 있는 질투심과 두려움을 교묘히 부추겨 상류층을 공격하도록 만들었다."

타르킨의 방법론을 현대에서 구현한 인물이 소련의 즈다노프였다. 그는 제2차 세계대전 이후 동구권을 사회주의로 만들기 위해 인민민주주의라는 괴물을 고안한다. 박성현의 표현에 따르면 '질투심의 연쇄반응 프로세스'인 인민민주주의는 먼저 최상위 계층을 타깃으로 삼아 부농과 중소 상공업자의 질투심을 부추긴다. 떼의 질투심으로 최상위 계층을 쓸어버린 뒤에는 노동자, 농민, 도시빈민의 질투심을 유발시켜 부농과 중소 상공업자를 숙청한다. 그리고 그 다음 타깃은 농민 중 부유한 계층이다. 즈다노프는 이런 식으로 상위 계급을 쳐내면서 공산당이 사회를 장악할 수 있는 기반을 조성한다. 즈다노프의 사위는 우리에게도 익숙한 슈티코프다. 슈티코프는 장인의 방식을 그대로 활용하여 김일성 전체주의

제국을 건설했다. 박성현은 이를 이렇게 정리한다.

"아주 오랫동안 인간의 역사는 개인에 대한 박해의 역사였다. 어떨 때는 자신의 영혼을 소중히 여겼기 때문에, 어떨 때는 권리와 자유를 주장했기 때문에, 어떨 때는 정치권력 강화에 방해가 된다고 판단되었기 때문에 개인은 가차 없이 박해당하고 학살당했다. 떼가 박해에 나설 때는 여러 가지 모습으로 위장한다. 평등, 평화, 자유, 민중, 국민, 민족, 계급, 신앙, 권력, 정당. 심지어 프랑스 혁명에서 보듯, 이성과 논리와 도덕성으로 자신을 치장하기도 한다."

기적은 한 사람 한 사람 안에 존재한다

떼와 대립하는 개인에 대한 철학을 박성현은 얀 후스에게서 시작한다. 후스는 루터보다 100년 앞서 교회의 면죄부 판매에 반대했던 인물이다. 그 결과로 후스는 불길 속에서 죽음을 맞는다. 그것이 시작이었다. 후스의 죽음이 있었던 1415년부터 루터의 반박문 사건을 거쳐 1632년 갈릴레오 갈릴레이의 『두 개의 주요 세계관 사이의 대화』가 출간되기까지의 220년 동안을 박성현은 개인과 과학(진실의 공유)이 약진해온 시기라면서 '후스 220'라고 명명한다. 그 선구자들의 시대를 이은 것이 각성의 시대다. 모차르트와 아담 스미스와 로크와 흄과 데카르트와 볼테르와 뉴턴 그리고 칸트의 시대다. 각성의 시대는 개인이 만개한 시대였고 과학이 미신을 혁파한 시대였다. 칸트는 '인간은 목적이다. 인간을 수단으로 취급해서는 안 된다.'며 이성을 갖춘 자아를 추구했다. 그리고 화려했던 각성의 시대는 1789년 프랑스 혁명이라는 '떼의 피난리'에 주저앉는다. 그 난리는 러시아 혁명으로 이어졌고 양차 세계대전을 일으키고 파시즘과 볼셰비즘이라는 극악한 전체주의 사회를 낳았다. 전체주의를 옹호하거나 혹은 그로부터 이익을 찾으려는 자들은 항상 '인간을 구원하는 세상'을 말한다. 그리고 그것을 위해 떼에게 거짓으로 호소한다. "갈아엎으면 좋은 세상이 온다니까. 자, 다들 일어나. 봉기하라고!" 여기에 대한 박성현의 대답은 이렇다.

"인간을 구원하는 세상이란 존재하지 않는다. 보다 정확하게 말하면, 인간은 '감히 세상 따위가 구원해 낼 수 있는' 싸구려 존재가 아니다. 따라서 인간을 구원하는 훌륭한 사회를 만들겠다고 주장하는 것은 교만, 위선, 횡포, 폭력으로 치닫는 지름길이 될 뿐이다. '인간을 구원하는 세상'이라는 개념이 바로 전체주의 사상의 기둥이다. 그 기둥에 매달린 깃발이 볼셰비즘이든 나치즘이든 모택동주의든 김일성주의든 체 게바라이든, 그 차이는 미미하다. 지옥으로 가는 길은 선의로 포장되어 있다."

자아가 세상과 긴장 상태를 상실할 때 그것은 자아가 병들었다는 의미다. 박성현은 이를 '행복한 전체주의 세상의 행복한 부속품'이 된 상태라고 말한다. 그래서 탄생도 까다롭고 성장하기 위한 조건도 까다로운 존재의 이름이 개인이라고 확언한다. 아울러 개인 자체가 기적이며 궁극적 기적은 한강에 있는 것도 아니고 국민

소득 3만 불에 있는 것도 아니며 바로 우리 한 사람 한 사람 안에 존재한다는 덧붙임까지. 책의 두 번째 챕터는 이렇게 끝난다.

"이 기적에 대해 니체는 이렇게 말했다. '너인 존재가 되어라 Become what you are'"

떼의 일원으로 살아가지 말고 항상 너는 너여야 한다는 멋진 말이다. 이 말에 한 줄 더 붙인다면,

"우리는 모두가 위대한 혼자였다."

모든 자유주의자들을 대신해 시인 기형도가 한 말이다. 처음으로 돌아가자. 교수님은 이렇게 물으셨다.

"졸업 논문 잘 보았네. 바쁘신 와중에 고생했네."

"학생의 본분이죠. 어떻던가요?"

"내용상 완벽하게 국가보안법 위반일세."

80년대는 총체적으로 코미디였다.

'사회적'이란 용어가 초래한 한국의 몰락을 경계한다

김영용(전남대학교 경제학부 교수)

『사회적이란 용어의 미신』
현진권 편저, 한국경제연구원 발행, 2013

'사회적' 용어의 허구

언어의 일차적 기능은 사람들 간의 의사소통이지만, 더 나아가 언어는 유·무형의 사물과 현상을 개념화하고 인식하는 도구로서 기능한다. 즉 인간이 대상을 개념화하고 인식하는 도구인 언어는 의사소통의 매개체 기능을 넘어 사상과 철학적 의미를 포함하게 된다. 그래서 낱말밭(어휘장, 語彙場) 이론에서는 낱말의 체계를 분석하여 그 낱말을 사용하는 사람들의 인식 구조를 연구한다.

여기에서 소개하는 책은 '사회적'이라는 용어를 역사적, 철학적, 경제학적으로 해부하여 그 허구성을 밝히고 있는 『사회적이란 용어의 미신』(현진권 편저, 한국경제연구원, 2013)이다. 필자는 권혁철(사회적 일자리, 사회적 약자), 김이석(사회적 투자), 민경국(사회적이란 말의 의미와 문제점, 사회적 시장경제), 배진영(사회적 기업), 신중섭(사회적 책임, 사회적 정의), 안재욱(기업의 사회적 책임) 박사들로서 자생적 질서에 부합하는 명사에 '사회적' 이라는 수식어가 첨가됨으로써 이러한 명사가 정치·철학·경제적으로 어떻게 왜곡되며 그 폐해가 무엇인지에 대해 심층적으로, 그러나 알기 쉽게 분석하고 있다.

자유주의에 입문하려는 사람들을 포함하여 모든 한국 사람들이 이 책을 읽어야 하는 이유는 간단하다. '사회적' 이라는 관형어로 꾸며진 형용모순적 용어의 범람으로 겉으로는 멀쩡한 것처럼 보이는 한국이 안에서는 침몰의 징후를 뚜렷이 보이고 있어 이를 바로잡는 행동에 나서지 않는다면 한국의 몰락을 그대로 방치하는 책임을 면할 수 없을 뿐만 아니라 그 자체로서 부도덕한 개인으로의 전락을 의미하기 때문이다. 이 책은 그러한 지적 행동을 뒷받침할 논리를 제공해 줄 것이다.

먼저 '사회적'이라는 용어를 파생시킨 '사회'의 의미를 살펴보자. 인류는 지구상에 출현한 이후 대부분의 기간 동안 씨족·부족을 이루면서 수렵·채취의 생활을 했다. 자연스럽게 인류는 고르게 나눠먹는 평등, 아는 사람들 간의 유대감 등 소규모 집단의 윤리를 체화해왔다. 이와 같이 '사회'라는 말은 본래 아는 친구나 동료들 간의 관계를 뜻하는 '소규모 대면 사회'를 지칭하며, 이 사회에서 형성되는 질서가 '자연적 질서'다. 반면에 현대와 같이 수많은 사람들이 살아가는 '대규모 익명 사회'에서 형성되는 질서는 '자생적 질서'다. 그런데 기나긴 세월 동안 자연적 질서 속에서 살아온 사람들의 세상사에 대한 인식 구조는 거의 변함없이 지금도 그대로 남아 있다. 즉 '대규모 익명 사회'에서 형성되는 자생적 질서를 '소규모 대면 사회'의 자연적 질서로 인식하려는 구조가 그대로 남아 있다. 그런 인식 구조의 연장선에서 등장하여 20세기 들어 복지국가의 지향과 함께 전면에 부상한 것이 바로 '사회적'이라는 용어인데, 이는 자생적 질서인 시장경제에 익숙하지 못한 사람들이 이를 자연적 질서에 접목하려는 욕구를 반영하는 것이다. 그 결과 사회가 공동으로 달성해야 할 목표를 가지고 있다는 집단주의 이념이 확대되고, 이를 위한 유대감과 도덕성을 전제로 한 평등이 강조되고 있다.

사람들이 이러한 의미의 '사회적'이라는 수식어로 꾸며진 말에 감동하고 그런 정책을 지지하는 것은 자연적 질서에서 형성된 원시 감정을 반영하는 것이다. 이는 많은 사람들이 '다른 사람 10개, 나 7개'의 분배보다는 '다른 사람 4개, 나 4개'의 분배를 더 선호하는 현상에서 어렵지 않게 목격할 수 있다.

현재로서는 다른 적절한 용어가 없는 한, '대규모 익명 사회'를 약칭하여 '사회'라고 부르는 것 자체를 문제 삼을 수 없을 것이다. 그러나 '소규모 대면 사회'의 개념으로 수많은 익명의 사람들이 노동 분업을 통해 협동하는 거대한 '시장질서'를 인식하려는 데서 연유하는 문제의 심각성은 크다.

용어의 참된 의미를 갉아먹는
'사회적'이란 관형어의 위험

가장 큰 문제는 '사회적'이라는 용어가 시장경제의 운행 원리에 걸맞은 정의, 권리, 책임, 법치국가 등의 명사를 꾸미는 관형어로 접합되어 이들 명사가 표현하는 참된 의미를 왜곡한다는 것이다. 즉 '사회적'이라는 말은 하이에크의 말을 인용한 민경국 교수의 지적대로 '족제비 같은 말(weasel word)'이다. 족제비가 알의 내용물은 전부 빨아먹고 겉은 멀쩡하게 남겨두는 것과 같이 명사의 겉은 멀쩡한데 참된 의미의 내용은 흔적도 없이 사라진다는 뜻이다. 몇 가지 사례를 보자.

먼저 '사회적 정의'다. 시장 경제에서 가장 거센 불만은 생산물이 나눠지는 방법이다. 신고전학파 경제학의 용어를 따르자면 소득분배다. '사회적 정의'는 시장에서의 소득분배는 정의롭지 못하므로 정부가 재분배 정책을 실시해야 정의롭다는 뜻이다. 원시 시대에는 수렵·채취한 것들을 씨·부족장이 구성원들에게 고르게 나눠주었다. 그런 점에서 분배의 주체는 그 사회의 우두머리였다. 각 개인이 가진 생산요소는 원시적 노동 이외에는 별다른 것이 없었다. 남녀노소에 따라 생산성의 차이도 미미했을 뿐만 아니라, 설령 차이가 난다고 해도 대면 사회의 씨·부족 관계이므로 생산성의 차이를 고려한 분배는 거의 이뤄지지 않았을 것이다. 이로부터 사람들은 자연히 '고르게 나눔'에 익숙해졌고 오늘날에도 그에 대한 갈망은 사람들의 인식 구조와 감정에 깊이 박혀 있다.

그러나 현대와 같은 거대한 시장경제에서 소득은 내가 가진 생산요소를 남이 사 줄 때에 발생한다. 나의 생산요소는 부모와 같은 제3자가 나에게 준 재능과 재산을 통한 기회, 이를 활용하여 어떤 생산요소를 어떻게 형성할 것인가 하는 나의 선택, 그리고 운 등의 매우 복잡한 과정을 통해 형성된다. 그래서 소득은 생산요소에 대한 수요와 공급에 의해 결정되는 것이지, 이를 분배하는 인격체는 없다. 정의는 인간행동과 관련되므로 분배와 관련된 행동의 주체가 없는 '사회적 정의'란 말은 빈껍데기에 불과하다. 시장에서 자생적 과정의 결과로 나타난 것은 '정의'나 '부정의'의 개념을 적용할 수 있는 대상이 아니다. 따라서 공평한 분배를 주장하는 사람들은 개인이 다른 사람들에게 공헌한 대가로 얻은 소득의 일부를 약탈하려는 의도를 '사회적 정의'라는 이름으로 위장하고 있는 것이다.

그런 약탈적 의도를 드러낸 것이 '사회적 시장경제'다. 구체적 모습은 소득 재분배, 상업 활동에 대한 규제, 특정 집단이나 산업의 보호와 육성 등으로 나타난다. 이는 물론 법은 국가를 포함하여 어느 누구에게나 차별 없이 동일하게 적용돼야 한다는 일반성과, 달성하고자 하는 구체적인 목표나 동기를 포함하지 않고 특정 국면만을 금지해야 한다는 추상성 등을 위반하는 것으로서 시장경제의 겉은 그대로 유지하는 것 같으면서 그 내용은 사라지게 함으로써 시장경제를 와해시키는 기만적 용어다.

어떤 사안에 대해 사회가 책임져야 한다는 '사회적 책임'이라는 용어는 어떠한가? 신중섭 교수에 의하면 국가는 이해 당사자들은 물론 간접적으로 영향을 받는 사람들 간의 분쟁을 줄이고 화해와 평화의 수단을 제도화하는 과정에서 공공의 이익을 보호하기 위해 형성된 것이다. 그런데 이후 국가는 개인이 해결하기 어려운 문제까지 해결해주는 기구라는 인식의 확장을 가져왔다. 그 결과 '사회적 책임'이라는 용어가 국가의 확대를 교묘하게 감추는 수단으로 사용되고 있다. 또한 권리는 한 개인이 타인의 생명과 재산을 침해하지 않고 원하는 것을 행할 수 있는 소극적 권리를 넘어 개인은 가난과 실업으로부터 해방될 권리가 있다는 적극적 권리로 확대되고, 이는 '사회적 권리'라는 이름 아래 그 권리를 충족시켜야 할 책임이 국가로 넘겨졌다.

결국 사고하거나 행동하는 주체가 아닌 '사회'에서 파생된 '사회적'이라는 용어로 꾸며진 '사회적 책임'이라는 말은 행동하는 개인에게 책임을 돌리지 않고 인격을 부여한 사회에 책임을 돌림으로써 개인의 책임을 면제하는 것이다.

'기업의 사회적 책임' 역시 자본가·기업가의 본질을 훼손하는 용어다. 자본가는 자신의 저축을 바탕으로 근로자와 토지 소유자에게 그들이 오늘 필요로 하는 음식, 의복, 주택, 그리고 여가를 즐길 수 있는 '현재의 자원'을 공급하고 그들이 소유하는 노동과 토지라는 '미래의 자원'을 사서 시간이 걸리는 생산에 투입하여 미래에 완성되는 완제품을 팔아 이자 소득을 얻는 기능을 한다. 또한 기업가는 불확실한 상업 세계에서 미지(未知)의 이윤 기회를 발견하여 행동으로 실천함으로써 이윤을 얻는 기능을 한다. '기업의 사회적 책임'이란 용어는 이와 같이 돈을 벌고 자본을 축적하여 경제 성장을 주도하는 자본가·기업가의 이윤을 사회에 되돌림으로써 고르게 나눌 책임이 있다고 강조하는 것으로서 자본가·기업가의 본질을 훼손하는 용어다.

오늘날의 자본가·기업가는 수많은 익명의 사람들이 노동 분업을 통해 협동하는 시장경제를 주도하는 기능을 하는데, 이 과정에서 번 돈을 '기업의 사회적 책임'이라는 이름 아래 사회에 환원해야 한다는 것은 시장경제의 자생적 질서를 자본 축적 없이 수확물을 고르게 나눠가지는 수렵 · 채취시대의 자연적 질서로 되돌리려는 원시 감정의 발로다. 이런 얼토당토하지 않은 주술적 용어를 앞세운 기업의 사회 공헌(Corporate Social Responsibility)에 대한 안재욱 교수의 비판은 눈여겨볼만 하다.

'기업의 사회적 책임'에 더하여 근래에는 '사회적 기업'이라는 용어가 등장하면서 기업의 본질이 더욱 훼손되고 있다. 배진영 교수에 의하면 '사회적 기업'은 이윤 추구보다 사회적 가치를 수행하면서 기업의 전문성을 활용하는 기업으로 정의된다. 그러나 국가의 보조금 없이 스스로 생존할 수 있는 논리적 뒷받침과 실질적 능력이 없다는 데 그 허구의 실체가 있다. 결국 국가의 광범위한 복지 정책에 대한 비판의 예봉을 피하려는 술책에 불과하다.

'사회적 약자'는 '경제적 약자'를 확대한 것으로서 '사회적 강자'에 대비되는 뜻으로 사용되고 있다. 남성에 대비되는 여성, 대기업에 대비되는 중소기업, 내국인에 대비되는 외국인, 사용자에 대비되는 근로자(특히 비정규직 근로자), 임대인에 대비되는 임차인, 서울 거주자가 아닌 지방 거주자, 때로는 빚을 얻어 집을 산 이른바 '하우스 푸어'도 약자로 분류되기도 한다. 이렇게 다각도의 기준으로 강자와 약자를 분류하다보니 이 기준에 의하면 강자에 속한 개인이 저 기준에 의하면 약자에 속하는 일이 비일비재하다. 진정한 강자는 누구이고 약자는 누구인가? 이런 문제를 제기한 권혁철 박사의 분석은 예리하다. 결국 사회적 약자를 거론하는 것도 이들이 겪는 문제가 개인만의 일이 아니므로 국가가 책임져야 한다는 국가 책임론을 강조하는 것이며, 이는 다시 이른바 보편적 복지라는 이름 아래 확대되는 복지 정책과 강자에 대한 규제로 이어진다. 그 의미가 불분명한 만큼 존재 여부가 불분명한 '사회적 약자'라는 용어는 선거에서 표를 의식하는 정치인들이 복지 정책에 대한 비판을 피하고 각종 지원과 특혜를 제공하려는 명분으로 활용되고 있다.

김이석 박사가 비판한 '사회적 투자'는 정부가 세금을 거둬 정부나 정치권이 원하는 방향으로 세금을 쓰는 것이다. 보육, 교육, 각종 훈련 프로그램 등이 그것인데, 이는 다름 아닌 복지의 다른 얼굴이다. '사회적 투자'라는 용어는 그런 복지의 실상을 교묘하게 위장하는 것이다. 따라서 정확한 용어는 '정부 지출'이라고 해야 한다. 그래야 그 모습이 선명하게 드러난다. '사회적'이라는 용어에 숨어드는 광범위한 복지 정책은 위에서 기술한 바와 같이 대규모 사회의 자생적 질서를 훼손함으로써 자원을 낭비하고 경제 성장을 방해할 뿐이다.

개인의 자유를 전제로 한 시장질서 하의 상호부조야말로 도덕적

'사회적'이라는 용어의 범람은 수많은 사람들이 모여 사는 대규모 사회에서 형성되는 자생적 질서를 소규모의 대면 사회에서나 적용 가능한 자연적 질서로 회귀시키려는 조류를 반영하는 것이다. 이는 원시 감정에 머물러 있는 인식 구조와 부합하는 소규모 사회에서의 평등과 상부상조의 정신으로 마음의 평화를 얻고, 도덕적 우월감을 확보하려는 심리적 동기에서 발원하는 것이다.

이런 사고의 문제는 대규모 사회에서의 상부상조와 도덕심은 소규모 사회에서와는 판이하게 개인의 자유를 전제로 하는 시장질서가 온전히 보존될 때, 수많은 사람들 간의 상호 부조가 이뤄지며, 그것이 곧 도덕적이라는 사실을 간과한 것이다. 사적 소유가 자유의 원천임을 감안할 때, 이를 없애거나 평등하게 하려 한다면 장구한 시간 동안 시장 질서를 통해 인류가 쌓아 올린 문명은 여지없이 파괴되고 말 것이다. "소유가 인간 사회의 갈등과 분쟁의 근원이므로 자연으로 돌아가라."고 한 루소의 말은 '가난과 빈곤'이 본질인 자연으로의 복귀를 의미할 뿐이다.

‘통합’을 외칠수록 ‘분열’되는 사회

현진권(자유경제원 원장)

『통합, 누구와 어떻게 할 것인가』
송복 편저, 북오션 발행, 2013

용어는 정확한 정의를 바탕으로 올바르게 사용되어야 한다. 그러나 우리 사회에선 감성적 어감을 바탕으로 사회를 혼란시키는 용어가 판을 친다. ‘사회통합’이란 용어도 우리 사회를 어지럽히는 용어 중 하나이다. 일단 사회통합은 좋은 어감을 주므로, 누구든지 이 용어를 즐겨서 사용한다. 특히 모든 이념 진영에서 사회통합을 우리 사회의 중요한 과제로 얘기한다. 그러나 이들이 사회통합을 얘기할수록 우리 사회는 더 분열되고, 대립각도 더 날카로워진다. 자신은 통합을 원하지만, 다른 진영은 반통합 세력이므로 통합되지 않는다는 논리가 판친다. 심지어 대한민국을 인정하지 않는 종북인사들도 사회통합을 내걸고 정의사회를 부르짖는다. 통합이란 용어로 인해 우리 사회는 더 분열되는 결과를 낳게 되었다.

이명박 정부에서 처음으로 대통령 소속으로 '사회통합위원회'를 만들었다. 이념, 소득, 지역, 세대 등으로 분열된 우리 사회를 사회통합이란 틀 속에서 해결해 보려는 의지에서 출발하였다. 필자는 이때 대통령실 시민사회 비서관으로 일하면서 사회통합위원회의 구성 및 운영과정을 잘 보았다. 특이하게 느낀 점은 많은 사람들이 통합을 너무 쉽게 생각한다는 것이다. 즉 이질적인 진영이 모여서, 서로 토론하면 통합은 저절로 이루어진다고 생각하고 있었다. 심지어 날카롭게 대립하는 좌우 진영을 섞어서 위원회를 구성하면 이념통합이 가능하다는 믿음이 널려 깔려 있었다. 수학적으로 표현하면, -10이란 숫자와 +10 이란 숫자를 합하면, 0이 된다는 논리로 통합을 보고 있었다. 두 진영의 극단적 인사를 모아서 토론하면, 둘 다 중립화된다는 논리였다. 어쩌면 이명박 정부 때 '중도실용'이란 전략이 나온 것도, 통합에 대한 이러한 인식이 바탕이 되었을 것이다.

사회통합은 대통령의 언어다. 사회통합을 이룰 수 있는 유일한 인물이기 때문이다. 따라서 대통령이 통합에 대한 인식을 어떻게 가지느냐에 따라 우리 사회의 통합수준이 결정된다. 박근혜 대통령도 조금 다른 용어를 사용했지만, 사회통합을 얘기한다. 아마 미래의 모든 대통령도 사회통합을 얘기할 것이다. 결국 정치의 궁극적 목표가 통합이기 때문이다. 그러나 이처럼 중요한 통합에 대해 감상적이고 즉흥적인 주장만 있을 뿐, 정교한 개념을 바탕으로 논지를 펴는 전문가는 극히 드문 것이 우리의 현실이다.

통합에는 '정체성'이 필요하다

한국의 원로 사회학자인 송복 교수께서 편집한 이 책자는 자유주의 시각에서 통합을 얘기한다. 우선 짧은 에세이 형식이므로 읽고 이해하기가 쉽다. 아울러 경제학, 정치학, 철학 등 여러 분야 전문가들이 각자의 전문영역에서 논지를 폈으므로 종합적으로 이해하기가 쉽다. 비록 여러 저자들이 집필하였지만, 공통적으로 지향하는 방향은 '자유주의적 통합'이다. 다양한 이념을 모두 합해서 뭔가를 만들겠다는 황당한 논리가 아니다. 그래서 시중에서 통용되는 논의와는 한참 달라서 처음엔 이해하기 어려운 면이 있지만 논리의 정교함을 따라가면 그 혜안에 놀라게 된다.

우선 통합에 대한 정체성을 분명히 한다. 통합에 앞서 우리 사회의 정체성을 분명히 해야 함을 보여준다. 통합은 절대적 목표가 될 수 없다. 단순히 물리적 통합이 목표가 되면 사회의 정체성을 버리고 통합하면 된다. 대표적인 예로 통일을 들 수 있다. 우린 분단국가에 살면서 통일을 얘기한다. '통일이 소원'이라고까지 노래한다. 통일 자체가 목표라면, 북한에 대한민국을 바치면 쉽게 달성할 수 있다. 그러나 우리가 바라는 통일은 자유주의 국가를 토대로 한 통일이지, 자유주의를 버리면서 통일하자는 것이 아니다. 즉 통일의 정체성이 우선해야 한다. 통합도 마찬가지다. 통합의 기본 정체성은 자유주의와 시장경제다. 이를 버리면 통합은 아무런 의미를 가지지 않는다. 그러므로 통합을 얘기하면서 배제논리의 정당성도 인정해야 한다.

우리 사회를 분열시키는 진영은 분명 존재한다. 대한민국의 정체성을 인정하지 않고, 북한 체제를 위해서 혁명적 사고로 살아가는 종북세력이 대한민국에 엄연히 존재한다. 이들 삶의 존재 목적은 대한민국을 전복시키는 것이므로, 절대 이들과는 통합을 이룰 수 없다. 이들에게까지 통합의 손짓을 보내게 되면, 우리 사회는 더 분열되고 혼란에 빠진다. 이들 세력은 통합에서 배제해야 한다. 배제해야 우리 사회는 통합될 수 있다. 그래서 국민 100%를 위한 통합은 있을 수 없고, 있어서도 안 된다. 어느 사회에서도 조금씩 차이는 있지만, 그 사회체제를 인정하지 않는 세력은 존재한다. 이들 반사회적 세력은 통합에서 배제해야 한다.

통합은 국민 모두를 위한 통합이 아니다. 그 사회의 정체성을 인정하는 세력들 간에 사회의 정체성을 견고히 다지는 구심점으로 통합이 작동해야 한다. 국민 모두를 통합하는 데는 엄청난 경제적 비용이 따른다. 그래서 통합에도 최적수준이 존재한다. 통합수준이 높다고 좋은 것이 아니고, 사회적으로 적정한 수준이 존재한다. 이 적정 개념은 경제학에서 많이 사용하지만, 원로 사회학자이신 송복 교수도 표현이 다를 뿐, 같은 논리를 보여준다. "통합의 본질은 적절한 균형이며, 적절한 불균형이다."

자유주의와 시장경제가 근간이 되는 통합이라야 한다

통합에 감성적으로 접근하면서 통합의 본질을 왜곡하는 대표적인 예가 집단을 앞세우는 경우다. 가장 많이 사용하는 집단으로 민족, 민중, 대중 등을 들 수 있다. 우린 민중, 민족이란 용어에 감상적으로 쉽게 동조하는 경향이 있다. 그래서 이러한 집단을 앞세운 주장에 논리의 정교함을 바탕으로 한 인식체계가 제대로 작동하지 않는 경우가 많다. 통합은 자유주의 관점이어야 한다. 자유주의는 집단의 이름으로 맹목적으로 뭉치는 행동에 반대한다. 집단이 우선하면 그 통합은 특정 집단을 위한 통합이 되어 통합의 본질을 왜곡시킨다. 자유주의는 집단에 중립적이며, 집단에 앞서 개인의 가치를 가장 중요시 한다. 통합이란 용어가 가지는 어감 때문에 개인보다는 집단을 우선시하는 논리가 쉬워 보일 수 있다. 이를 경계해야 한다.

통합의 정체성은 자유주의와 시장경제다. 따라서 통합을 효과적으로 이룰 수 있는 정책수단이라 해도 통합의 정체성인 자유주의와 시장경제의 본질을 왜곡시키면, 통합이란 이름을 통한 체제의 퇴보다. 우린 통합을 애기하면서, 통합의 정체성인 시장경제를 왜곡시킨다. 대표적인 예가 소득계층 간 통합을 애기할 때다. 경제적 강자와 약자 간의 통합을 너무 쉽게 생각한다. 경제적 강자가 약자를 도와주면, 소득 계층 간 통합을 이룰 수 있다는 생각이다. 물론 경제적 강자가 자발적으로 자선 및 기부행위를 펴면 전혀 문제가 없고 통합으로 가는 효과적인 길이다. 그러나 우린 정부가 강제적으로 소득계층 간 격차를 좁히려 한다. 경제적 강자에게 높은 세금으로 뺏고, 경제적 약자에게 무조건적 복지로 도우려고 한다. 기부와 세금 간에는 엄청난 차이가 있다. 기부수준이 높으면 통합이 쉽게 이루어지지만 세금이 높으면 분열이 가속화된다. 그럼에도 불구하고 통합을 관념적으로 생각하고 세금과 복지로서 통합을 이루려는 정책노력이 정치권과 관료들 사이에 팽배하다.

빼앗아서 도와주는 정책으로는 통합을 절대 이룰 수 없다. 통합도 결국 경제문제이고, 잘 살기 위한 수단일 뿐이다. 통합해서 우리 사회가 좀 더 번영해야지, 통합이란 이름으로 시장경제의 구조를 뒤틀어 놓으면 경제성장은 멈출 수밖에 없다. 빼앗아서 도와주는 정책으로는 절대 경제성장을 달성할 수 없다. 사회주의 과정을 보면, 항상 빼앗아서 도와주는 정책으로 대중들의 환심을 얻었고, 결과적으로 모든 국민들은 빈곤의 평등만을 가질 뿐이었다.

단기적 정책으로 밀어 붙이는 통합 조급증에서 벗어나야

통합을 달성하려는 노력에도 신중함을 요구한다. 대통령 소속으로 위원회를 만들고, 대통령의 권력으로 정책을 만들어 밀어붙이면 통합을 이룰 수 있다는 조급증이 발동할 수 있다. 통합이 중요하다고 생각하면 할수록, 권력으로 통합을 밀어붙이려는 유혹에 빠지게 된다. 그러나 통합은 절대 몇 가지 정책을 통해 이룰 수 있는 것이 아니다. 쉬운 정책으로 추진할수록 통합은 멀어진다. 통합은 단기적인 정책을 통해 이루어지는 것이 아니다. 타인에 대한 신뢰, 제도에 대한 신뢰, 소수계층에 대한 관용성 등이 뒷받침되어야 가능하다. 그래서 통합은 시장경제처럼 '자생적 질서'라는 주장까지 하고 있다. 통합이라는 목표를 정하고 단기적 정책수단을 통해 정치 공학적으로 달성하려는 사고로는 절대 자생적 질서 측면의 통합을 이룰 수 없다. 오히려 통합에서 더 멀어질 뿐이다.

통합처럼 애기하기 쉬운 용어가 없지만, 통합처럼 확실한 논리를 가지지 않으면 왜곡되기 쉬운 용어도 없다. 개인보다 집단에 가치를 두는 집단주의자, 대한민국의 정체성을 인정하지 않는 반체제 인사들은 통합을 애기하기 좋아한다. 그러나 그들이 애기하는 통합에는 미움이 있고, 분열이 있고, 싸움이 있다. 그들이 애기하는 통합은 통합이 아니다. 진정한 차원의 통합은 자유주의를 바탕으로 해야 한다. 그러기 위해선 약간의 지적인 노력이 필요하다. 이 책자는 최소한의 시간투자를 통해 통합의 본질을 이해할 수 있는 책이다.

어감이 좋은 용어일수록, 그 용어에 대한 자신만의 해석과 주장을 준비해야 한다. 좌파들은 항상 좋은 어감의 용어들만 사용하여 대중의 인식구조를 마비시키는 경향이 있다. 특히 사회에 눈뜨기 시작하는 젊은이들에게 접근하는 용어는 부러울 정도로 아름답다. 아름다운 용어일수록 가시를 조심해야 한다. 장미 가시는 순간적 고통만을 줄 뿐이지만, 그들의 가시는 한 젊은이의 인생을 망칠수도 있다. 이 책자는 우리 주위에 있는 많은 대중 영합적 선동가들로부터의 예방주사 역할을 충분히 할 수 있을 것이다.

이제는 우리가 대답해야 할 순간

전희경(자유경제원 사무총장)

『내 딸을 100원에 팝니다』
장진성 지음, 조갑제닷컴 발행, 2008

그는 초췌했다/-내 딸을 백 원에 팝니다/그 종이를 목에 건 채/어린 딸 옆에 세운 채/시장에 서 있던 그 여인은//그는 벙어리였다/팔리는 딸애와/팔고 있는 모성(母性)을 보며/사람들이 던지는 저주에도/땅바닥만 내려보던 그 여인은//그는 눈물도 없었다/제 엄마가 죽을병에 걸렸다고/고함치며 울음 터치며/딸애가 치마폭에 안길 때도/입술만 파르르 떨고 있던 그 여인은//그는 감사할 줄도 몰랐다/당신 딸이 아니라/모성애를 산다며/한 군인이 백 원을 쥐어주자/그 돈 들고 어디론가 뛰어가던 그 여인은//그는 어머니였다/딸을 판 백 원으로/밀가루빵 사 들고 허둥지둥 달려와/이별하는 딸애의 입술에 넣어주며/-용서해라! 통곡하던 그 여인은(『내 딸

을 백 원에 팝니다』 전문)

작가의 말처럼 그의 시집은 그냥 시집이 아니라 생생한 북한 르포다. 작가는 독자들의 손을 끌어 북한의 남루한 시장 통으로 데려가 작고 초라한 모녀 앞에 세운다. 죽어가는 벙어리 여인이 어린 딸을 팔고 있는 비극의 현장에서는 눈물마저 사치다. 드디어 이별의 순간, 어머니는 모성을 판 100원으로 허둥지둥 사온 밀가루 빵을 딸아이의 입에 넣어준다. 우리는 안다. 그 순간 어머니가 먹인 것은 그냥 빵이 아니라는 것을. 나라가 끝내는 굶겨죽일 어린 자식에게 어머니만이 줄 수 있는 간절한 '생명'이라는 것을.

아사한 이들을 위한 위로문, 두만강을 넘다

시인 장진성은 2004년 탈북에 성공하여 활발한 작품활동을 하고 있는 대표적인 탈북 작가다. 시집 『내 딸을 백 원에 팝니다』는 북한에서 고난의 행군이라 불리는 약 4년여의 시간동안 굶어죽은 300만 명의 죽음을 세상에 폭로하는 (시로 쓰인) 증언서다. 그의 시는 세계에서 가장 악랄한 세습왕조를 떠받들고 살찌우는데 동원되어 정작 자신들은 말라죽어버린 가련한 영혼들을 위한 위로문이다. 북한에서 김일성종합대학을 졸업하고 조선노동당 작가로 활약하며 김정일을 독자로 가졌던 촉망받던 시인. 그는 계속되는 아사(餓死)의 행렬을 보며 더 이상 방관자로 있을 수 없다는 양심의 소리를 좇아 2004년 두만강을 넘었다. 탈북이라는 사선을 넘으면서도 품에 안고 지켜낸 그의 글들은 운문이 갖는 함축의 미를 잃지 않으면서도, 그 어떤 북한관련 다큐멘터리보다 더욱 생생하고 사실적이다. 2012년 영국 옥스퍼드대가 선정한 '렉스 워너 1등상'을 수상한 이 시집은 '사람이 굶어 죽을 수도 있다.'는 한 줄의 말이 현실이 될 때, 그것이 얼마나 고통스럽고 잔인한 일이 되는지 구체적으로 묘사한다.

꿈 속에서/아이는 무엇을 보았기에/간밤에 밖으로 달려 나갔을까//꿈 속에서/아이는 무엇을 보았기에/총을 쏘는 군대도 무서워 안했을까//꿈 속에서/아이는 무엇을 보았기에/손에 그걸 꼭 쥐고 죽었을까//그 꿈은 죽으면서도 놓지 않은 그 꿈은/작은 옥수수 하나(『아이의 꿈』 전문)

쌀이 없는 집이여선지/그 집엔 숟가락이 없다/숟가락마저 팔아서/언젠가 아버지 제사상 차렸다//누가 행복을 원치 않으랴/죽물을 마시며 살아가는/그 집 다섯 식구/소원은 하나같았으니//앞으로 살림이 조금 펴지면/집안에 두고 싶은 첫 재산은/숟가락/다섯/개(『숟가락』 전문)

'밥'대신 '포고문' 먹이는 세습 왕조를 고발하다

친구들과 놀이하는 꿈을 꾸기에도 바빠야 할 작은 아이. 그 어린 영혼을 몽유병환자처럼 옥수수 하나 쫓아가게 한 사람이 누군가. 먹을 것이 없으니 더 이상 숟가락조차 필요 없어진 절망의 세상으로 몰아넣은 이는 누군가. 장진성 시인은 어린 아이의 작은 배 하나 채울 길 없이 철저하게 망해버린 정권에 절망한다. 그 와중에도 자신들의 배는 불리고, 체제유지를 위한 신격화에는 아낌없이 돈을 쏟아 붓는 뻔뻔한 위선에 분노한다. 그가 탈북했을 때는 김정일 정권이었으나, 이제는 꼭 그만큼 살 찐 김정은의 나라가 되어버린 북한을 작가는 어떤 눈으로 바라보고 있을까.

인민과/함께 굶는다며/줴기밥 먹는다는/가난한 나라의/'가난한' 영수(領袖)여//이 나라 밥은/누가 다 가져 가서/백성도 못 먹는데/너 또한 한 줌이냐//참말로 한 줌이면/백성들의 살은/어디 가고/너의 그 비만은/어디서 생긴 살이냐//너 즐겨 먹는다는/상어요리들/돈 주고 사 오고도/식욕을 못 참아/납치까지 해 온 외국 요리들/그것이 네 줴기밥이냐//봐라 너 때문에/간부놈들 호통치지 않느냐/영수(領袖)도 고작 줴기밥인데/누구냐 감히/한 그릇을 바라는 자들이!/살아있는 배고픔을 투정하는 놈이!//한 줌도 못 먹는 백성들을/한 줌으로 우롱하는/네가 있는 한/줴기밥 이 나라에/

더운 밥 세상이 언제 오랴/한 그릇 세상이 언제 오랴//하건대 독재자여/제발 소원이다/너 쉐기밥 먹어서/백성들은 먹을 것도 없다니/제발 다이어트 그만하고/한 그릇, 두 그릇도 먹어라/백성들 쉐기밥 좀 먹어보게(『'장군님의 쉐기밥'』 전문-쉐기밥은 주먹밥이란 뜻이다)

그 궁전은/산 사람 위해서가 아니다/수조 원 벌려고/억만금을 들인 것도 아니다//죽은 한 사람 묻으려고/삼백만이 굶어죽는 가운데/화려하게 일어서/우뚝 솟아서//누구나 침통하게 쳐다보는/삼백만의 무덤이다//(『궁전』 전문-궁전은 김일성의 시신이 있는 금수산기념궁전을 의미한다)

북한인권회복은 먼 미래가 아닌 당장의 문제

장진성의 시들은 이제 우리에게 무엇을 할 것이냐고 묻는다(밥 대신 포고문의 공포를 먹고 꿈을 꾸는 대신 공개처형의 총성에 몸을 떨어야 하는, 우리와 꼭 같은 얼굴, 꼭 같은 말을 쓰는 저들을 위해서). 장진성의 시는 북한인권운동을 바라보는 내 시각을 바꿔 놓았다. 북한인권회복은 언젠가 도달해야 하는 먼 미래가 아니라, 지금 당장의 문제라는 사실이 명확해졌다. 살기 위해서 죽음과 가장 가까운 길을 택해야만 했던 2만 7,000여 탈북자들의 절박함도 장진성의 시를 통해 내게 전달된 것이다. 2012년 3월 나는 옥인동 중국대사관 앞에서 탈북자 북송저지를 외치는 여러 명의 시민과 탈북자들과 함께 있었다. 중국으로 탈출한 탈북자들을 북으로 강제송환하려는 중국정부에 맞서 사람들은 호소하고 또 호소했다. 'SAVE MY FRIEND'. 북한으로 돌아가면 그들을 기다리는 것은 죽음뿐이라는 것을 알기에 단 한 사람의 생명이라도 살리겠다는 일념으로 사람들은 추위도 아랑곳하지 않았다. 그 자리에서 나는 보았다. 신분이 노출되면 자기보다 북에 남은 가족들이 위험해질 것이라며 마스크와 검은 선글라스를 쓰고 집회현장을 지키던 탈북자들. 다른 만남의 자리에서는 다부지고 강하게만 보였던 그들이 오성홍기를 올려다보며 흘리던 굵은 눈물을. 가족들과 친구들을 사지에 남겨두었다는 죄책감을 이고 살아가는 자들의 슬픔을.

태어난 고향/눈물도 같은 혈육/그리운 마을 사람들/지나간 아련한 추억들//우리는/이 조국을 버린 것이 아니다//자유 없고/인권을 유린하고/누구나 가난하고/단 한 사람만 사람인//이 조국이/우리를 버린 것이다(『우리는 조국을 버리지 않았다』 전문)

잠든 아이들의 얼굴을 바라본다. 단 꿈에 빠졌는지 입가에 웃음을 머금은 아이들. 손과 발을 살짝 쥐어본다. 따뜻하다. 말랑말랑한 생명의 느낌이 전해져 온다. 북쪽 어딘가 내 아이들과 꼭 같은 아이들이 냉골에 주린 배를 움켜쥐고 오늘도 잠들었을 것이다. 내일 눈을 뜬다고 장담할 수 없는 그 아이들의 배고프고 아픈 잠은 어떻게 깨워줄 수 있을까. 지구상의 한 곳 한반도, 그 중의 한 곳 대한민국에 태어난 아슬아슬한 행운으로 굶지 않고, 정신을 구속당하지 않으며, 폭력에서 보호되는 행운을 누리는 우리들이 해야 할 일이 너무도 많다. 작가 장진성 역시 그의 사명을 계속하고 있다. 영어로 먼저 출간되어 국제사회에서 큰 반향을 불러일으키고 있는 그의 새로운 작품 『Dear Leader(경애하는 지도자에게)』는 미국에서 23만 부, 영국에서 10만 부 등 초판 33만부 계약이라는 기록을 세웠고, 세계 곳곳의 유명 언론사들이 그의 책을 앞 다퉈 소개하고 있다. 그가 두만강을 넘어서게 되었던 양심의 울림("북의 참담한 기아와 인권유린을 세상에 알려야 한다.")은 이렇게 현실이 되어 힘을 발휘하고 있다. 이제 우리가 답해야 할 때다. 세계가 먼저 나서 북한 인권 결의안을 채택하는 동안에도 10년 넘게 북한인권법이 표류하는 나라, 가장 악랄한 독재정권을 아직도 미화하고 변호하는 사람들이 정당을 만들고, 사회지도층을 자처하는 세상을 변화시킬 몫은 우리에게 남겨져 있다.

우리말이/남의 땅에서/구걸한다 생각해 보시라/길손에게 손 내민다 생각해 보시라//남의 말 욕질에/우리말이 빈다고 생각해 보시라/단 돈 몇 푼에/노예처럼 팔려간다 생각해 보시라//우리말을 찾아서/군견(軍犬)들이 산 속을 뒤지고/애걸하는 우리말에 수갑 채워/수용소에 가둔다고 생각해 보시라/강 건너 총구 앞에 보낸다 생각해 보시라//대한민국 대사관/같은 글자 같은 언어 앞에서도/살려 달라 외치는 우리말에/남들이 달려들어 팔을 꺾어/세계가 보는 앞에서/트럭에 실어간다 생각해 보시라/실려 가는 그 아우성을 생각해 보시라//지금도 이국땅 만리에서/남의 말에 억눌려/방황하고 멸시받고/온갖 학대 다 당하는/그 우리말이 바로//남한 사람들이여/당신들의 국어라고 생각해 보시라(『우리말』 전문)

전체주의 비가(悲歌)

정규재(한국경제신문 논설실장)

『1984』
조지오웰 지음, 민음사 발행, 2003

70년대 후반이었다. 『1984』라는 독특한 제목을 가진 이 소설을 처음 읽었던 때가. 박정희 대통령 치하, 유신독재가 지배하던 시절이었다. 최루탄 냄새가 가득한 대학가 하숙촌에서 마치 숨겨진 암호문을 해독하는 그런 기분으로 이 책을 몇 번이고 거듭 읽었었다. 독재의 그림자가 걷히기를 바라는 마음이었을 것이다. 먼지를 털고 다시 이 책을 꺼내 읽은 것은 그로부터 십여 년이 지난 1991년 가을 구소련 특파원으로 모스크바행 준비를 서두르던 어느 날 밤이었다. 대학시절로부터 이미 시간이 꽤 흘렀기 때문일까. 나는 그날 밤 결국 한숨도 자지 못했다. 책을 읽어가며 가슴이 먹먹해지는 몇 차례의 감정의 고비를 넘긴 끝에 기어이 굵은 눈물이 주르르

뺨을 타고 흘러내렸다. 그런 나 혼자만의 의식을 치르고 나는 모스크바행 비행기에 올랐다. 여행가방 한구석에는 낡아 빠진 『1984』 한권이 구겨져 자리를 잡았다.

구소련 특파원으로 부임하라는 신문사의 명령을 받고 흔쾌히 그러겠노라고 답했던 것은 소련에 대한 호기심을 너무도 억누를 수 없었기 때문이었다. 한때 온 세계 청년들과 지식인들의 정신적 조국이 바로 소련이었다. 물론 극소수의 비판자도 있었다. 전체주의적 세계가 만들어낼 미증유의 파국을 예언하고 경계하는 초월적 지력을 가질 수 있었던 것은 말 그대로 극소수의 지성인이었다, 미제스, 하이에크 등 자유의 본질을 꿰뚫고 있던 자들만이 사회주의적 이상이 만들어낼 전체주의 지옥도를 겨우 알아챘을 뿐이었다. 미제스는 특히 '공산주의는 결코 자유시장경제가 만들어내는 수요공급을 계산해낼 수 없다.'는 불멸의 법칙을 선언했다. 일견 제멋대로인 것처럼 보이는 자유만이 진정한 질서를 만들어낸다는 것을 하이에크는 자생적 질서라고 불렀다.

그러나 대부분 지식인들은 낡은 봉건적 혹은 자본주의적 계급관계를 끊어내고 평등한 사회를 건설해 나가는 구소련에 대해 찬미와 찬사를 오롯이 바쳤다. 그들은 공산주의야말로 인간의 탐욕을 억제하고 질서정연한 평등사회를 만들어 낼 것이라는 순수한, 그러나 헛된 망상에 빠져들었다. 그런 오류에 가득찬 시간은 20세기 거의 절반을 관통했다. 그리고 1970년에 이르렀을 때 더 이상은 지속가능하지 않다는 것, 이제 공산주의 체제는 역사적 소명을 끝내고 파멸에 이르게 되었다는 사실이 분명해졌다. 제2차 세계대전 당시만 해도 공산주의적 열풍은 결코 중단된 적이 없었다. 서구의 수많은 지식인들이 소련을 방문하고 찬양과 존경을 보냈다. 사회주의가 공식적으로 문을 닫기 불과 일보 직전에도 새뮤얼슨 등 저명한 경제학자조차 소련의 번영이 지속될 것이라는 흰소리를 뱉었다.

70년대의 대학가는 민주화에 대한 열망 속에 박정희 군사정권의 파시즘적 특성을 분석하고 비판하는 것이 지식인의 유행이었다. 박정희 경제개발 속에 파시즘적 요소가 전혀 없지는 않았다. 박정희 정부는 특히 일반 국민 대다수의 절대적 지지를 받았다. 심지어 유신조차 90%가 넘는 투표율과 90%가 넘는 지지를 받았다. 그런 시절이었기에 『1984』는 좋은 오버랩이었다. 그러나 진정한 『1984』는 대한민국이 아닌 북한에서, 자본주의적 차별 사회가 아닌 구소련의 평등주의 사회에서 만들어지고 있었다. 우리는 그 사실을 당시에는 잘 알지 못했다. 박정희 개발독재가 시장경제를 향해 일보 전진하고 있다는 사실, 스탈린의 개발독재가 『1984』의 전체주의적 압제국가로 일보 나아가고 있다는 사실도 명확하게 알지 못했다.

인간 존엄의 무덤, 전체주의.

"4월. 맑고 쌀쌀한 날이었다. 괘종시계가 13시를 알렸다. 윈스턴 스미스는 차가운 바람을 피해 턱을 가슴에 처박고 승리맨션의 유리문으로 재빨리 들어갔다. 막을 새도 없이 모래바람이 그 뒤를 따라 들이닥쳤다. 복도에서는 양배추 삶는 냄새와 낡은 매트 냄새가 풍겼다. 복도 한쪽 끝 벽에 컬러 포스터가 붙어 있었다. 실내에 붙이기에는 지나치게 큰 것이었다. 포스터에는 폭이 1미터도 넘는 커다란 얼굴이 그려져 있었다. 덥수룩한 수염에…"

『1984』는 우리의 주인공 윈스턴 스미스가 등장하는 장면을 이렇게 묘사하고 있다. 그가 국민으로 등록되어 있는 이 나라는 오세아니아다. 세계는 유라시아 이스트아시아 3개 연맹국가로 분할되어 있다. 이들은 끊임없이 작은 전쟁을 되풀이 한다. 오세아니아는 빅브라더가 지배하는 국가다. 빅브라더는 어버이처럼 국민들을 보살핀다. 자애로우며 손길은 너무도 다정스러워 국민들은 언제나 그의 사랑을 듬뿍 받고 산다.

"엘리베이터는 있으나마나한 것으로 경기가 좋을 때도 좀처럼 가동되지 않는다. 그런 터에 지금은 한낮이라 전기조차 들어오지 않고 있었다. 증오주간에 대비한 절약운동 탓이었다. 윈스턴의 방은 7층이었다. 서른아홉의 그는 도중에 몇차례나 쉬면서 천천히 계단을 올라가야 했다. 층계참을 지날 때마다 엘리베이터 맞은 편벽에 붙은 커다란 얼굴의 포스터가 그를 노려보았다. 그 얼굴 아래 빅브라더가 당신을 주시하고 있다는 글이 쓰여 있었다."

모스크바의 아파트와 삐걱대던 엘리베이터와 덕지덕지 무언가의 슬로건이 붙어있던 벽면들은 『1984』가 묘사한 바로 그 장면들이었다. 그 낡고 위압적인 도시에 도착한지 며칠이 지나 호텔에서 현지인 아파트로 숙소를 옮긴 다음에야 그런 내면의 모습을 보게 되었다. 우리의 주인공 윈스턴 스미스가 힘들게 올라 다니던 어두운 계단들과 어이없이 높은 아파트와 인간다움이라고는 없는 무미건조한 초대형 건물 안에 KGB가 들어있다는 사실을 알고 나서야 조지오웰이 얼마나 치밀하게 이 도시를 묘사했는지 알게 되었다. "진리부에는 3,000개의 방이 있었는데 지하에도 다시 3,000개의 방이 있다."고 하는 바로 그 KGB건물 말이다. 스미스가 근무하는 진리부는 이 건물에 들어있다. 정부는 보도·연예·교육·예술을 관장하는 진리부, 전쟁을 관장하는 평화부, 법과 질서를 유지하는 애정부, 경제문제를 책임지는 풍요부로 구성되어 있다. 진리부가 하는 일은 지나간 기록물들을 지금의 시각에 맞게 재편집하는 일이다. 과거는 삭제되고 오늘의 관점에서 새로운 사실들도 채워지며 다시 발행된다. 문서, 신문, 사진, 녹음, 영화 등 과거의 모든 기록을 조작하고 바꾸는 것이다. 당은 또 나쁘다(bad)를 좋지 않다(not good)로 교체하는 등 언어 순화작업도 실시하고 있다. 이 모든 것은 인민들을 파고드는 이단적이며 사악한 생각을 사전에 차단하고 하나의 아름다운 사상으로 무장해 사회의 충성하도록 하기 위한 것이다.

윈스턴은 결국 저항을 시도하게 된다. 사랑하는 줄리아를 만나고 내부당원인 오브라이언을 찾아 반당지하단체인 형제단에도 가입하게 된다. 그러나 결국 지하경찰에 체포된다. 감옥에 갇힌 윈스턴 스미스는 오브라이언이 바로 사상경찰이라는 사실을 알게 되고 그로부터 모진 고문을 받는다. 결국 윈스턴은 모진 고문과 세뇌를 받은 끝에 줄리아를 배반하게 되고 당과 국가가 원하는 모든 것을 일말의 저항도 없이 받아들이게 된다. 그리고 빅브라더를 사랑하는 국민으로 거듭 태어나게 된다. 그리고 사형을 집행해주기를 간청한다.

윈스턴은 빅브라더의 거대한 얼굴을 올려다보았다. 그가 그 검은 콧수염 속에 숨겨진 미소의 의미를 알아내기까지 45년이란 세월이 걸렸다. 오, 잔인하고 부질없는 오해여! 오, 저 사랑이 가득한 품안을 떠나 제멋대로 고집을 부리며 지내온 유랑의 삶이여! 진 냄새가 배어 있는 두 줄기 눈물이 그의 코 양옆으로 흘러내렸다. 그러나 잘 되었다. 모든 것이 잘 되었다. 투쟁은 끝이 났다. 그는 자신과의 투쟁에서 승리했다. 그는 빅브라더를 사랑했다.

하얀 벽의 방에서 지독한 첫 고문을 받을 때만해도 윈스턴은 잘 견뎌낼 것 같았다. 그러나 결국 무너졌다. 그리고 자신이 아닌 빅브라더의 '사랑받는 국민'이 되고 말았다. 에리히 프롬이 이 책을 몸서리치며 극찬했던 이유도 바로 이 자유로부터의 도피 때문이었다. 인간 속에는 그런 노예적 근성이 있는 것이고 많은 사람들이 그 길을 선택하고 있다. 윈스턴 스미스는 그렇게 무너지고 말았던 것이다. 짙은 회색 구름이 건물의 허리춤까지 내려와 있던 잿빛 도시 모스크바에서 이 책을 다시 꺼내 읽었다.

훌륭한 소설가는 예언가다

위대한 작가란 오웰을 두고 말한 것이었다. 오웰은 『카탈로니아 찬가』라는 소설에서 시작해 『동물농장』을 거쳐 『1984』로 작가적 삶을 완성해갔다. 처절한 비극의 장정이었다. 『카탈로니아 찬가』는 인민주의적, 공화적, 무정부주의적 평화, 평등, 우정의 세상을 꿈꾸고자 했던 작가 자신의 열정과 현실 정치에서의 실망을 증언한 작품이었다. 카탈로니아의 찬가였는지 카탈로니아의 비극이며 저주였는지는 읽는 사람에 따라 다르지만 한때의 열정이 차디찬 현실정치로 전락하는 과정을 그려내는 과정이 작가 자신에게 결코 쉬운 일은 아니었을 것이다. 『카탈로니아 찬가』를 거쳐 『동물농장』에 이르렀을 때는 이미 공산주의 사회가 만들어내는 폭압적, 위선적 정치체제라는 그림이 보다 분명히 드러났다. 그것은 명백한 정치풍자였고 소련 스탈린주의를 향한 고발이었다.

1945년만 해도 미국 국무성에조차 소련을 동경하는 자발적 간첩들이 득실대던 시절이었다. 한반도를 분단으로 몰아갔던 미 국무성의 앨저 히스도 그중 한 사람이었다. 바로 그 순간 오웰은 『동물농장』을 발표했다. 『동물농장』은 많은 출판사로부터 출판거절을 받았던 작품이다. 각종 기록들은 당시 출판사들이 제2차 세계대전에서 반 나치 공동전선을 펴고 있는 구소련을 의식했기 때문이라며 이유를 설명하고 있다. 하지만 그것보다는 출판계 내부에 이미 공산주의 조국을 동경하는 자발적 간첩들이 많았기 때문이기도 했을 것이다. 이는 영국이나 미국이나 다를 것도 없었다. 그러나 희대의 명작 『동물농장』은 살아남았다. 통렬한 비판과 조롱은 순전히 오웰의 고뇌와 고통의 등가물이었다. 『1984』는 『카탈로니아 찬가』에서 그림자를 드리우기 시작한 비탄이 『동물농장』을 거치면서 숨을 고른 다음 아예 본격적으로 전체주의의 비극을 정면에서 다루어낸 것이다.

가장 기만적인 단어, 평등.

누구나 한때는 분별없는 사회주의적 열정을 갖게 된다. 그러나 그것에 도달하는 과정은 전혀 다른 노정을 통해서만 가능하다. 자본주의야말로 다른 사람과 동등하게 협력하도록 만드는 가장 냉정한 체제라는 것을 알아채기란 그리 쉬운 일이 아니다. 사람들은 드러난 정치적 목표만으로도, 그리고 벽보에 내걸린 구호만으로도 선(善)을 이룰 수 있다고 생각한다. 윈스턴 스미스가 살아가는 사회처럼 말이다.

일부에서는 『1984』를 현대판 감시사회라고 말한다. CCTV나 컴퓨터에 의해 전방위적 그리고 판 옵티콘적 감시를 받는 사회의 도래를 예언했다는 것이다. 그러나 이는 웃기는 수박겉핥기식 주장들이다. 1984년은 전체주의적 정치열정이 만들어내는 참혹한 결과에 관한 놀라운 예지이며 전체주의적 사회가 만들어내는 폭력적 정치공학을 경고한 것이다. 그것은 인간의 내면에 도사린 모든 사회주의적 열정에 대한 경고다. 냉정한 개인주의 아닌 그 어떤 인간애적 평등주의도 결국에는 『1984』로 귀결되고 만다는 것을 미리 증언해놓은 것이 바로 이 소설이다. 그 가능성은 결코 사라지는 법이 없다. 북한은 그 살아있는 증거다.

잘못된 주장에 대한 예방주사

황수연(경성대학교 행정학과 교수)

『공공선택론 입문』
에이먼 버틀러 지음, 리버티 발행, 2013

필자는 영국 경제문제연구소(IEA: The Institute of Economic Affairs) 간행물을 정기 구독하고 있다. 그러다 2012년 어느 날 집으로 배달된 책, 『Public Choice: A Primer』를 보고선 "이것을 번역하여 국내 독자들에게 제공해야겠다."는 결심을 하게 되었다. 이내 IEA에 편지를 쓰게 되었고, 고맙게도 관대한 조건으로 번역권을 얻게 되었으며, 드디어 2013년 3월 한국어로 출판하게 되었다.

에이먼 버틀러(Eamonn Butler)가 쓴 이 책, 『공공선택론 입문』은 공공선택론에 처음 입문하는 독자에게는 공공선택론에 대해 간결하게 소개하는 데, 공공선택론을 깊이 연구한 독자에게는 공공선택론의 전체적인 내용을 요약, 정리하는 데 도움이 될 것이다. 이 책 이전에도 공공선택론 개설서가 많이 발간되었지만, 이 책만큼 짧은 지면에 효율적으로 공공선택론 전반을 잘 해설한 책은 흔하지 않은 것 같다.

이 책의 매력은 최근까지 이루어진 공공선택론 연구의 거의 모든 분야를 압축해서 잘 다루고 있다는 점이다. 많은 개념들과 이론들이 언급되고 있고, 공공선택론의 역사도 제시되고 있다. 책 뒷부분에 공공선택론 연표를 붙여 공공선택론의 전반적인 역사를 편리하게 개관하고 참고할 수 있게 해 놓은 점도 다른 책에서 좀체 볼 수 없는 독자에 대한 배려다.

필자에 의해 번역된 다른 두 권의 책을 보완해서 읽으면 독자가 이 책의 내용을 이해하는 데 도움이 될 것이다. 하나는 고든 털럭이 공공선택론에 대해 쉽게 풀어 쓴 책으로 역시 IEA에서 간행된 『득표 동기론(The Vote Motive)』이고, 다른 하나는 제임스 뷰캐넌과 고든 털럭이 미시건 대학 출판부에서 낸 공공선택론의 고전 『국민 합의의 분석(The Calculus of Consent)』이다. 독자는 이 세 권의 책들이 다루는 주제들에 약간의 차이가 있고 서술 방식과 난이도가 다르지만 시각과 내용이 아주 비슷함을 발견할 것이다.

필자는 국민들이 사회 현상을 올바로 이해하고 민주 시민으로서의 역할을 제대로 하는 데 공공선택론의 공부가 도움이 된다고 생각한다. 우리가 사회 현상을 잘못 알아서 잘못된 사회적 선택을 내리면 그것은 사회에 심대한 외부 비용을 끼칠 수 있다. 잘못된 주장에 감염되지 않도록 맞는 예방 주사 혹은 우리 머릿속에 들어 있는 잘못된 생각을 씻어내는 해독제의 역할을 공공선택론 지식이 수행할 것이라고 필자는 생각한다.

이 책의 저자 에이먼 버틀러는 지도적인 정책 싱크탱크인 애덤스미스 연구소(Adam Smith Institute) 소장이다. 그는 선구적 경제학자들인 밀턴 프리드먼, F. A. 하이에크 그리고 루트비히 폰 미제스에 관한 책들과 오스트리아학파 경제학에 관한 입문서를 저술했다. 이러한 버틀러 저서들의 특징은 전문 지식이 없는 일반 대중 독자도 이해할 수 있도록 쉽게 쓰였다는 점이다. 필자는 이 책 외에도 그의 『루트비히 폰 미제스 입문』을 번역 출간하였고, 다른 두 책을 번역 중이다.

공공선택론은 정치 행정 현상을 분석하는 데 경제학적 방법론을 사용한다. 시장 경제 이론에서 소비자가 효용을 극대화하고, 기업가가 이윤을 극대화하는 것으로 가정하듯이, 공공선택론은 투표자, 정치가, 관료, 정당원, 이익 집단 구성원 등 공공 행위 주체가 자기 이익에 따라 행동한다고 가정한다. 많은 사람들은 정부가 공익을 추구한다고 생각하는데, 이 책을 읽음으로써 단일의 공익은 없다는 것, 다양한 자기 이익들이 있을 뿐이라는 것, 공익이 있다면 개인 이익들의 집합일 뿐이라는 것을 배울 것이다.

흔히 많은 사람들은 두 정당의 정강 정책이 꼭 같다고 불평한다. 그러한 불평은 이해하지만, 그럴 수밖에 없다. 정당은 권력과 지위를 얻기 위해 최대한 표를 많이 얻으려고 한다. 양당 제도의 경우, 정당은 중도의 정강 정책을 제시해야 중위 투표자의 지지를 얻고 따라서 선거에 승리할 수 있다. 그 결과 정당들 사이에 차이가 없게 된다. 그러나 3당 체제에서는 정당들 사이에서 정강 정책이 괴리를 보이는데, 물론 이 점도 책에서 설명되고 있다.

포퓰리즘 시대의 해설서

이 책은 정부가 왜 커지는지와 왜 비효율적인지에 대해 다양한 이유들을 체계 있게 설명한다. 정당이 일단 선출되면 의원들은 과반수 규칙 아래에서 로그롤링에 종사한다. 로그롤링의 결과 비효율적인 법률도 통과되고, 필요 이상의 많은 법률들이 통과된다. 그 결과 정부의 크기가 커진다. 정부의 성장은 또한 관료제에 의해서도 촉진된다. 관료들은 월급, 승진, 권력 등 사익을 추구하는데, 자기 부서의 예산이 커지고 업무가 많아야 그러한 사익이 더 잘 달성된다. 그래서 관료들은 예산을 극대화하려 하고, 그 결과 정부가 커진다.

사람들은 한 지역에 두 개의 경찰서를 두는 것을 중복이고 낭비라고 생각한다. 그런데 자동차를 여러 회사에서 생산하는 것이 중복이고 낭비인가? 우리는 이것을 중복이고 낭비라고 부르지 않고 경쟁이고 효율이라고 부른다. 같은 논리로 공공선택론은 관료제가 공공 서비스를 독점적으로 제공할 것이 아니라 여러 관료 기관들이 중첩해서 제공할 것을 제안한다. 그렇게 하면 소비자들은 관료

기관들의 서비스를 비교 평가하여 선택할 수 있고, 관료 기관들은 서로 더 나은 서비스를 제공하려고 경쟁할 것이다.

이익 집단은 추구하는 공통 목적이 있기 때문에 잘 조직될 것이라고 사람들은 생각한다. 그러나 이익들은 저절로 조직되지 않는다는 점을 이 책은 설명한다. 집단이 추구하는 공통 이익은 공공재의 성격을 가지고 있어서 집단의 구성원들은 공통 이익 추구에 무임승차하려 한다. 집단의 규모가 작거나 특별히 강제나 선택적 유인 같은 사적재(私的財, private goods)가 제공되어야 집단이 조직되고, 그렇지 않은 이익 집단은 잘 조직되지 않는다. 소비자 집단과 납세자 집단이 잘 조직되지 않는 이유가 여기에 있다.

사람들은 집단의 규모가 크면 이익 집단으로 조직하기 더 쉬울 것이라고 생각할지 모른다. 그러나 더 심한 무임승차 문제 때문에 대규모 집단은 소규모 집단보다 조직되기 더 어렵다. 반면 소규모 집단은 사회적 압력과 같은 무임승차 억제 장치가 있어서 대규모 집단보다 조직하기 더 쉽다. 또한 이익 다툼에서 소규모 집단은 집중된 이익을 가지고 있는 반면 대규모 집단은 분산된 이익을 가지고 있고, 그 결과 소규모 집단이 대규모 집단보다 조직하기 더 쉽다. 작은 것이 강하다!

이 책은 정보와 관련하여 일반 유권자들에 비해 이익 집단들이 영향력이 큰 이유도 가르쳐준다. 일반 유권자들은 자기의 단일 표가 결과에 차이를 가져오지 않아서 투표하나 마나 별반 차이가 없으므로 합리적으로 기권하고, 또 문제에 대해서 아는 것이 자기에게 이익이 되지 않으므로 합리적으로 무지하다. 반면 이익 집단은 문제에 큰 이해관계가 있어서 투표 참가율도 높고 문제를 잘 알고 있기도 하다. 이러한 정보의 비대칭으로 인해 일반 유권자에 비해 이익 집단의 영향력이 커진다.

시장실패에 대한 오해와 만연해 있는 정부실패

이 책을 읽으면 정부가 크고 규제 권력이 클 때 개인도 가난해지고 국가도 가난해짐을 알게 된다. 정부가 민간에 특권을 부여할 수 있는 입장에 있을 때 이익 집단들은 생산적인 활동으로 돈을 벌려 하기보다 정치 과정을 통해 특권을 얻으려고 할 것이다. 회사 사장이 지방 공장에 근무하는 것이 아니라 수도에 가 있게 된다. 이러한 지대 추구 활동으로 생산적인 활동에 투입되었어야 할 자원이 비생산적인 곳에 쓰여 자원이 낭비된다. 그 결과 개인과 국가가 가난해진다.

이 책은 우리가 과반수 투표로 내리는 많은 결정들이 엉터리 결정일 수 있음을 가르쳐 준다. 많은 사회적 선택들은 투표의 역설을 보인다. 투표의 역설이 없으려면 단봉 선호를 가지고 있어야 한다. 그러나 이것도 단일 차원의 쟁점에 관한 이야기고, 만약 다차원이 되면 설사 단봉 선호를 가지고 있다 하더라도 거의 항상 투표의 역설이 발생한다. 그리고 많은 쟁점들은 다차원을 가지고 있다. 따라서 우리는 많은 엉터리 결정들을 내릴지 모른다(편집자 주: 이 부분은 다차원적 쟁점에서의 투표의 순환에 대한 이해가 필요하다).

그러면 답은 무엇인가? 국민들이 합의하기 쉬운 쟁점들만 골라 투표로 처리하고 선호가 달라 합의하기 어려운 것들은 민주주의로 처리하지 말고 시장에 맡기라는 것이다. 투표자들의 선호가 달라 합의하기 어려운 문제들은 투표의 역설이 일어나기 쉽지만 선호가 비슷하면 단일 차원이건 다차원이건 투표의 역설이 거의 일어나지 않기 때문이다. 또한 일반 편익 과세의 채택과 분권화를 사용하는 것도 한 방법이다. 투표자들의 선호가 비슷해져서 합의의 도출이 쉬워지기 때문이다.

사람들은 과반수 규칙 외의 규칙들을 어색하게 생각한다. 그러나 이 책의 헌법적 정치경제론은 문제에 따라 다양한 의사 결정 규칙이 사용되어야 함을 가르친다. 적절한 의사 결정 규칙은 집합적 행동의 외부 비용과 의사 결정 비용에 달려 있다. 상대적으로 집합적 행동의 외부 비용이 의사 결정 비용보다 더 크다면 가중된 다수결 규칙을 사용해야 하고, 상대적으로 집합적 행동의 의사 결정 비용이 외부 비용보다 더 크다면 소수결 규칙을 사용해야 한다.

많은 문제들의 경우 의사 결정 비용은 그리 크지 않고 외부 비용이 중요해서 2/3결과 같은 가중 다수결 규칙을 더욱 많이 사용해야 한다. 그래야 총비용이 줄어든다. 그러나 의원들은 과반수결이라는 고정 관념에서 벗어나기 힘들 것이다. 그래서 양원제를 사용하면 각각의 원에서 단순 과반수로 결정하더라도 단원제에서 가중된 다수결로 통과시킨 것과 같은 효과를 얻을 수 있다. 또 대통령의 거부권도 가중된 다수결을 강제하는 방법이 된다.

이 책의 헌법적 정치경제론은 무엇을 시장에서 처리하고 무엇을 정부에서 처리해야 하는지에 대한 기준도 제공한다. 시장의 비용에는 외부 비용이 있다. 정부의 비용에는 외부 비용과 의사 결정 비용이 있다. 그리고 이러한 것들의 크기는 각 사안에 따라 다르다. 문제에 대해 시장의 비용과 정부의 비용 양쪽 다를 고려하여 비용이 낮은 쪽에서 처리하여야 한다. 로마 황제가 첫 번째 가수의 노래만 듣고 두 번째 가수에게 그랑프리를 수여한 것과 같은 오류를 범해서는 안 된다. 불행하게도 후생 경제학자들은 그런 오류를 범했다.

대통령과 달리 의원은 재임 횟수 제한이 없다. 비대해진 정부를 막을 필요의 관점에서 의원의 재임 횟수 제한은 바람직한 효과들을 보일 것이다. 이것은 의회에서의 로그롤링 그리고 의회와 특수 이익 집단과의 거래를 막는 효과를 가져 입법의 양을 줄일 것이다. 관료제에 영향을 미쳐 관료제의 성장도 막을 것이다. 그 결과 정부 크기를 줄일 것이다.

이 책은 위에서 언급된 정부 실패들 외에 민주주의 실패도 있음을 환기시킨다. 브라이언 캐플런에 따르면 "유권자들은 일자리 상실을 싫어하고, 외국인을 기피하며, 경제 문제를 지나치게 비관적으로 보고, 시장을 불신한다."고 한다. 유권자들이 이와 같이 편향되고 비합리적인 신념을 가지고 있다면 정부 제도에 아무 문제가 없다고 하더라도, 즉 정부 실패가 없다고 하더라도 정부 성과는 비효율적일 수밖에 없다. 이 책은 이러한 민주주의 실패도 다루고 있다.

민주주의의 과잉에 경종을 울리다

그렇다면 이 책의 시사점은 무엇인가? 민주주의와 정부를 함부로 사용해서는 안 된다는 것이다. 민주주의와 정부가 많은 문제를 안고 있는 만큼 우리는 그것들을 되도록 조심해서 사용해야 한다. 민주주의와 정부를 사용할 때 어떤 식으로 사용해야 할지를 이 책은 잘 언급하고 있다. 오늘날 많은 사람들이 민주주의와 정부에 대해서 잘 모르고 있다. 그것들이 지닌 결함을 잘 알아야 올바른 사회적 선택을 할 수 있고 우리도 자유롭고 부유하고 평화로운 삶을 누릴 수 있다.

자유경제원 부원장 최승노 박사께서 이 책을 추천하면서 이 책은 "세상 이치를 궁금해 하는 대학생이 보기에 좋은 책"이라고 하였다. 그 말씀에 감사하면서, 판단은 대학생에게 맡긴다. 독자가 이 책을 사서 읽어보면 역자에게 금전적 이익이 되겠지만, 독자가 자신의 귀중한 자원을 다른 곳에 투입하기를 원한다면, 도서관에서 빌려 보거나, 더욱 간편하게는 영국 경제문제연구소 홈페이지

(www.iea.org.uk)에 들어가서 한국어판을 다운로드하여 읽어 보는 방법도 있다.

생물학으로 풀어쓴 자유경제학 생생토크

조동근(명지대학교 경제학과 교수)

『이기적 유전자』
리처드 도킨스 지음, 을유문화사 발행, 2010

리처드 도킨스(R. Dawkins)는 『이기적 유전자』 초판 서문에서, "이 책은 마치 상상력을 불러일으키는 공상 과학소설처럼 읽어야 한다."고 쓰고 있다. 하지만 필자에게 『이기적 유전자』는 '생물학으로 쓰인 경제학 책'으로 비춰지고 있다. 따라서 "생물학으로 쓰고 경제학으로 읽는다."고 하더라도 무리가 없어 보인다.

『이기적 유전자』는 철학적 사유의 단초를 제공한다. "생명의 의미는 무엇인가 그리고 인간은 어떻게 존재하는가."라는 근본적인 질문을 제기하고 있기 때문이다. 그의 대답은 '진화'이다. 『이기적 유전자』는 "어떤 행성에서 지적인 생물이 생존했다고 말할 수 있는 것은 그 생물이 스스로 자기의 존재이유를 처음으로 알아냈을 때이다."라는 문장으로 시작하고 있다. 그는 다윈(C. Darwin)의 '자연선택'을 원용해 지구상 모든 생물체의 존재 이유를 '유전자의 관점(gene's eye view)'에서 일관된 체계로 설명하고 있다.

다윈의 진화론은 '종(種)'에 초점이 맞춰져있다. 한 종이 잔인한 '자연선택' 속에서 살아남기 위해 진화한다는 것이다. 하지만 도킨스는 '유전자'에 초점을 맞춰 자연선택의 기본 단위는 '유전자'라고 주장한다. 유전자는 '자기 복제자(replicator)'로서 불멸이라는 것이다. 도킨스의 최대 기여는 진화의 기본 단위가 '종(species), 개체(individual)가 아닌 유전자(gene)'라는 것을 밝힌 것이다. 다윈의 진화론은 도킨스에 의해 결정적으로 진화했다.

유전자가 인격을 가질 수는 없을 것이다. 따라서 '이기적 유전자'는 일종의 '의인화(擬人化)'다. 유전자들이 지적 판단력과 선택의 자유를 갖는다고 상상해보자. 그러면 논의는 생동감을 가질 것이다. 어떤 유전자가 자신의 복사본의 수를 늘리려 고심한다는 것은, "자기의 사본(寫本)을 유전자 풀(한 종(種) 내에서 유성 생식으로 서로 섞이게 될 유전자 집합)에 최대한 많이 퍼뜨려 전체 유전자 풀(pool)에서 차지하는 비율을 증가시켜, 자연선택을 받으려한다."는 의미일 것이다. 도킨스 우주관에서 '이기주의와 이타주의'는 대척점에 놓여 있지 않다. 일반적으로 이타주의는 자식과 동료를 위해 자신을 희생하는 것으로 묘사되고 있다. 하지만 도킨스에 의하면 이타주의는 "생존가능성이 높은 유전자의 생존율을 높이는" 이기주의의 연장인 것이다.

불멸의 코일과 생존기계

30~40억 년 전 지구가 형성되면서 이산화탄소, 물, 메탄, 암모니아 등의 혼합물이 자외선과 번개 등에 의해 '원시수프(primeval soup)'가 만들어졌다. 그 중에는 스스로의 복제물을 만들어내는 주목할 만한 분자, 즉 '자기복제자'가 존재한다. 자기복제자는 스스로 복제가 가능하므로 '불멸의 코일'이다. 원시수프는 "오랜 기간 존속가능하거나 복제속도가 빠르거나 복제의 정확도(copying fidelity)가 높은" 안정적 분자들로 가득 차게 된다. 이들 분자는 자기와 친화성을 가진 분자를 만나면 합쳐져 더 큰 분자가 된다. 한편 사본들이 만들어지는 과정에서 오류가 발생하기도 한다. '돌연변이'다. 이러한 오류도 누적되고 확대되면서 '변종 복제자'의 개체군이 등장한다.

원시스프는 무한하지 않으므로 다른 종류의 복제자들 간에 단백질 벽을 만들어 스스로를 보호한다. 자기 복제자는 단순히 존재하는 것만이 아니라 계속 존재하기 위해 자신을 담을 그릇, 즉 자기가 들어앉을 수 있는 '생존기계(survival machine)'를 스스로 축조한다. 최초의 생존기계는 보호용 외피 정도였을 것이나, 점점 효과적인 생존기계를 갖춘 경쟁상대가 나타남에 따라 살아남기 위해 생존기계는 더욱 커지고 정교해졌다. 모든 생물체는 이기적 유전자의 복제 욕구를 수행하는 생존기계에 지나지 않는다.

유전자는 죽게 마련인 유기체를 버리면서 몸에서 몸으로 건너뛰는 불사조이다. 유기체는 유전자를 다음 세대로 나르는 '수레(vehicle)'이다. 인간사회에서 결혼은 수레의 제도적 수단이다. 도킨스는 수레를 "통합되고 질서정연한 복제자 보존의 도구(an instrument of replicator preservation)"로 정의하고 있다. 이 같은 시각에서 닭은 달걀을 더 많이 낳기 위한 '생존기계' 내지 '수레'에 지나지 않는다.

유전자의 관점에서 보면 어떤 종이 다른 종보다 우월하다는 객관적인 근거는 없다. 각각의 종 안에서 어떤 개체가 다른 개체보다 더 많은 자식을 낳아 유전형질(유전자)을 다음 세대에 더 많이 남길수록 그 개체 수는 더 많아지게 된다. 이것이 자연선택이다. 자연선택은 무작위적이 아닌 '차등적 유전자의 번식'을 의미한다. 그리고 유전자는 '핵'에 존재한다. "핵, 염색체, 유전자"의 포함관계는 "책장(冊欌), 책, 페이지"에 비견된다. 하지만 유전자의 설계도를 그린 건축가는 존재하지 않는다. 설명서인 DNA가 자연선택의 과정을 통해 만들어졌기 때문이다.

왜 유전자는 이기적인가?

'이기적'은 음울한 단어이다. '불멸의 유전자(immortal gene)'도 매혹적인 어감을 갖고 있다. 따라서 '불멸의 유전자'도 책 제목으로 '이기적 유전자' 만큼 경쟁력을 갖는다. 그럼에도 '이기적 유전자'가

다음과 같은 이유에서 타당하다. 다윈주의 논쟁의 중심은 '선택 단위'의 수준에 관한 것이다. 어떤 수준의 단위가 자연선택의 결과로 살아남느냐, 살아남지 못하느냐는 것이다. 자연선택이 '종' 사이에서 이루어진다면, 개체들은 '종의 이익을 위해' 이타적으로 행동할 것이라 기대해도 좋다. 그렇다면 종의 이익을 위해 스스로 출생률을 조절하거나 아니면 후대를 위해 사냥을 자제할 것이다. 그러나 실제로 '종'을 위해 희생하는 개체는 없다.

자연선택이 '유전자' 수준에서 이루어지는 것이라면, 유전자는 자신의 생존가능성을 높이는 '이기적 행동'을 하게 된다. 이기적 유전자가 합당하면, 개체들이 유전자의 이익을 위해 '이타적'으로 행동한다 하더라도 놀랄 일은 아니다. '혈연 이타주의' 행동은 이타적으로 보일 뿐 실제로는 유전자의 이기적 행동인 것이다. 예컨대 엄마가 아기를 위해 희생하는 이유는, 자신의 유전자가 들어있으며 나이가 어린 자식이 늙은 자신보다 유전자를 확산시킬 확률이 높기 때문이다.

매는 포식자(捕食者)고 조그만 새는 피식자(被食者)다. 무리 속의 한 마리만 매를 발견하고 나머진 아직 보지 못했다면 어떻게 해야 할까? 풀 속에 죽은 듯이 웅크리면 될까? 소용없는 짓이다. 자신은 피하지만 동료들이 제멋대로 돌아다니기 때문이다. 그들 중의 한 마리라도 매의 눈을 끌면 무리 전체가 위험에 빠지게 된다. 이 같은 상황에서 매를 처음 발견한 개체의 최선의 행동은 이기적인 견지에서 보더라도 동료에게 '경계음'을 내보는 것이다. 이때 발신자는 포식자의 주의를 끌어 그 이타적 행위(경계음)에 대해 비싼 대가를 치를 수도 있다. 하지만 그렇게 해서라도 그들은 자기도 모르는 사이에 매를 불러들일 가능성을 최대한 줄이는 것이 유리하다. 무리에 혈연자(새끼)가 있을 경우, 경계음을 내도록 하는 유전자는 유전자 풀 속에서 그 수가 늘어날 가능성이 높아진다.

가젤의 '높이뛰기'는 반대로 해석해야 한다. 그것은 포식자(치타)에게 자신을 드러내는 도발인 것이다. 포식자는 쉽게 잡힐 먹이를 선택하는 경향이 있기 때문에 허세부리는 높이뛰기를 가능하게 하는 유전자는 포식자에게 쉽게 먹히지 않게 한다. 높이뛰기는 이타적 행위와 거리가 멀다. 포식자가 포획하기 쉬운 다른 개체를 쫓도록 하는 것이 주목적이기 때문이다.

'이기적 유전자'의 경제적 해석

기업은 탄생과 소멸, 생존본능, 성장욕구 등에서 생물과 닮은꼴이다. '법인(法人)'은 '법적 인간'으로 인간과 달리 '생리적 수명'이 없다. 기업은 주인(주주)을 바꿔가면서 존속하는 '불멸의 특권'을 누리고 있다. '백년 기업'이 그렇다. 한편 '자연의 선택'을 받지 못한 개체가 도태되듯이 '고객과 투자자', 즉 시장으로부터 선택받지 못한 기업은 도태된다. 또한 아무리 과거에 높은 명성을 쌓았더라도 새로운 시도, 새로운 실험, 즉 '변이(variation)'를 일으키지 못하는 기업은 종국적으로 시장에서 퇴출된다. 변이가 자연선택을 받으면 개체수가 늘어나듯이 기업의 변이가 시장의 선택을 받으면 그 기업은 성장한다.

변이의 우수성과 시장에서의 선택은 별개의 것일 수 있다. 바꿔 말하면 시장선택에서의 일률적 기준은 존재하지 않는다. 마찬가지로 기업의 진화에는 '일정한 룰이나 방향성'이 존재하지 않는다. 따라서 기업의 성공요인을 정형화(prototype)시킬 수 없다. 성공요인은 그 기업의 그 환경에서만 의미를 가지므로, 성공의 일반적인 정답은 존재하지 않는다.

'러쉬(Rush)'는 캐나다의 3인조 밴드이다. 러쉬의 타이틀곡 '나무들(The Trees)'의 가사가 던지는 의미는 의미심장하다. 그들은 가수 이전에 문명비평가다. 획일주의와 국가개입주의를 통렬하게 질타하고 있다. '나무들'의 가사는 다음과 같다.

"…숲에 뭔가 술렁거림이 있었네, 그것은 떡갈나무의 키가 커서 햇볕을 독차지했기 때문이네. 키가 작은 단풍나무는 충분한 햇볕을 받지 못하자, '떡갈나무의 횡포(oppression)'를 외치며 항의했네.… 떡갈나무가 대수롭지 않게 여기자, '떡갈나무의 탐욕(greed)'을 부르짖으며 단풍나무끼리 서로 '동맹(union)'을 맺었네. 그리고 도끼와 톱을 사용해 "모든 나무의 키를 똑같이 만들라"는 '평등법(Noble Law)'을 통과시켰네.…"

노래 말에서 떡갈나무는 '강자', 단풍나무는 '약자'를 의미한다. 그리고 "떡갈나무의 횡포와 탐욕, 그리고 평등법(품위법)"은 "대기업의 횡포와 시장의 탐욕 그리고 국가개입(경제민주화)"과 일대일로 대응된다. 개입하지 않으면 자연 생태계는 온통 떡갈나무로 빽빽이 들어찰 것인가? 결코 그렇지 않다.

진화생물학자 존 메이너드 스미스(John Maynard Smith)는 '진화적으로 안정적 전략(ESS)'이란 개념을 고안해 냈다. ESS(Evolutionary stable strategy)는 게임이론에서의 '안정적 균형해'이다. ESS의 개념은 다음과 같다. '개체군(population)'에서 '개체'들이 채택하는 전략은 2가지이다. '매파' 또는 '비둘기파'의 행태를 보이는 것이다. 매파는 속성상 서로 맹렬히 싸우고 심하게 다쳤을 때가 아니면 굴복하지 않는다. 하지만 비둘기파는 상대를 위협은 하지만 상처를 주지는 않는다. 매파와 비둘기파의 장기 안정적 비율은 '보수행렬(payoff matrix)'에 의존한다. ESS가 주는 시사점은 "매파가 전부를 차지하지는 않는다."는 것이다. 기업도 마찬가지다. '작위적'이긴 하지만 기업을 매파와 비둘기파로 구분한다면, 호전적 기업과 방어적 기업, 대기업과 중소기업 간에 나름의 안정적인 ESS비율이 존재하게 된다. 기업도 일종의 생태계이기 때문에 국가가 나서서 '개입할 여지'는 생각보다 좁다.

『이기적 유전자』에서 대·중소기업 동반성장에 대한 은유(metaphor)를 찾을 수 있다. 조정(漕艇)경기에서 이기기 위해서는 선수들 간의 호흡이 잘 맞아야 한다. 즉 '보완관계'를 유지해야 한다. 1명의 캡틴과 8명의 선수를 한 팀으로 가정할 때, 가장 이상적인 팀 구성은 "네 명의 왼손잡이와 네 명의 오른손잡이"일 것이다. 이러한 팀 구성은 '안정된 상태'를 의미한다. 이 때 안정의 의미는 성적이 더 이상 오르지 않기 때문에 더 이상 멤버를 바꿀 필요가 없음을 의미한다.

그러면 '안정된 상태'는 어떻게 도달할 것인가? 이는 시장에서 패자를 계속 솎아낸 결과 사후적으로 얻어진, 시장선택에 의해 얻어진 '결과'일 뿐이다. 코치(정부)는 어떤 선수가 오른손잡이고 왼손잡이인지를 모르며 또 알 필요가 없다.

선수는 '혼자 있을 때' 좋은 선수라기보다 '선수의 풀(pool)' 속에서 다른 선수들을 배경으로 할 때 좋은 선수여야 선택된다. 서로 잘 보완되는 선수들의 묶음이 '하나의 단위'로 함께 선택된다고 보면 된다. '팀 구성'에 대한 '다양한 시도'가 이 같은 선택을 가능하게 한다. 조정경기에서 '선수'를 '기업'으로 치환하면, 대·중소기업간 '동반성장'의 관계가 된다. 동반성장의 파트너는 서로가 서로를 모색하며 시장에서 경쟁을 통해 선택된다. 특정 대기업과 대기업을 둘러싼 중소기업 간에 그들 나름의 특정의 기업생태계가 만들어지는 것이다. 정부의 판단에 의한 짝짓기는 인위적 '2인3각'으로, 오히려 '동반지체'를 부를 수 있다.

대·중소기업 경쟁정책, 구체적으로 중소기업적합제도의 오류는 '대기업 대 중소기업'의 '이분법적 구분'에서 비롯된다. 이분법적 시각으로 중소기업 전체의 '공동체적 이익'이 암묵적으로 전면에 등장한다. 그 결과 자연선택 과정이 '개체 간의 경쟁'에서 '종(種) 간의 경쟁'으로 왜곡된다. 이제 개체는 '종의 이익'을 먼저 고려해야 한다. 즉 여타 중소기업을 위해 '이타적'으로 행동해야한다. 예컨대 개별 중소기업은 소비자에게 자신의 물건을 팔아서는 안 된다. 이는 동종의 여타 중소기업의 시장기회를 뺏는 것이기 때문이다. 하지만 어떤 경우에도 경쟁의 기본단위는 '개별기업'이다. 이분법적 대립구도는 '중소기업 간'의 경쟁을 제한한다. "경쟁을 억압하고 경쟁자를 보호"해서 중소기업의 경쟁력이 제고될 수 없다.

자연생태계에는 설계자가 없지만, 여전히 질서정연하다. '인간의 이성'으로 시장 질서를 설계하려 하지만 늘 '정책의 실패'를 낳는다. 경쟁을 백안시하고 시장을 억압하는 나라들은 가난하다는 공통점이 있다.

문화도 '진화의 법칙'에 따른다

문화를 지닌 종(species)에서 진화는 '유전자 요인'들만이 아니라 '문화적 요인'들에 의해서도 이루어진다. 따라서 '유전자·문화 공진화(gene·culture coevolution)'가 중요하다. 도킨스의 또 다른 기여는 '문화의 진화과정'에 대한 탐구이다. 밈(meme)은 문화적 '복제자'로서 문화의 '전파 단위'이다. 유전자가 몸에서 몸으로 뛰어 건너면서 유전자 풀(pool)에서 자신들을 전파하는 것과 같이, 밈들은 '모방'의 과정을 통해 뇌에서 뇌로 건너뛰면서 밈 풀에서 자신들을 전파한다. 모방은 '공감'에서 비롯된다. '밈의 표현형'이 다른 개체들의 감각기관에 의해 감지되면서 다른 개체들의 뇌에 자신들을 복제한다. 자신의 더 많은 복제가 또 다른 뇌들에서 만들어지면서 '표현형'은 더욱 확산된다. 전통노래 가락이 만들어지고 전수되는 것도 '밈'으로 설명할 수 있다.

『이기적 유전자』는 생물학과 경제학을 넘나드는 인류 최고의 명저 중의 하나이다. 사고의 지평을 넓히기 위해서 꼭 읽어야 할 필독서로 강력히 추천한다.

내가 만든 책, 나를 변화시킨 책

배진영(월간조선 기자)

『자유주의 사상가 12인의 위대한 생각』
주용식 외 지음, 월간조선사 발행, 2004

2002년 8월쯤이었던 것으로 기억한다. 조갑제 당시 「월간조선」 대표와 민병균 자유기업원(지금의 자유경제원) 원장이 식사를 하는 자리에 동석했다. 자유기업원에서는 박종찬 NGO실장이 동석했다. 좌파세력의 동향과 그에 대한 대책 등에 대해 이야기가 오고 갔다. 내가 한 가지 건의를 했다.“좌파를 보면 마르크스의 『자본론』 등 좌파사상가들의 주요 저작에서부터 시작해서, 그러한 저작들을 이해하기 쉽게 해석한 책들이 많이 나와 있습니다. 또 『아리랑』이나 『체 게바라 평전』 등 좌파혁명가들의 삶을 다룬 책들도 많습니다. 그런 책들은 젊은이들의 피를 끓게 합니다. 심지어는 이런 책들이 청소년용 도서나 만화책으로도 나오고 있습니다. 반면에 자유주의 사상가들의 사상이나 삶에 대한 책들은 거의 나오지 않고 있습니다. 물론 자유기업원에서 미제스나 하이에크의 저작들을 냈지만, 일반인들이 접근하기는 쉽지 않습니다. 「월간조선」에 자유주의 사상가들의 사상과 삶을 알기 쉽게 정리한 글을 연재하면 어떨까요?"

조갑제 대표와 민병균 원장 두 분 모두 내 아이디어를 환영했다. 그해 「월간조선」 10월호에 박종찬 자유기업원 NGO실장이 쓴 하이에크에 대한 글이 실렸다. 부제(副題)는 '사회주의, 즉 나치즘이란 점을 간파하다.'였다. '자유주의 사상가 열전(列傳)'은 이렇게 시작되었다.

첫 번째 글이 나가자 조갑제 대표는 무척 좋아했다. 특히 하이에크가 사회주의와 나치즘을 본질적으로 같은 것으로 보았다든지, 아들이 "베를린장벽이 무너지고 있다."는 뉴스를 전하자 "거 봐, 내가 뭐랬어!"라고 대꾸했다는 대목을 재미있어 했다. 이후 루트비히 폰 미제스, 칼 포퍼, 발터 오이겐, 루트비히 에르하르트, 빌헬름 뢰프케, 어빙 크리스톨, 밀턴 프리드먼, 제임스 뷰캐넌 등에 대한 연재가 이어졌다. 앞에서 언급한 박종찬 실장 외에 권혁철, 김이석, 이춘근, 주용식 박사, 하상욱 변호사 등이 필자로 참여했다. 당초 조갑제 대표는 '과연 이 연재가 재미있을까?' 하는 생각을 조금 갖고 있었던 듯하다. 하지만 연재가 계속되면서 조 대표는 이 연재의 열렬한 지지자가 되었다. "요즘 사람들을 만나면, '자유주의 사상가 열전'을 잘 읽고 있다고 하더라. 이론 무장을 하는데 도움이 된다는 얘기를 하는 사람들이 많다."는 말씀을 자주 했다. 조갑제 대표는 "학자들 뿐 아니라, 자유주의를 현실에서 실천에 옮긴 정치가들도 소개하도록 하라."는 주문도 했다. 마거릿 대처 전 영국 총리, 로널드 레이건 전 미국 대통령, 그리고 칠레에서 연금개혁을 성공시킨 호세 피녜라 등의 이야기는 그래서 들어가게 되었다.

한번은 글을 써 주기로 한 분이 원고를 펑크 냈다. 여러 가지 일이 겹쳐서 바빴던 데다가, 어렵게 쓴 원고마저 컴퓨터에 문제가 생겨서 날아가 버린 것이다. 조갑제 대표는 마감 마지막 무렵까지 전화로 "원고 어떻게 됐느냐?"고 물어왔다. "이번 달에는 못 싣게 되었다"는 내 말에, 조 대표는 "연재는 독자들과의 약속이다! 그러면 되나!"라며 '꽝!'하고 수화기를 내려놓았다. 조 대표를 모시고 여러 해를 일했지만, 그때만큼 그 분이 화를 내는 것을 보지 못했다. 그만큼 조 대표가 이 연재에 애착을 갖고 있었다는 얘기이기도 하다.

루트비히 에르하르트

'자유주의 사상가 열전'은 단순히 자유주의 사상가 개개인에 대한 이야기가 아니었다. 20세기 내내 벌어졌던 사회주의와 자유주의의 대결에서 자유주의가 막판 대역전승을 이루어낸 이야기이기도 했다.

하이에크가 그 대표적인 예이다. 그는 1920년대 초부터 사회주의의 문제점을 인식하기 시작했고, 1944년『노예의 길』을 통해 마르크스주의의 한계를 적확(的確)하게 지적했다. 그는 거의 평생 동안 사회주의자와 케인지언들에게 밀려 소외되었다. 하지만 그는 1974년에 노벨경제학상을 수상했고, 이어 자신의 아이디어가 대처나 레이건 등에 의해 실천에 옮겨지는 것을 지켜보았으며, 결국은 소련·동구 사회주의의 붕괴까지 목격하고 난 후 행복하게 눈을 감았다.

'자유주의 사상가 열전'이 연재되던 2002~2003년은 노무현 정권이 출범하고 자칭 진보세력이 한참 기세를 올릴 무렵이었다. 노무현 정권 인사들 중에는 "진보세력이 앞으로 20년은 집권할 것"이라고 호언하는 사람도 있었다. 보수우파세력은 의기소침해 있었다. 그런 때에 '자유주의 사상가 열전'은 독자들에게 사회주의세력, 좌파세력은 인간성의 본질과 역사의 흐름에 역행하는 반동(反動)세력이며, 자유주의 사상은 당장은 받아들여지지 않더라도 결국은 승리할 것이라는 신념을 심어주었다.

개인적으로 특히 인상 깊게 읽었던 것은 제2차 세계대전 후 독일(서독) 경제장관을 지내면서 '라인강의 기적'을 일군 루트비히 에르하르트의 얘기였다. 당시 독일에서는 좌파는 물론 우파인사들 사이에서도 '계획경제'와 '시장에 대한 정부의 통제'를 당연하게 생각하는 풍조가 만연해 있었다. 하지만 오이켄과 뢰프케의 '질서자유주의'의 세례를 받은 에르하르트는 계획경제를 거부하고 서

독경제가 나아가야 할 길로 자유시장경제를 선택했다. 이후 서독은 전례 없는 자유와 번영을 구가했고, 결국 이를 바탕으로 통일까지 이루어냈다.

역사를 보면 아무리 훌륭한 인물이 애를 써도 역사의 흐름을 막지 못하는 경우가 있는가 하면, 어느 한 특별한 인물 때문에 역사의 물굽이가 확 바뀌는 경우도 있다. 에르하르트가 바로 그런 경우였다.

『자유주의 사상가 12인의 위대한 생각』의 탄생

'자유주의 사상가 열전' 연재가 끝난 지 얼마 지나지 않았을 때였다. 그 무렵 전경련으로 옮겨가 있던 박종찬 전 자유기업원 NGO 실장으로부터 전경련에서 주는 '시장경제출판대상' 이라는 것이 있다는 소식을 들었다. "'자유주의 사상가 열전'이야말로 그 상(賞)의 취지에 가장 부합하지 않겠나?' 하는 생각에, 서둘러서 '자유주의 사상가 열전'을 책으로 만드는 작업에 들어갔다. 가제(假題)는 '자유주의 사상가 12인의 위대한 생애'로 정했다. 이 제목을 본 조갑제 대표가 의견을 제시했다."'자유주의 사상가 12인의 위대한 생애'? 이 분들의 경우, 그 '생애'가 위대했다기보다는 '생각'이 위대했던 것 아닌가? '자유주의 사상가 12인의 위대한 생각'이 어떻겠나?"

『자유주의 사상가 12인의 위대한 생각』이라는 책 제목은 그렇게 결정됐다. 이 책은 2004년 시장경제출판대상에서 대상(大賞)을 수상했다.

2004년 말부터 자유주의를 내건 뉴라이트운동이 시작됐다. 과거 1970~80년대 좌파운동을 하다가 생각을 바꾼 이들이 주축이 된 이 운동은 당시 지식사회에 큰 충격을 주었다. 「월간조선」에서도 뉴라이트의 활동을 열심히 보도했다. 자유주의연대, 뉴라이트전국연합 등 뉴라이트단체를 방문해 보면 책장에 『자유주의사상가 12인의 위대한 생각』이 꽂혀 있는 것을 볼 수 있었다. 뉴라이트운동가들은 이 책이 자기들이 자유주의를 공부하거나 대학생들을 교육시키는 데 큰 도움이 된다고 했다. 가슴이 뿌듯했다.

자유주의자가 되어가다

내가 '자유주의 사상가 열전'을 기획하고, 이 연재물을 다시 책으로 엮어냈지만, 이 책은 나를 바꾸어 놓은 책이기도 하다.

나이로 보면 나는 이른바 386세대에 속한다. 지인(知人)들로부터 '태어날 때부터 보수주의자'라는 소리를 들을 정도로 나는 원래부터 확고한 우파 보수주의자였다. 그 시끄럽던 1980년대 중·후반에 대학을 다니면서도 좌파 쪽으로는 눈길도 주지 않았다.

하지만 솔직히 말하자면 '자유주의자'는 아니었다. 그보다는 민족주의 성향이 강한 국가주의자였고, 개인보다는 공동체(共同體)의 가치(價値)에 무게를 두는 입장이었다. 민족주의와 집단주의적 정서는 아마 유신 말기에 초·중등교육을 받은 386세대 공통의 정서일 지도 모른다. 그럼 점에서만 보면 나도 주사파(主思派)가 될 소지가 다분히 있었던 셈이다. 다행히도 1946년에 조부모(祖父母)님이 일찌감치 삼팔선을 넘었던 집안 내력과, 역사책을 많이 읽었던 덕분에 좌파 쪽으로 실족(失足)하지 않을 수 있었다.

역사책들을 읽으면서 나는 막연하게나마 역사란 온갖 우연과 인간의 다양한 경험이 축적되어 만들어지는 것이지, 몇몇 천재들이 인위적으로 구상해 낸 화려한 청사진대로 가는 것이 아니라는 것을 깨닫게 되었다. 대학 시절 읽은 책들 중에서 특히 인상적이었던 책은 로버트 컨퀘스트의 『혁명과 권력(Great Terror)』이었다. 스탈린의 대숙청을 다룬 이 책을 읽으면서 나는 좌파세력이 정권을 잡는다고 해서 그들이 목청껏 외쳐대는 '사람 사는 세상' '해방 세상'이 오는 것은 아니라는 사실을 다시 한 번 확인할 수 있었다. 마르크스주의가 제시하는 청사진을 실천하려 했던 자들이 만든 세상은 인간이 인간을 철저하게 파괴하는 추악한 지옥이었다.

그것은 당연한 일이다. 인간은 저마다 생각이 다르고 나름의 개성을 가진 존재들이다. 그 사람들을 마르크스주의라는 하나의 틀 안에 집어넣어 똑같은 모양으로 주조(鑄造)할 수 있을까? 말로는 교육과 교화(敎化)를 통해 '공산주의적 새 인간형'을 만든다고 한다. 하지만 끝내 그렇게 되기를 거부하는 인간이 있다면? 그때는 교육과 교화를 빙자한 폭력이 동원될 수밖에 없을 것이다. 그리고 끝내 그걸 거부하는 사람은 파괴되어야 할 것이다.

내가 볼 때 좌파운동권이 만들어낼 세상은 『혁명과 권력』 속의 지옥과 별반 다르지 않을 것 같았다. 그래서 나는 대학 시절부터 운동권의 논리를 거부했다.

'자유주의 사상가 열전'을 통해 하이에크, 미제스, 포퍼 등을 만나면서 나는 내가 막연하게 생각해오던 문제들을 이미 오래 전에 고민하고 정치(精緻)하게 이론화한 분들이 있었음을 알게 되었다. 그것은 내가 생각하고 걸어온 길이 옳은 길임을 확인하는 과정이기도 했다.

거기에 더해 김대중·노무현 정권의 일탈(逸脫)을 보면서 나는 국가라는 것이 내가 생각해 오던 것만큼 믿을 수 있는 존재가 아니라는 것을 절감했다. 국가공동체의 기본가치에 반하는 생각을 가진 이들이 정권을 잡았을 때, 국가는 국민의 자유와 안전과 행복을 담보해 주는 존재가 아니라, 오히려 국민의 자유와 안전과 행복을 위협하는 괴물이 될 수도 있다는 것을 김대중·노무현 정권은 보여주었다.

그 무렵 나는 독일과 중국에서 활약하고 있는 우리 기업들을 취재할 기회가 있었다. 그들은 개발연대(開發年代) 기업들의 타성에서 벗어나 자신들의 창의적인 노력을 바탕으로 세계무대에서 외국 거대기업들과 당당하게 경쟁하면서 대한민국의 위상을 높여가고 있었다. 그들을 보면서 나는 시장과 기업, 그리고 그 바탕이 되는 개인의 자유와 창의에 대해 더욱 믿음을 갖게 되었다.

몇 년 전, SNS에서 자신의 이념성향을 측정하는 지표를 가지고 내가 사상적으로 어디쯤 속하는지를 측정해 본 적이 있다. 개인의 자유, 국가의 간섭, 시장 등에 대해 어떤 생각을 갖고 있는지를 묻는 질문에 답하면, 이념성향이 좌표상에 표시되는 설문이었다. 나는 내가 '완고한 보수주의자'나 '국가주의자' 정도로 나타날 것으로 예상했다. 결과는 나도 깜짝 놀랄 정도였다. 상당한 수준의 자유주의자로 나타난 것이다.

내가 나도 모르는 사이에 그렇게 변화하게 된 것은 앞에서 말한 여러 경험들 때문이었을 것이다. 『자유주의 사상가 12인의 위대한 생각』도 거기에 큰 역할을 했다. 『자유주의 사상가 12인의 위대한 생각』은 내가 만든 책이지만, 나를 변화시킨 책이기도 하다.

이 책이 오래 전에 절판된 것이 아쉽다. 지난 10년간의 변화를 반영하여 책이 다시 나왔으면 좋겠다. 특히 청년·학생들에게 좋은 자유주의 입문서가 될 수 있을 것이다.

깨끗하고 쾌적한 환경은 공짜로 주어지는 것이 아니다

김영신(한국경제연구원 부연구위원)

『회의적 환경주의자』
비외른 롬보르 지음, 에코리브르 발행, 2003

대기오염, 자원고갈, 생물 다양성, 열대림과 습지보전, 이상기후 현상 등 오늘날 환경문제는 우리들에게 직·간접적으로 많은 영향을 미치고 있다. 또한 환경친화기술을 비롯한 R&D 투자 등 친환경 제품과 관련 산업을 강조하는데 주저함이 없다. 사람들의 생활과 관련된 모든 영역에서 환경은 중요하게 인식되고 있다.

『회의적 환경주의자』는 환경위기에 대한 주류 담론에 대한 오류와 과장을 지적하며 긍정적 미래를 전망한 책이다. 저자인 비외른 롬보르는 덴마크 오르후스대학교(University of Aarhus) 통계학과 교수이다. 국제환경보호단체인 그린피스(Greenpeace) 회원이었던 저자가 이 책을 쓰게 된 동기는 미국 메릴랜드 대학교의 줄리안 사이먼(Julian L. Simon) 교수가 인구폭탄, 자원고갈 등 환경위기론의 과장된 위험성을 논리적으로 공박하는 것에 대해 반증하려는 것이었다. 사이먼 교수의 주장은 일부 우익집단을 대변하는 논리에 불과하므로 객관적 통계를 이용하여 그의 주장을 어렵지 않게 반박할 수 있다고 생각했던 것이다.

그러나 연구를 진행하면서 '환경단체와 환경주의자들이 제공하는 환경과 안전에 대한 정보와 주장들이 과장되거나 통계적 증거가 불충분한 것이 상당히 많다.'는 것을 알게 되었다. 이 책에서 저자는 주류 환경주의자들이 지구환경문제에 대해 지나치게 비판적이고 편향적인 정보를 제공함으로써 발생하는 이슈를 객관적 사실에 근거해 접근하고 있다. 책의 1/3 가량을 주석으로 할애할 만큼 관련 통계적 근거를 면밀히 제시했다.

환경에 대한 오해와 진실

역사적으로 환경문제에 관심이 고조되기 시작한 것은 1960년대부터이다. 서구 지식인들은 급속히 증가하는 인구와 자원 고갈로 인해 21세기에 들어서면 환경이 악화되어 인류가 살기 어려운 상황에 직면할 것이라고 주장했다. 급진적인 위기론과 비관론이 지구환경 미래를 암울하게 전망했다. 오늘날 인구규모는 당시 인구보다 2배 이상 증가해 약 70억 명이 되었다. 그런데 21세기가 된 지금 그들의 전망대로라면 우리 주변은 매우 더럽고, 냄새나고 오염된 상태이어야 한다. 자원은 고갈되어 우리의 삶은 매우 궁핍해져 있어야 한다. 그러나 급진적인 환경주의자들이 주장했던 것처럼 오늘날의 환경오염은 그렇게 심화되지 않았고 오히려 자원은 더 풍부해졌다. 실제로 세계의 총인구는 늘어났지만, 오히려 대부분 지역에서 인구밀도는 감소했으며, 자원의 실질가격은 크게 증가하지 않았다. 무엇보다도 환경은 악화되기보다는 개선되는 추세에 있다고 볼 수 있다.

지구온난화, 삼림훼손, 식량 및 자원 부족 등 일반적으로 알려진 환경악화와 자원 고갈 문제가 실제로 발생하지 않고 오히려 개선되고 있음을 저자는 각종 통계자료를 이용하여 증명하고 있다. 석유를 포함한 천연자원은 유한하기 때문에 머지않아 고갈된다는 환경주의자들의 주장과 달리, 과학기술의 발달은 새로운 매장지역의 발견을 가능하게 하고 석유와 같은 화석연료 및 천연자원 사용은 보다 더 효율적이게 되었다. 현재의 에너지 소비수준으로도 최소 수천 년 이상 사용할 화석연료가 있을 뿐 아니라 대체 에너지원을 고려하면 더 오래 사용할 수 있다고 주장한다.

환경주의자들의 주장대로라면 공기와 물의 오염, 그리고 식량부족으로 사람의 기대수명은 감소해야 했다. 아프리카의 에이즈와 같은 난치 질병, 그리고 굶주리는 사람들을 생각하면 환경주의자들의 주장에 동의할 것이다. 그러나 객관적 자료를 보면 오히려 기대수명은 지속적으로 증가했다. 의학기술의 발전도 한 몫 했겠지만 전반적으로 대기오염과 수질오염이 개선되어 그로 인한 질병 요인도 감소되었다는 것이다. 게다가 기아로 죽어가는 사람의 비율은 1970년 35%에서 오늘날 절반 수준으로 감소했고 앞으로도 더욱 감소할 것이라고 저자는 주장한다. 한편 근로시간이 줄고 늘어난 여가시간으로 사람들은 운동이나 취미 등을 즐길 수 있게 되어 삶의 질은 향상되었다고 한다.

그런데 많은 사람들은 이러한 사실을 믿지 못하는 듯하다. 아마 어쩌면 믿지 않으려 하는지도 모른다. 인지 심리적 편향(perseverance bias) 때문일까? 사실 필자 역시 이 책을 접하기 전까지는 환경문제에 대해, 무조건 환경을 아끼고 잘 보존해서 후손에게 물려주어야 한다는 통념적인 생각을 갖고 있었다. 그렇기 때문에 이러한 주장을 쉽사리 믿지 못했었다. 그러나 경제학을 공부한 필자는 기회비용의 관점에서 논리적이고 객관적 증거를 제시하는 저자의 주장에 서서히 동의하게 되었다.

환경과 소득수준

환경에 대한 수요는 경제학적으로 보면 사치재에 속한다고 볼 수 있다. 즉 소득이 일정수준 이상으로 높아지면 환경에 대한 관심과 그에 따른 가치부여도 증가하는 경향이 있다. 다른 지역이 아닌 서구에서 환경운동이 발달한 이유도 이와 무관하지 않다. 우리나라도 절대빈곤에서 벗어나 의식주 문제가 해결되면서 점차 쾌적한 환경에 대한 요구가 증가해 왔다. 일반적으로 사람들은 소득이 높아질수록 더 쾌적하고 더 좋은 환경을 원한다. 부유한 국가일수록 환경의 질이 높다는 것이 그 증거이다. 빈곤한 국가는 대체로 환경 수준도 좋지 못하다.

그런데 많은 사람들은 경제가 성장할수록 환경은 악화된다고 믿는 경향이 있다. 아마도 사람들이 부유해질수록 위험에 대한 인내심이 감소하고, 안전에 대한 기준이 높아지기 때문일 것이다. 과거에 비해 환경오염이 심해진 부분이 있을 수 있겠지만 대체로 환경오염에 대한 측정기술이 발달하여 환경기준이 강화된 이유도 있을 것이다. 독성이나 유해물질이 새롭게 창출되었다기보다는, 이전에 검출되거나 측정되지 않았던 것들이 발견되었기 때문인 것도 주요 원인이다.

미국 경제학자인 그로스만(Gene Grossman)과 크루거(Krueger)는 경제성장의 초기에는 환경이 악화되지만, 소득수준이 향상되면 환경전환기를 거치다가, 일정수준이 지나면 점차 개선된다는 사실을 밝혔다. 아황산가스의 경우 국민소득이 4,043달러, 강물의 생물학적 산소요구량(BOD: Biological Oxygen Demand)은 7,623달러에 이르렀을 때 오염최고치에 도달했다가 소득이 그 이상 넘어가면 떨어지기 시작한다고 한다. 소득수준과 환경오염의 관계가 마치 역U자 곡선 모양을 갖는다는 것이다. 우리나라의 경우에도 과거에는 가정 난방연료로 주로 연탄을 사용했는데 점차 난방용 등유를 거쳐 최근에는 가스 이용이 대중화되었다. 이제는 적어도 연탄사용으로 발생하는 아황산가스에 인한 대기질은 개선되었다고 볼 수 있다. 또한 한강을 포함한 주변 하천도 개선되어 지역주민들의 여가 공간으로 활용되고 있다.

환경에 대한 비합리적 합리성

일반적으로 사람들은 이성보다 감성에 쉽게 반응한다. 또한 긍정적인 것보다 부정적인 것에 대해 더 민감하게 반응하는 경향이 있다. 예를 들어, 의사가 환자에게 A라는 수술을 받으면 90%의 확률로 살 수 있다고 말하는 경우와 A라는 수술을 받으면 10%의 확률로 실패할 수 있다고 말하는 경우, 환자는 다른 선택을 한다는 것이다. 확률적으로 동일한 결과를 예측해 줌에도 불구하고 말이다. 그래서인지 환경에 대한 걱정도 실제 상황보다 더 크게 나타날 수 있다. 그렇기 때문에 환경과 안전에 대한 정보들이 왜곡되거나 증거가 불충분해도 믿게 되는 우를 범하게 되는 것 같다.

저자는 일부 환경단체와 환경주의자들이 편향적인 통계를 선택적으로 사용하여 환경위기감을 고조시켜 대중의 주목(publicity)을 받고자 하는 유인이 있다고 한다. 여기에 일부 언론매체가 환경문제의 심각성을 지나치게 부추겨 과장하기도 한다. 이로 인해 특정 환경운동가나 단체의 인지도가 높아지면 이익단체(interest group)로서의 목소리가 커질 수 있고, 궁극적으로는 정치적 영향력도 발휘할 수 있게 된다. 서구의 녹색당 등은 그러한 배경에서 출현했다. 그래서인지 환경주의자들은 환경이슈 이외의 사회적 혹은 정치적 이슈에 필요 이상으로 지나치게 반응하기도 한다.

안 쓰고 안 먹는 것만으로 환경오염을 억제할 수는 없을 것이다. 만약 그것이 가능하다면 인도나 파키스탄과 같이 빈곤한 국가들은 깨끗한 환경을 유지하고 있어야 한다. 환경의 질을 높이기 위해서는 기존 에너지원을 환경친화적 에너지원으로 교체하고 오염방지시설을 갖추는 등의 투자가 필요하다. 또 그것을 가능하게 할 기술도 있어야 한다. 이런 것들은 결국 소득수준을 높여야만 가능할 것이다. 당장 먹고 살기도 힘든데 환경의 질을 높이는 투자를 할 수 있을까? 인도의 인디라 간디는, "빈곤이 최대의 오염이다(Poverty is the greatest polluter)."라고 했다.

깨끗하고 쾌적한 환경은 누구라도 원할 것이다. 그러한 환경을 누리기 위해선 다른 무엇인가를 포기해야 한다. 목욕도 덜 해야 하고 빨래도 덜 하고 난방도 덜 해야 할 것이다. 그렇다면 어느 정도나 덜 해야 하는 것일까? 어느 정도나 깨끗하게 환경을 유지하는 것이 옳을까? 거기에 절대적인 답은 있을 수 없다. 사회의 구성원들이 어느 정도 깨끗하고 쾌적한 환경을 원하는지, 그리고 그것을 달성하기 위한 비용마련을 어떻게 해야 하는지에 따라 달라질 것이다.

깨끗하고 쾌적한 환경은 공짜로 주어지는 것이 아니다. 우리에게 그럴 권리가 자연적으로 부여된 것도 아니다. 그렇기 때문에 환경이슈에 대해서는 명확한 진단이 필요하다. 『회의적 환경주의자』는 환경과 인류 복지에 대한 절대적 낙관론의 근거가 되지는 않는다. 그러나 적어도 '보호 일변도'의 환경주의론에 의한 위기조장과 선동에 혼동되지 않도록 균형 잡힌 시각을 갖게 할 것이다.

4부

우리는 어떻게 번영을 이루나

경제학은 사물의 이면을 볼 수 있게 하는 학문

박양균(한국중견기업연합회 팀장)

『경제학 1교시』
헨리 해즐릿 지음, 행간 발행, 2006

사람들은 경제학을 매우 골치 아프고 어려운 학문으로 생각하고 있다. 그도 그럴 것이 대학에서 배우는 경제학은 수학 공식을 푸는 것이 주류다. 행렬에서부터 미적분, 라그랑지 함수에서 동태적 최적화, 확률 통계에 이르기까지 대부분 수학문제를 풀고 있다. 수학을 공부하는 것인지 경제학을 공부하는 것인지 도통 알 수 없다. 물론 경제학 이론을 수학 공식을 이용해서 간략하게 표현할 수는 있겠으나 수학 공식이 경제학의 주류를 이루는 것은 주객이 전도된 것이다.

그러나 사실 경제학은 복잡한 수학을 꼭 알아야 배울 수 있는 것이 아니다. 단순히 경제의 기본적인 원리만 이해하면 된다. 헨리 헤즐릿의 『경제학 1교시(Economics in One Lesson)』는 수학을 전혀 모르는 사람도, 심지어 경제를 전혀 모르는 사람도 경제학적 진리를 쉽게 이해할 수 있는 책이다.

『경제학 1교시』는 프레드릭 바스티아(Basitat)의 '보이는 것과 보이지 않는 것(what is seen and what is not seen)'이라는 에세이에서 아이디어를 얻어 눈에 보이는 것만 고려하는 근시안적 사고가 시장에 어떤 해악을 미치는지 쉽게 설명하고 있다.

깨진 창을 예로 들어보자. 유리창이 깨질 경우 주인은 새로운 유리창을 주문해 교체하기 때문에 유리산업에 도움이 된다는 것이 단순히 눈에 보이는 것이다. 그러나 유리창이 깨지지 않았을 경우 주인은 돈을 그가 필요한 다른 곳에 지출할 수 있다. 만약 새로운 양복을 주문했다면, 그는 돈을 낭비하지 않고 필요한 것을 구입할 수 있었다. 그의 주문으로 인해 누군가는 양복을 만들어야 하며, 그 곳에서 부가가치가 만들어져 고용이 창출되었을 것이다. 이것이 바로 눈에 보이지 않는 효과이다.

애석하게도 정책입안자나 전문가들, 심지어 경제학자들조차도 눈앞에 보이는 것만을 생각한다. 특히 현재 우리 사회의 학자나 정치인, 대학생, 전문가, 일반인 등 대부분의 사람들은 단지 눈앞에 보이는 것만 생각한다. 무상급식, 무상의료, 반값 등록금, 기초연금, 근로시간단축, 정년연장 의무화 등 사회 모든 현안에 대해 눈앞에 보이는 것만 생각하며, 여기에 찬성한다. 이러한 정책으로 관련 이해당사자들은 당연히 이익을 얻을 것이다. 이것이 바로 눈에 보이는 효과다.

그러나 눈에 보이지 않는 효과는 무엇일까? 이러한 정책들에는 상당한 재원이 들어간다. 이러한 재원을 마련하기 위해서는 불특정 다수인 국민이 세금을 내야 한다. 세금을 낸 만큼 각 개인이 사용할 수 있는 소득이 줄어들게 되고, 그 만큼 소비가 위축되어 경제 전체에 부정적인 영향을 미치게 될 것이다. 즉 눈에 보이지 않은 것까지 고려할 때, 이러한 정책은 자원을 효율적으로 사용하지 못하게 하여 시장에 상당한 해악을 끼치게 될 것이다.

눈앞에 보이는 단기적인 결과만을 생각하는 케인즈식 사고방식이 실업, 인플레이션, 불황 등 현대 경제문제의 원인이라고 헤즐릿은 지적한다. 즉, 올바른 정책을 입안하고 현대 경제 문제를 해결하기 위해서는 눈에 보이는 것뿐만 아니라 눈에 보이지 않는 것까지도 검토해야 한다는 것이다.

이 책은 교훈, 교훈의 응용, 30년 이후의 교훈 3부분으로 구성되어 있다. 제1장에서는 만연해 있는 경제적 오류를 지적하면서 이를 수정하기 위한 경제학의 교훈을 설명하고 있다. 경제학이 오류를 범하지 않기 위해서는 사익추구와 부차적인 결과(secondary consequences)까지도 고려해야 한다고 주장한다. 나쁜 경제학과 훌륭한 경제학의 차이는 직접적인 결과만을 보느냐 장기적이고 간접적인 결과까지 보느냐에 있다. 경제학은 어떤 행동이나 정책의 단기적인 영향뿐만 아니라 장기적인 영향을 살펴보는 것이며, 또 정책이 특정 그룹뿐만 아니라 모든 그룹들에게 미치는 결과를 추적하는 것이라고 간단명료하게 정의한다.

정부의 작용이 초래하는 문제에 대한 해설서

제2장은 교훈의 응용 편으로 세금, 인플레이션, 관세, 일자리 창출, 특정 산업 살리기, 완전고용, 임대료 규제, 가격규제, 최저임금 등 각종 정부정책을 경제 원리에 입각해 설명하고 있다. 대표적으로 근로시간단축, 특정 산업 살리기, 이윤에 대해 간단히 소개하고자 한다.

먼저 근로시간단축을 보자. 근로시간을 단축할 경우 시간당 임금변화가 없는 근로시간단축과 급여변동이 없는 근로시간단축을 비교하면 명백해진다. 시간당 임금변화 없이 근로시간을 단축한 경우를 보자. 만약 다른 조건이 모두 동일하고 실업이 존재한다면, 근로시간이 단축될 경우 일자리는 늘어날 것이다. 따라서 기존에 실업자인 사람들이 고용되며, 기존에 고용된 근로자의 여가는 증가하고 급여는 감소할 것이다.

반면, 임금변화 없는 근로시간단축의 경우를 보자. 이 경우에 임금변화가 없다는 것은 시간당 임금이 상승을 의미하며 이에 따라 기업의 생산비용이 증가하고 생산 또한 감소할 것이다. 이를 감당하지 못하는 비효율적인 회사들은 도산하게 되어 실업자를 증가시킬 것이며, 감당할 수 있는 회사 또한 생산비용의 증가로 생산이 감소할 것이다. 높은 생산비용과 공급부족은 상품가격을 인상시켜 소비자들의 가처분 소득을 감소시키는 결과를 초래하여 경제에 부정적인 영향을 미칠 것이다.

헤즐릿은 일자리를 늘리는 정부정책은 해야 할 일의 양이 고정되어 있다는 잘못된 가정에 근거하고 있으며, 그 정책 지지자들은 특정한 사람이나 그룹들을 위해 제공할 수 있는 고용만을 생각할 뿐 모든 사람에게 미치는 전체적인 효과나 부수적인 효과를 전혀 고려하지 않는다고 지적한다.

헤즐릿은 특정 산업 살리기에 대해 부정적이다. 특정 산업을 구하자는 정책으로는 과잉상태에 대한 진입을 제한하자는 것과, 정부 보조금을 지원하자는 두 가지가 있다. 먼저 산업이 실제로 과잉상태라면 그 산업에 진입규제는 필요가 없다. 투자자들은 소멸해 가는 산업에 자본을 투자하지 않을 것이기 때문이다. 그러나 만약 과잉상태가 아니라면 이는 자본의 효율성을 떨어뜨릴 것이다.

이제 정부 보조금 지원정책을 보자. 정부 보조금은 단순한 부의 이전으로 특정 산업과 관련 있는 자들은 이익을 얻는 반면 납세자들은 손해를 본다. 그러나 납세자들은 세금을 낸 만큼 실질 소득이 줄어들게 되며, 특정 산업이 확장된 만큼 다른 산업은 위축된다. 결국 더 효율적인 산업에 사용되어야 할 자본이 덜 효율적으로 사용되는 산업으로 전용될 뿐이다.

그러나 새로운 산업이 성장하도록 하기 위해서는 어떤 오래된 산업들이 위축되거나 사멸되는 것을 허용해야 한다. 특정 산업을 살린다며 정부가 지원하는 것은 자원이 덜 효율적인 산업에 이용되게 하며, 보다 더 효율적인 산업으로의 자원 이동을 방해하여 새로운 산업의 육성을 어렵게 한다. 따라서 신산업 육성을 위해서는 기존 산업의 위축이나 사멸을 허용하여 새로운 산업들이 필요로 하는 자본과 노동이 공급될 수 있도록 해야 할 것이다.

마지막으로 이윤의 기능에 대해 살펴보자. 대부분의 사람들은 이윤에 대해 상당히 부정적으로 생각하고 있다. 이윤을 많이 낼 경우 마치 가격을 지나치게 높게 책정해 소비자를 착취하는 것으로 인식하고 있다. 그러나 기업의 이윤은 생산비용을 절감하는 경제성과 효율성으로 발생하며, 최저 생산비를 달성한 회사들은 최대의 이윤을 창출한다. 따라서 이윤이란 어떤 상품을 생산하는 것이 가장 경제적인지를 알려줄 뿐만 아니라 어떻게 생산하는 것이 경제적인 방법인지도 알려준다. 즉, 경쟁자들보다 더 효율적으로 제품을 만들거나 더 좋은 신제품을 만드는 사람의 이윤이 더 커진다. 반면 손실이란 기업이 생산비용을 절감하지 못하고, 기업이 비효율적으로 운영되고 있다는 것을 의미한다.

「국세통계연보」에 의하면, 2012년 현재 우리나라는 총 48만 2,674개의 법인이 있다. 이중에서 32만 1,625개 법인은 이윤을 내고 있는 흑자 기업이고 흑자 기업이며, 16만 0,959개는 손실을 보고 있는 적자 기업이다. 약 16만개의 법인은 생산비용을 절감하지 못하고 비효율적으로 운영되고 있는 기업인 것이다.

"문제는 시장실패가 아니라, 정부실패야"

제3장 '30년 이후의 교훈'에서는 30년 전 정치인이나 정부 관료에게 주었던 교훈들이 아직도 받아들여지지 않고 있음을 애석해하고 있다. 여전히 정부간섭은 더욱 커지고 있으며, 케인즈적 사고방식이 팽배해 있다. 정부는 정책이 초래한 실업 문제를 공공사업으로 해결하려 하고 있고, 가격통제나 임금통제 등 정부간섭을 통해 모든 문제를 해결하려 하고 있다.

저자는 "오늘날 우리 사회가 직면하고 있는 중요한 문제는 경제적인 것이 아니고 정치적인 것"이라며 현대 사회에 만연한 반자본주의 정서를 개탄하고 있다. 특히 우리 사회는 어떤 사건·사고가 발생할 때마다 "도대체 정부는 무엇을 했느냐?"며 아우성이다. 정부가 사건·사고도 막아야 하고, 국민의 노후도 보장해야 하며, 심지어 소득재분배 등 여러 가지 경제적인 행위에도 간섭해야 한다고 주장한다.

또한 이익을 얻는 이익집단들은 여러 가지 미사여구를 동원해 정치인과 정부를 설득하고 여론을 형성해 합리화시킨다. 그들은 자신들의 이익과 직결되어 있기 때문에 적극적으로 나선다. 그러나 불특정 다수의 국민은 자신의 일이 아니라고 생각하며 말이 없다. 정치인들은 이런 현상을 교묘히 이용하여 입법을 통해 수없이 경제를 간섭하는 법률들을 양산한다. 이러한 것들의 대부분은 눈앞에 보이는 것만 보는 단기적인 처방에 불과하다.

헤즐릿은 "실제적으로 부와 소득을 재분배하려는 정부의 모든 시도는 생산유인들을 억제하여 총체적인 빈곤을 가져오는 경향이 있다."며, "폭력과 사기를 금지하는 법체계를 만들고 집행하는 것이 정부가 적합한 분야"이고 "정부의 경제적 기능은 자유시장을 장려하고 보존"하는 것이지 "시장에 간섭하는 것이 아니다."라고 경고한다.

이 경고는 이 책의 초판이 출판된 지 69년이 지난 오늘날에도 되새겨 봐야 할 부분이다. 특히 젊은이들은 반드시 이 책을 읽어 봐야 한다. 젊은이들은 보이는 것과 보이지 않는 것까지 꼼꼼히 검토할 수 있도록 사고의 폭을 넓혀 우리 사회의 미래를 이끌어나가야 하기 때문이다.

인간사회의 질서와 번영에 대한 최고의 성찰

이영훈(서울대학교 경제학부 교수)

『지금 애덤 스미스를 다시 읽는다』
도메 다쿠오 지음, 동아시아 발행, 2010

인간사회의 질서와 번영을 이끄는 원리는 무엇인가? 애덤 스미스(1723~1790)가 남긴 불후의 고전 『도덕감정론』과 『국부론』은 이 같은 의문에서 쓰인 것이다. 그가 찾은 해답은 무엇일까? 많은 사람들은 스미스의 '보이지 않은 손(invisible hand)'을 떠 올릴 것이다. 인간은 이기적인 동물이며, 모든 인간이 각자의 이익을 추구하더라도 '보이지 않은 손'과 같은 이치의 신이 있어서 인간사회의 질서와 번영은 저절로 달성된다는 것이다. 그리하여 많은 사람들은 스미스가 인간의 이기심을 윤리적으로 정당화했다고 알고 있다. 나아가 많은 사람들은 스미스가 약육강식의 시장경제를 옹호했다고 비난하고 있다. 이같은 스미스 이해와 비판은 한마디로 말해 지독한 오해와 편견에 불과하다.

보통 사람이 스미스의 두 책을 직접 읽고 이해하기는 힘들다. 마음을 내어 억지로 한 번 읽을 수는 있지만, 온전히 이해할 수는 없다. 스미스가 『도덕감정론』을 쓴 것은 1759년이다. 『국부론』은 1776년이다. 이후 1790년 죽기까지 스미스는 두 책을 각각 5차례나 고쳤다. 인간사회의 질서와 번영을 이끄는 기본 원리를 찾아 스미스는 평생 인간과 사회를 관찰하고, 분석하고, 그의 생각을 고치고 고쳤다. 스미스는 위의 두 책 이외에 '법과 통치의 일반원리'에 관한 책의 출간을 준비했는데, 죽기 전 그 원고를 모두 불태워버렸다. 논리가 불완전하다는 이유에서였다. 다시 말해 스미스는 『도덕감정론』과 『국부론』에서 완벽을 추구하였다. 그래서 평생 고치고 고쳤다. 그런 책을 후세의 사람이, 더욱이 관련 전공도 아닌 사람이, 한두 번 읽어 온전하게 이해하기는 어렵다.

일본 오사카대학 경제학과의 도메 다쿠오(堂目卓生) 교수가 그의 세미나에서 스미스의 『도덕감정론』을 읽기 시작한 것은 2003년부터이다. 이후 5년간 그는 대학원생들과 함께 스미스의 두 책을 읽고 또 읽었다. 나아가 도메는 그가 이해한 스미스의 생각을 뇌과학자, 사회심리학자, 행동경제학자들에게 소개하였으며, 그들과 함께 스미스를 토론하였다. 도메는 18세기 스미스의 생각이 21세기 오늘날에도 충분한 과학적 근거를 가짐에 경탄하였다. 그렇게 스미스에 몰입한 5년간의 성과가 2008년 『アダム・スミス -『道德感情論』と『國富論』の世界-』(中央公論新社)라는 문고본으로 출판되었

다. 이 책으로 도메는 2008년도 산토리학예상(정치·경제부문)을 받는 영광을 누렸다. 그것을 2010년 우경봉이 『지금 애덤 스미스를 다시 읽는다: '도덕감정론'과 '국부론'의 세계』라는 제목으로 번역하였다. 단언컨대 이 책은 스미스의 철학과 경제학의 정수를 보통 사람들이 이해하기 쉽게 요약하고 소개한 세계 최고 수준의 책이다.

운명론적 세계관의 한계

"인간사회의 질서와 번영을 이끄는 원리는 무엇인가?"라는 물음은 특정 시대가 되어서야 제기될 수 있는 역사적인 물음이었다. 중세인들은 그러한 의문을 갖지 않았다. 유럽의 중세는 종교가 지배하는 시대였다. 인간사회의 질서는 우주만물을 창조한 신의 섭리의 일환이었다. 사회의 질서는 신의 대리인인 교회와 그의 법에 의해 규율되었다. 사회가 번영한다는 생각은 없었다. 사회와 자연은 신의 섭리 가운데 일체로 인식되었다. 사회는 타락한 인간들이 잠시 머무는 곳에 불과하였다.

이러한 자연관과 사회관은 중국을 중심으로 한 동아시아에서도 마찬가지였다. 10세기 이후 동아시아를 지배한 도덕철학은 성리학이다. 성리학의 세계에서 자연과 사회의 삼라만상은 어떤 근본적인 도덕원리에 의해 창조되었다. 삼라만상의 본성에는 그 근본적 도덕원리가 각기 그에 상응하는 분수로 깃들어 있다. 그래서 인간사회는 그 조화가 저절로 달성되는 자기충족적인 질서이다. 예컨대 인간은 부모에 효도하고, 임금에 충성하고, 어른에 공경하고, 남편에 순종하고, 친구와 신의를 지키는 본성을 지닌다. 주자는 이를 가리켜 5륜이라 하였다. 15~19세기 조선왕조는 노비와 주인 사이에 타넘을 수 없는 분수가 있다는 또 하나의 윤리를 만들어 냈다. 조선왕조는 5륜이 아니라 6륜에 의해 지배되었다. 이 6륜에 충실하면 사회는 저절로 조화를 이루며, 나아가 자연도 감읍하여 풍년이 든다고 하였다.

내 안의 정의로운 감시자, 공평한 관찰자

이러한 중세적 도덕철학이 서유럽에서는 16~17세기의 과학혁명을 맞아 해체되었다. 자연과 사회를 통할한 신의 세계는 부정되었다. 자연의 법칙과 구분되는 사회 질서의 원리는 무엇인가? 이렇게 제기된 새로운 물음에 대해 서유럽의 계몽주의 철학자들이 모색한 해답은 다양하였다. 상당수의 철학자들은 인간의 본성에 질서를 향하는 어떤 도덕원리가 있다고 간주하였다. 인간은 여전히 신의 피조물이었다. 물론 그 신은 중세의 신과 달리 훨씬 이치로 순화된 존재로 바뀌어 있었다(理神論). 예컨대 로크는 "인간은 신을 닮은 신의 피조물로서 자유를 본성으로 한다."고 하였다. 그 인간들이 자유를 지키기 위해 사회계약을 체결하여 국가와 법을 만들어

냈다는 것이 로크의 생각이다. 그런데 이런 인간과 사회의 이해는 엄밀히 말해 종교적 선언이지 과학적 분석은 아니다. 종교적 선언이긴 하지만, 그것이 인간사회를 진보로 이끄는 힘을 발휘하기 때문에 많은 사람들이 그것을 유용한 것으로 지지하고 있을 뿐이다.

스미스가 그의 『도덕감정론』에서 추구한 인간과 사회의 이해는 이와 달랐다. 그는 인간의 감정들, 곧 어떤 외부로부터의 자극에 반응하는 제반 심리활동에 대한 경험적 분석을 추구하였다. 스미스를 이끈 대전제는 인간은 타인에 대해 관심을 갖는다는 사실이다. 어떤 사람이 소리 내어 웃으며 즐거워할 때, 왜 그런지 관심을 갖는다. 그 결과 즐거워할만한 이유가 있다고 동감을 하면 그 사람 역시 즐거워진다. 어떤 사람이 소리 내어 울며 슬퍼할 때, 왜 그런지 관심을 갖고, 그럴만한 사연이라고 동감을 하면 그 사람 역시 즐거워진다. 이렇게 어떤 사람의 행위와 감정 표현을 보고, 그것이 타당한 것이지 판단하고, 그 결과 함께 기뻐하고 슬퍼하는 인간의 행위를 가리켜 스미스는 동감(sympathy)이라 하였다. 동감의 능력을 갖는 인간은 거꾸로 자신의 행동과 감정이 다른 사람에 의해 어떻게 판단되는지에 대해 관심을 갖는다. 타인이 동감을 표하면 기쁘고, 그렇지 않으면 불쾌하다. 인간은 기쁨을 추구하기 때문에 자신의 행동이 타인의 동감을 받도록 노력한다.

이러한 동감 행위가 무한 반복되는 과정에서 인간은 어느덧 어떤 행동이 사회의 동감을 받고, 곧 칭찬의 대상이 되고, 어떤 행동이 불쾌와 비난의 대상이 되는지를 알게 된다. 그리하여 그의 마음에는 자신과 타인의 행동을 판단하는 또 하나의 자신이 들어선다. 이를 가리켜 스미스는 '공평한 관찰자'라 하였다. 한 인간에게 있어서 또 하나의 나인 '공평한 관찰자'는 나이를 먹으면서 성장한다. 또한 '공평한 관찰자'는 다른 사람과의 교제를 통해 성숙하는 사회적 존재이다. 나아가 '공평한 관찰자'는 어느 사회가 대를 물려 이어받은 도덕 감정의 체계로서 곧 역사적으로 진화해 온 존재이다. 인격적으로 성숙한 사람은 이 '공평한 관찰자'의 판단과 지시에 따른다. 그러면 마음의 평화와 즐거움이 뒤따른다. 여기서 스미스가 인간의 이기심과 그 방종을 용인했다는 속설이 스미스의 실제 생각과 얼마나 동떨어진 것인가를 확인할 수 있다.

스미스는 어느 사회의 질서를 규율하는 정의와 법은 그 사회가 공유하는 '공평한 관찰자'에 의해 제정된 것으로 간주하였다. 법의 기초에는 어느 사람이 다른 사람에 손해와 고통을 입혀서는 안 되며, 손해와 고통을 입혔을 때는 마땅한 배상과 처벌이 이루어져야 한다는 '공평한 관찰자'의 분노가 자리 잡고 있다. 이처럼 스미스는 인간사회의 질서는 인간들의 동감 능력에서 자연발생적으로 생겨나고 진화해 온 것으로 간주하였다. 그 점에서 스미스의 도덕철학은 법을 선험적인 사회계약의 소산으로 간주하는 프랑스의 계몽주의와 달랐다. 스미스의 도덕철학은 경험주의적이며 진화주의적이다. 19세기 다윈의 생물학적 진화론은 실은 스미스를 위시한 18세기 스코틀랜드 계몽주의에 기원을 둔다고 지적되고 있다. 독자들은 도메의 책을 정독하는 과정에서 자기 자신의 어릴 적부터의 심리활동이, 그 발전의 궤적이, 한꺼풀씩 벗겨져 나감을 느낄 것이다.

사회의 번영은 인간 본성에 따른 결과물

그러면 사회는 어떻게 번영하는가. 그 이유는 간단하다. 부는 인간을 기쁘게 하고, 빈곤은 인간을 슬프게 하기 때문이다. 이 사실을 어찌 부정할 수 있겠는가. 부가 인간을 행복하게 만드는 것은 그에 대한 인간들의 칭찬과 선망 때문이다. 가난은 가난 자체가 아니라 그에 대한 사회적 멸시가 인간을 비참하게 만든다. 사회적 멸시는 아무리 현명한 사람도 감당할 수 없는 고통이다. 바로 이런 것들이 앞서 설명한 사회적 동감의 작용이다. 그런데 인간은 어리석은 존재이다. 인간은 더 많은 부와 더 높은 지위가 자기를 더 행복하게 만들 수 있으리라는 환상을 갖는다. 실제로는 전혀 그렇지 않다. 현명한 사람은 그것을 안다. 현명한 사람은 필요 이상의 부나 지위를 추구하지 않는다. 그 대신 마음의 평정과 기쁨을 추구한다. 그것이야말로 진정한 행복이다. 그렇지만 대부분의 어리석은 사람들은 보다 행복해지기 위해, 보다 큰 칭송을 받기 위해, 필요 이상의 부와 지위를 추구한다. 부와 지위는 제한되어 있기 때문에 불가피하게 인간들은 경쟁할 수밖에 없다. 그리하여 더 열심히 일하고, 절약하고, 개간하고, 건설하고, 창조하는 것이다. 인간 사회가 번영하는 것은 바로 그 때문이다. 더 많은 부가 더 큰 행복을 안겨 주리라고 믿는 인간의 어리석음으로 인해, 스미스의 표현을 빌리면 '천성에 의한 기만'에 떠밀려, 사회는 번영하는 것이다.

사회의 번영에 따라 부와 지위를 독점하는 큰 부자가 생겨난다. 그렇지만 부자의 위장은 그의 욕망만큼 무한대하지 않다. 그는 거두어들인 밀을 그의 사치적 소비를 위해 하인, 마부, 정원사, 빵가게, 대장간, 푸줏간, 구둣방, 옷가게에 나누어주지 않을 수 없다. 결국 부자의 이기심과 탐욕으로 증대한 소득은 모든 사람의 행복으로 골고루 배분된다. 『도덕감정론』의 이 대목에서 스미스는 '보이지 않은 손'이란 구절을 단 한 차례 사용하고 있다. 『국부론』에서도 '보이지 않은 손'이 한 차례 언급되는데, 같은 문맥에서이다.

그런데 인간사회를 번영으로 이끄는 보다 큰 부를 위한 경쟁은 어디까지나 '공평한 관찰자'가 정한 정의의 규칙에 따르지 않으면 안 된다. 그렇지 않으면 사회는 소란, 동요, 강탈의 혼란에 빠지게 된다. 이러한 혼란은 궁정 정치가를 비롯한 상류계층에 의해 자행된다. 그들은 아첨, 거짓말, 음모, 뇌물, 암살 등의 부정한 수법으로 특권과 독점을 추구한다. 반면에 중류와 하류 계층의 삶은 평생에 걸친 노동, 신중, 공정, 절제, 저축의 미덕으로 가득 차 있다. 그들이야말로 18세기 영국사회를 질서와 번영으로 이끄는 자연법의 주체들이다. 이러한 시각에서 스미스는 영국의 부패한 상류계층을 맹렬하게 비판하였다.

부의 원천은 분업과 시장

스미스의 『국부론』은 이와 같은 『도덕감정론』을 토대로 부의 생산, 자본의 축적, 그리고 정부에 의한 과세의 원리, 곧 인간들의 경제생활을 지배하는 또 하나의 자연법을 추구한 것이다. 스미스는 부의 원천은 분업과 시장에 있다고 보았다. 영국의 하류 계층은 미개사회의 추장보다 부유하다. 오로지 분업과 시장의 덕분이다. 분업과 시장은 인간의 본성으로서 교환성향에 기초해 있다. 교환의 기초는 타인의 동감이다. 인간은 자기가 만든 물건이 얼마나 상대방에 이로운지를 설득함으로써 교환을 성공시킨다. 여기서 스미스의 그 유명한 말이 이어진다. "우리가 매일 식사를 마련할 수 있는 것은 푸줏간과 빵집 주인의 자비심 때문이 아니라 그들 자신의 이익을 위한 고려 때문이다. 우리는 그들의 자비심이 아니라 그들의 자애심(自愛心)에 호소하며, 그들에게 우리 자신의 필요를 말하지 않고 그들 자신에게 유리함을 말하는 것이다." 이렇게 시장이라는 것은 동감, 설득, 교환성향, 그리고 자애심이란 인간 본성에 근거해서 이루어지는 호혜적 행위를 말한다.

여기서 다시 한 번 스미스는 사회의 '공평한 관찰자'가 제정한 정의의 규칙에 입각한 공정거래의 중요성을 강조한다. 거래의 질서가 공정하여 제품의 질을 높이고 좋은 평판을 얻으면 정당한 보수가 따른다는 전망이 설 때 비로소 분업이 촉진되고 시장이 활성화한다. 그렇지만 영국의 상류계층은 각종 특권과 독점으로 부당한 이윤을 추구하고 있다. 이는 분업과 시장의 발전을 저해하며, 결국 영국경제의 발전을 억누를 것이다. 이러한 시각에서 스미스는 당시 영국의 가장 큰 골칫거리였던 아메리카 식민지도 과감하게 포기할 것을 주문하였다. 그것은 영국경제의 발전을 이끄는 자연법에 어긋나는 일이다. 군사력을 동원해서 아메리카를 억지로 식민지로 잡아두지 않더라도, 영국은 자유무역을 통해 아메리카로부터 구하고자 하는 식량과 자원을 풍족하게 확보할 수 있다. 영국 정부가 스미스의 이같은 주장에 따라 아메리카의 독립을 인정한 것은 아니다. 어쨌든 영국경제는 식민지의 독립을 허용한 후 19세기에 걸쳐 더욱 번성하였다. 스미스가 이런 반제국주의 주장을 이미 18세기에 그의 조국을 향해 했다는 사실은 얼마나 놀라운 일인가!

앞서 지적한대로 19세기까지 한국을 포함한 동아시아는 근대 서유럽과는 상이한 문명을 영위하였다. 그 전통 문명이 19세기 후반 서유럽 제국주의의 충격을 맞아 해체되었다. 이후 20~21세기 동아시아의 역사와 현실은 전통 문명을 자기류(自己流)로 재건, 재편하는 과정이라고 할 수 있다. 인간사회의 질서와 번영을 이끄는 기본 원리는 무엇인가? 18세기 영국의 스미스가 부딪혔던 이 같은 물음에 한국사회는 아직도 서툴기만 하다. 돌이켜 생각해보라. 그런 질문을 받고 대답을 모색해 본 적이 있는지. 한국사회가 자기 몸에 맞는 질서와 번영의 원리를 모색하는 작업은 전통을 부활시키는 것만은 아닐 터이다. 서유럽 기원의 근대문명과 조화로운 융합이 필요하다. 그래서 새삼 스미스의 두 고전을 읽으라고, 그것의 정수를 훌륭하게 집약한 도메의 『지금 다시 애덤 스미스를 읽는다』를 정독하라고 권하는 것이다.

시장 가치 창출의 주인공, 경쟁과 기업가정신

정기화(전남대학교 경제학부 교수)

『경쟁과 기업가정신』
이스라엘 M. 커즈너 지음, 자유기업센터 발행, 1997

커즈너의『경쟁과 기업가정신』

커즈너의『경쟁과 기업가정신』(1973)은 경제학에서 소홀히 다루어지고 있던 경쟁과 기업가를 원래의 위치로 회복시킨 책이다. 경제학에서 기업가는 가격의 기능을 설명하기 위한 조연배우에 불과했다. 가격이 무대의 주인공이며 기업가는 가격에 기계적으로 반응하는 존재에 지나지 않는다. 그리고 경쟁은 가격의 영광을 드러내기 위한 무대장치로 쓰인다. 하지만 커즈너는 이 책에서 기업가와 경쟁이 무대의 주인공이라고 설명한다. 그리고 주인공들의 눈부신 활약으로 가격이 제 역할을 한다는 점을 지적한다. 기업가적 발견과 경쟁이 가격을 비롯한 시장과정을 작동하게 하는 원동력이라는 것이다. 커즈너는 오스트리아학파 경제학자, 특히 미제스와 하이에크의 이론을 계승하여 이를 보다 세련되고 체계적으로 제시하고 있다.

가격: 주류경제학 균형 분석의 한계

경제학, 특히 미시경제학은 시장에서 수행되는 가격의 기능을 잘 설명한다. 시장이 확대되던 시절 시장경제의 무질서나 무계획성에 대한 우려가 적지 않았다. 생산과 소비를 지시하는 사람이 없어서 소비자가 원하는 상품이 제대로 생산되지 못하고 어떤 것은 부족하고 다른 것은 남아도는 무질서한 결과가 초래될 수 있다는 것이다. 경제학은 수요와 공급, 그리고 가격의 조정기능을 통해 소비자가 원하는 상품이 시장경제에서 어떻게 생산되는지 잘 보여준다. 소비자들이 원하는 상품에 대한 정보는 시장수요로 드러난다. 이러한 정보는 가격을 통해 기업에 전달되어 생산이 이루어진다. 그리고 물자의 부족이나 잉여가 발생하면 가격이 조정 기능을 발휘하여 이를 해소한다. 그래서 생산을 통제하는 사람이 없어도 시장경제는 소비자가 원하는 상품을 원활하게 공급한다.

그런데 대부분의 경제이론은 가격의 기능을 설명하면서 균형분석을 이용한다. 균형이란 모든 시장참여자의 의도가 실현된 상태를 말한다. 그래서 외부적 충격이 없다면 모든 시장참여자의 행동은 변하지 않는다. 이러한 균형분석은 가격의 기능을 설명하는데 나름 유용하다. 예를 들어 가격규제가 시행된다고 하자. 그럼 먼저 균형을 전제한다. 그리고 가격규제가 시행되면 경제에 어떻게 불균형이 초래되고 이것이 어떻게 해소되는지 살핀다. 이렇게 하면 균형의 변화를 순전히 가격규제로 초래된 결과로 해석할 수 있다.

하지만 균형분석은 가격의 기능을 설명하는 과정에서 경쟁이나 기업가의 역할을 현실과 동떨어지게 설정한다. 균형분석에서 등장하는 기업가나 경쟁은 균형을 구하기 위한 조연배우나 장치에 불과하며 현실적인 기업가나 경쟁행위와는 무관하다. 기업가는 가격이나 기술수준, 자원 등이 주어져 있을 때 이윤을 극대화하는 가격과 생산량을 결정한다. 그런데 이러한 결정은 기업가가 아니라 컴퓨터도 할 수 있다. 주어진 조건에서 간단한 수식을 풀면 되기 때문이다. 그래서 균형분석에서 기업가의 활동은 사실상 존재하지 않는다. 이것은 경쟁도 마찬가지다. 경쟁은 말 그대로 다른 사람보다 앞서려는 행위를 뜻한다. 하지만 균형모형에서 경쟁은 시장참여자가 많아 가격에 영향을 줄 수 없는 상태를 뜻할 뿐이다. 이러한 장치를 통해 균형은 쉽게 구해지지만 경쟁은 현실적 의미를 상실하고 균형을 구하는 조건으로 전락하게 된 것이다.

문제는 이러한 개념이 경제정책, 특히 기업정책이나 경쟁정책에 사용되어 현실을 왜곡한다는 점이다. 현실에서 소비자는 좀 더 나은 상품을 찾아 백화점을 돌아다닌다. 이를 통해 소비자가 이익을 볼 수 있다면 균형분석은 경쟁이 부족한 상태라고 진단한다. 경쟁이 치열하다면 동일한 품질의 상품가격은 같아야 하기 때문이다. 그리고 소수의 기업이 치열하게 경쟁을 하고 있어도 균형분석은 기업의 수가 적어 경쟁이 부족하다고 여긴다. 오히려 시장참여자의 경쟁행위가 전혀 존재하지 않는 완전경쟁시장이 가장 경쟁적이라고 여긴다. 나아가 더 큰 문제는 정부가 기업가의 역할을 대신할 수 있다고 여긴다는 점이다. 균형분석에서 컴퓨터는 기업가의 역할을 대신할 수 있다. 그렇다면 정부가 기업가의 역할을 대신하지 못할 이유가 없는 것이다. 이것은 경제학에서 경쟁과 기업가의 역할이 사라지고 가격이 그 자리를 대신하면서 빚어진 결과라고 할 수 있다.

오스트리안 경제학: 시장의 진짜 주인공, 경쟁과 기업가정신을 재조명 하다

경제학에서 사라졌던 경쟁과 기업가의 역할은 오스트리아학파 경제학을 통해 새롭게 등장한다. 오스트리아학파 경제학은 시장은 기본적으로 불균형상태라고 여긴다. 그리고 시장과정을 통해 가격이 균형을 향하여 움직인다고 여긴다. 이러한 시장과정의 원동력이 기업가와 경쟁이라고 지적한다. 대부분의 사람들은 현재의 가격이 불균형상태에 있는지도 인식하지 못한다. 하지만 기업가는 이러한 상태를 적극적으로 활용하는 투기자다. 가격이 어떻게 변할지 예측을 잘하면 이윤을 얻을 수 있기 때문이다. 이러한 기업가의 투기적 행동에 의해 수요와 공급이 변하고 가격이 균형을 향하여 움직이게 되는 것이다. 그리고 기업가의 투기적 행위는 기본적으로 경쟁적이다. 남보다 앞서 움직여야 이윤을 얻을 수 있기 때문이다. 시장이 균형이면 경쟁행위는 어떤 역할도 할 수 없다. 변화가 정지되어 있어서 상대방보다 앞서고자 하는 행동 자체가 의미가 없기 때문이다.

커즈너에 의하면 시장과정은 시장을 균형으로 향하게 만드는데 이 과정에서 기업가적 발견과 경쟁이 중요한 역할을 한다. 커즈너는 어떤 상품이 두 지역에서 다른 가격에 팔리고 있는 간단한 사례를 든다. 균형분석에서는 이러한 상황이 발생하지 않는다. 가격정보가 알려지면 싼 지역의 수요는 증가하고 비싼 지역의 수요는 감소한다. 그래서 두 지역의 가격이 즉각적으로 같아진다. 하지만 커즈너에 의하면 현실세계에서는 이러한 일은 거의 없다. 소비자는 싸게 살 기회가 있어도 이러한 기회를 알아차리지 못하고 생산자는 비싼 가격에 팔 수 있는 기회가 있어도 이를 알지 못한다. 이것은 인간 지식의 한계에서 발생하는 것으로 자신이 무지하다는 사실조차 인식하지 못하는 상태인 것이다. 자신이 무엇을 모르는지 알 수 없어서 탐색을 하더라도 이를 알 수 없다. 그 점은 정보경제학에서 흔히 말하는 합리적 무지와는 다르다. 합리적 무지는 알 수는 있지만 탐색비용이 커서 아는 것을 포기하는 것이다. 지식의 한계에서 발생한 불균형 상태에서는 시장과정이 작동하지 않고 가격의 조정기능도 아예 나타날 수 없다.

이런 상태에서 기업가는 시장과정을 작동시켜 가격으로 하여금 조정기능을 발휘하도록 만드는 주인공이다. 두 지역의 가격이 다를 때 이러한 기회를 발견하면 이윤을 얻게 된다. 이러한 기회를 엿보는 사람이 기업가다. 즉 기업가는 이윤기회의 발견자인 것이다. 그런데 기업가는 이를 어떻게 알아챘을까? 체계적인 탐색으로도 이러한 기회를 알 수 없는 게 인간 지식의 한계라고 하였는데 말이다. 우연히 발견한 것인가? 커즈너에 따르면 이윤기회의 발견은 탐색의 결과도 아니며 우연한 결과도 아니다. 그것은 기업가의 '기민함'에서 비롯된 것이다. 기업가는 뛰어난 후각을 발휘하여 이윤기회를 찾아낸다. 그래서 기업가는 이윤기회를 발견하여 이윤을 얻게 되면 놀라움과 성취감을 느끼게 된다.

기업가는 기민함을 발휘하여 두 지역의 가격이 다르다는 것을 발견한다. 그리고 다른 사람보다 재빨리 움직여 싼 지역에서 사다가 비싼 지역에 팔게 된다. 그런 점에서 기업가의 활동은 기본적으로 경쟁적이다. 이러한 경쟁은 시장참여자의 수와는 무관하며 이윤발견의 기회가 모두에게 개방되어 있느냐에 달려 있다. 시장참여 기회가 개방되어 있으면 버려진 이윤기회를 발견하려는 경쟁은 항상 존재하는 것이다. 다른 사람보다 앞서야 이윤을 실현할 수 있기 때문이다. 시간이 지나면서 기업가적 발견은 다른 사람에게도 알려진다. 그래서 다른 사람이 깨닫지 못하였던 지식이 전파된다. 결국 시장과정이 작동하면서 싼 지역의 가격은 상승하고 비싼 지역의 가격은 하락하여 두 지역의 가격이 같아지는 경향을 보이게 된다. 이처럼 시장의 가격조정기능은 저절로 주어진 것이 아니라 기업가정신의 산물인 것이다.

기업 규제 정책의 오류와 커즈너 이론의 현실 적용

커즈너가 강조한 '경쟁과 기업가적 발견'이라는 개념은 반독점 정책이나 경제적 정의 등을 새로운 시각에서 조명한다. 대부분의 국가에서 반독점정책은 균형분석에서 사용하는 경쟁의 개념을 채택하고 있다. 이러한 경쟁은 현실의 경쟁행위를 뜻하는 것이 아니라 시장참여자가 다수라는 상태를 의미할 뿐이다. 그래서 시장점유율에 기초한 반독점정책은 오히려 경쟁행위를 제한할 수 있다. 산업에 한 기업만 있다고 기업의 활동을 규제하면 오히려 이윤발견의 기회가 줄어든다. 이로 인해 다른 기업보다 앞서려는 경쟁행위가 줄어들고 만다. 산업에 한 기업만 있다는 것은 이윤기회를 엿보는 다른 기업이 뛰어들지 않고 있기 때문이다. 이것은 그 산업에 더 이상의 이윤 기회가 존재하지 않는다는 것을 의미할 뿐이다. 그래서 반독점정책은 진입의 자유를 확대하고 기업가정신이 발휘될 수 있는 환경을 조성하는 방향으로 나아가야 한다고 제안한다.

그리고 지금까지 경제적 정의에 대한 논의는 대부분 주어진 파이를 어떻게 나눌 것인가에 대한 질문에서 시작하고 있다. 생산과정에 참여한 여러 자원의 소유자에게 파이를 어떻게 나누는 것이 정의롭냐는 것이다. 나아가 생산의 기여에 따라 파이를 나누는 것이 정의롭더라도 생산에 참여한 자원을 정당하게 소유하였느냐를 문제 삼기도 한다. 그러나 커즈너에 따르면 이윤은 기업가적 발견을 통해서 새롭게 창조된 가치다. 기존의 파이를 가져가는 것이 아니다. 기업가적 이윤은 자본이나 노동을 소유한 사람의 몫을 빼앗아가는 것이 아닌 것이다. 그리고 기업가적 발견은 자원의 소유여부와 무관하다. 자원이 없더라도 이윤기회를 발견할 수 있기 때문이다. 자본을 많이 소유하고 있어서 이윤을 얻는 것이 아니므로 자본이 어떻게 축적되었느냐는 전혀 고려의 대상이 아니다. 또한 이윤기회는 우연히 발견된 것도 아니다. 우연히 발견되었다면 발견자에게 대가를 지불하지 않아도 발견의 인센티브는 줄지 않는다. 하지만 이윤은 기업가의 '기민함'에서 초래된 것이다. 그런 점에서 이윤이 기업가에게 돌아가는 것은 당연한 것이고 도덕적으로 정당한 것이다.

커즈너의 『경쟁과 기업가정신』은 오늘날 한국경제에 많은 것을 시사한다. 일부 지식인은 기업과 기업가는 다르다고 주장한다. 그래서 기업가가 바뀌더라도 기업은 유지될 것이라고 여긴다. 그러나 기업은 기업가와 분리될 수 없다. 기업가가 빠진 기업은 생산설비의 단순 집합체에 불과하다. 여기에 생명력을 불어넣어 새로운 가치를 창출하는 것이 기업가인 것이다.

우리의 경쟁정책은 균형분석에서 사용되었던 경쟁개념에 따라 시행되고 있다. 이러한 경쟁개념은 현실적인 기업가의 활동이나 경쟁행위를 설명할 수 없음에도 현실정책에 적용되고 있다. 그 결과 오히려 경쟁행위를 제한하여 새로운 가치창출의 기회를 막고 있다. 커즈너의 『경쟁과 기업가정신』이 이러한 해악을 줄이는 해독제로 읽혀지기를 기대한다.

경제적 번영을 말하다

곽은경(자유경제원 시장경제실장)

『7천만의 시장경제 이야기』
마이클 워커 지음, 자유기업원 발행, 2004

정치가 시장에 개입하지 않는 것이 경제적 번영의 요건

『7천만의 시장경제 이야기』는 경제학에 문외한이었던 필자를 경제학의 길로 초대한 책이다. 사회과학을 전공한 터라 경제의 기본 개념도 잘 모른 채 자유기업원 홍보팀에 입사했다. 맡은 업무가 보고서를 읽고 보도자료를 쓰거나, 논평을 쓰는 일이었는데 용어도 생소하고 딱딱하기까지 한 내용을 글로 소화하는 일은 쉽지 않았다. 대학시절 경제학에 대한 거부감 때문에 그 흔한 경제학원론 수업 하나 듣지 않고 졸업했던 것을 후회할 정도였다.

그러던 차 『7천만의 시장경제 이야기』를 접하게 되었다. 결론적으로 이 책을 읽고 자유기업원에서 말하는 시장경제가 무엇인지 명쾌하게 이해할 수 있게 되었다. 복잡한 수식과 그래프 없이도 시장경제 원리를 이토록 간단하고 쉽게 설명할 수 있다니 높은 벽과 같던 경제학에 작은 문이 열린 느낌이었다. 『7천만의 시장경제 이야기』 덕분에 지금까지도 시장경제를 공부하고 연구하는 것을 업으로 삼고 있으니 이 책은 사회초년생이던 필자의 진로를 결정해 준 책이나 다름없다.

『7천만의 시장경제 이야기』는 189페이지에 불과한 분량이지만 쉬운 용어로 예시까지 곁들여가며 설명해주기 때문에 경제학 전공자가 아니더라도 쉽게 읽을 수 있다. 특히 경제학 도서를 꺼내 들었다가 지루해서 서문만 읽고 포기했던 분들도 거뜬히 일독하게 되는 책이라고 자신 있게 권할 수 있다.

단숨에 경제원리를 이해할 수 있는 책

자유경제원이 이 책을 출판하게 된 이유는 대학 신입생에게 적합한 강의 교재가 필요해서였다. 2003년부터 전국 각 대학에 학점강좌를 개설·운영해 매년 50~60여개의 대학 5,000여 명의 학생들에게 시장경제를 이해시키는 사업을 시작하는데, 시장경제를 처음 접하는 학생들에게 마땅한 교재가 없었다. 그러던 중 이 책의 편

저자인 캐나다 프레이저 연구소의 마이클 워커 소장이 『경제학과 번영에 대해 모두가 알아야 할 것(What Everyone Should Know about Economics and Prosperity)』이라는 책을 적극 추천했고 그것을 번역해 『7천만의 시장경제 이야기』가 탄생하게 되었다.

마이클 워커는 1974년부터 2005년 은퇴하기 전까지 프레이저 연구소의 설립을 주도하고 미국의 아틀라스 재단과 프레이저 연구소를 함께 전 세계 자유주의 사상을 전파하는 단체로 키운 인물이다. 그는 밀턴 프리드먼, 로즈 프리드먼과 함께 경제자유네트워크(EFN)를 구축했다. 전 세계 88개 자유주의 단체가 참여해 매년 경제자유지수를 발표하는데, 마이클 워커가 프레이저 연구소 소장 시절 이 사업을 추진했으며, 지금까지도 프레이저 연구소가 이를 담당하고 있다. 또한 이 책의 저자인 제임스 과트니가 경제자유지수의 계산을 맡고 있다.

자유경제원은 경제자유네트워크 소속으로 매년 국내에 경제자유지수를 발표한다. 이러한 인연으로 이 책을 자유경제원에서 번역해 국내에 보급하게 되었다. 출간 당시 이 책은 쉽고 간결한 내용이라는 장점 때문에 삼성그룹 등 대기업 신입사원 교육 도서로 널리 활용되었으며 시장경제 강의를 하는 강사들의 필수 교재로 쓰였다. 우리 사회에 시장경제를 홍보하는 자유경제원의 대표상품과 같은 존재다.

이 책이 더욱 빛을 발하게 된 것은 김정호 박사의 편역 덕분일 것이다. 자타가 공인하는 시장경제 전도사이자 쉽고 재미있는 칼

럼과 강연으로 유명한 역자는 원서가 갖는 쉽고 명료함에 한국의 사례를 접목시켜 책의 완성미를 더했다. 역자는 남북한 국민들 모두가 이 책을 읽을 수 있다는 뜻에서 '7천만의 시장경제'라고 제목을 붙였다. 전 국민이 읽어도 될 만큼 쉽다는 자신감의 의미로 해석가능하다. 그만큼 쉽고 가볍다.

그러나 이 책에서 다루고 있는 시장경제의 내용은 결코 가볍지 않다. 이 책의 내용은 크게 3부로 나뉜다. 1부에서는 경제학의 10가지 기본 구성요소에 대해, 2부는 경제성장을 위해 필요한 7가지 요소를 다루고 있는데 경제경영학 입문자들뿐만 아니라 경제학을 전공하는 학생들도 읽어볼 법한 내용이다. 그래프와 수식에 갇힌 사고를 확장하고 큰 그림을 그릴 수 있도록 해준다.

3부에서는 경제성장과 정부의 역할에 대해 다루고 있다. 이 부분은 공무원들이나 국회의원들이 꼭 보아야 할 내용이라고 생각된다. 경제성장을 위해 절대 하지 말아야 할 정책들이 현실화되었을 때 어떤 문제점이 생기는지 보여주고 있다.

시장경제는 도덕적이다

저자는 이 책을 통해 시장경제 시스템 자체가 매우 도덕적이며 개인의 자유와 거래의 자유를 강화하고 정부의 역할을 제한했을 때 경제적 번영이 다가온다는 일관된 주장을 하고 있다. 주요 내용을 잠깐 살펴보자.

흔히 시장경제는 승자독식 구조로 냉정하고 비도덕적이라고 오해받지만 이 책은 오히려 시장경제가 도덕적이라고 주장한다. "누군가 큰 소득을 올렸다는 것은 그가 타인에게 많은 것을 제공했음을 뜻한다. 여기서 시장경제의 도덕적 측면이 떠오른다. 많은 돈을 벌고 싶다면 다른 사람을 크게 도와주는 방법을 찾아보아야 한다."는 것이다.

사유재산제도도 타인에게 이로운 용도로 재산권이 활용할 수 있도록 한다. "자신의 재산이나 또는 그 재산을 이용해서 제공할 수 있는 서비스가 타인들에게 매력적으로 보일수록 그 재산이나 서비스의 가격이 높아져 자신에게 이익"이 되기 때문이다.

또 무역을 통한 생산활동은 부를 가져오므로 규모의 경제성이 강한 사업일수록, 국내시장의 규모가 작은 나라일수록 시장을 개방할 필요가 있다고 밝히고 있다. "일본 자동차 메이커들로부터 치열한 경쟁에 직면한 미국의 자동차 업체 빅3(GM, 포드, 크라이슬러)는 자사 자동차의 품질을 높이기 위해 노력을 기울여야만 했다. 소비자들은 일본차의 경쟁이 있기 전보다 훨씬 더 좋은 승용차와 경트럭을 소비할 수 있게 되었다."

경제적 자유가 국가의 번영을 가져와

한편 국내 일자리 보호를 위한 무역규제는 "국가가 자국민의 손발을 묶는 것과 같다."고 강도 높게 비판했다. "정말로 중요한 것은 일자리가 아니고 생산"이기 때문이다. "일자리 보호론자들과 자유무역 반대론자들의 말이 옳다면 국내의 각 지역들도 다른 지역들로부터 들어오는 물건에 대해서 관세를 부과하는 것이 좋을 것"이라고 지적한다.

저자들은 정부의 역할에 대해 논하면서 다수결에 입각한 민주주의가 시장경제를 위협할 수 있음을 우려하고 있다. "민주주의는 다수결이라는 집단적 의사결정방식에 기초한다. 반면 시장경제는 행위자 하나하나의 동의에 기초하는 제도이다. 예를 들어 정부가 학교에서 기독교를 가르치기로 결정한다면 거기에 찬성을 하던 반대를 하던 모든 납세자들이 기독교 교육에 필요한 비용을 부담해야 한다. 하지만 교육이 시장 메커니즘에 의해서 이루어질 경우 종교 교육을 받고 싶은 사람은 종교 학교를 택할 것이고 직업 교육이 강한 학교를 원하는 사람은 그런 학교를 선택하면 된다."

즉, 다수결을 앞세운 정치가 시장에 개입을 하게 되면 "이미 만들어진 파이를 나눠먹기 위해 할퀴고 싸우는 데 시간과 노력을 낭비하게 된다."는 것이다. 그러나 안타깝게도 이러한 현상은 민주주의를 실천하는 대부분의 국가에서 나타나고 있다.

끝으로 저자는 "우리에게 경제적 번영을 가져다 준 것은 제한적이나마 우리가 가질 수 있었던 자치권과 재산을 소유할 수 있는 권리와 거래의 자유"였지 "정부가 과반수라는 미명으로 아무 일에나 간섭했기 때문"은 아니라고 지적했다. 또 "이런 사실을 일찍 깨우칠수록 경제적 번영도 일찍 온다."고 조언하고 있다. 이러한 내용 때문에 노벨경제학상을 수상한 제임스 뷰캐넌은 "대통령 경제참모들이 이 책으로 공부했으면 좋겠다."고 평가하기도 했다.

제임스 과트니와 리처드 스트라웁은 『7천만의 시장경제 이야기』가 독자들로 하여금 더 나은 선택을 하게 하고 복잡한 세상을 더 잘 이해하는데 도움이 될 것이라고 확신한다. 실제로 3시간 가량을 투자해 완독해 보면 저자들의 표현대로 경제를 보는 눈이 트일 것이다.

서평을 쓰기 위해 몇 년 만에 다시 책을 펼쳐 들었는데 처음 읽었을 때와 다른 깨달음을 얻게 됐다. 경제학에 대한 이해도가 낮든 높든, 전문가든 정치인이든, 누구에게나 도움이 되는 책이라고 생각한다.

그리고 이 책의 감동을 자녀나 조카들도 경험하게 해주고 싶다면 『게임으로 이해하는 시장경제 7법칙』을 권해보자. FKI미디어에서 『7천만의 시장경제 이야기』의 핵심 포인트만 모아서 청소년용으로 만들었는데 단계별로 힌트를 찾아가며 퀴즈를 푸는 방식으로 전개돼 독자들의 흥미를 한층 돋우고 있다.

경제학적 '뇌' 만들기

정회상(한국경제연구원 부연구위원)

『생활 속 경제』
김영용 지음, FKI미디어 발행, 2010

경제학적 사고훈련 1교시

경제학자들은 우리가 일상에서 자연스럽게 접하는 것들에 대해 그냥 지나치지 않고 질문을 갖거나 의문을 품기 좋아한다. "아이를 맡기고 오랜만에 외식하는 부부는 왜 고급 레스토랑을 찾지?" "왜 극장에서 판매하는 팝콘은 더 비싸지?" "대형마트 영업시간을 제한하면 소비자들은 과연 동네 슈퍼마켓으로 발길을 돌릴까?" 등과 같이 말이다. 때론 그들은 "왜 소련은 무너졌는가?" "기업은 왜 생기고 기업가는 어떤 존재인가?"와 같은 진지한 질문에 답을 하려고 노력하거나 '경쟁'이나 '비용'과 같은 경제학 기본 개념을 설명하려고 애를 쓰기도 한다.

이처럼 경제학자들은 사람들의 행위나 사회 현상을 이해하고 설명하려고 노력하는데, 이때 그들이 항상 염두에 두는 원리가 있다. 바로 "사람들은 경제적 유인(incentive)에 반응하여 행동한다."는 것이다. 예컨대 소비자들은 구입할 수 있는 상품들 중 그들의 만족을 가장 많이 충족시켜주는 것을 선택하려고 하고, 기업들은 그들에게 가장 높은 이익을 가져다주는 가격을 매기려고 한다는 것이다. 한편 "과연 정부는 무엇을 추구하는 주체인지?"도 한 번 생각해 볼 만 하다.

여기서 소개할 김영용 교수님의 『생활 속 경제』라는 책도 경제학자들의 이러한 사고 과정의 소산이다. 물론 단순히 경제학자들의 지적 호기심을 엿보라는 의미에서가 아니라 그들처럼 사고하는 훈련을 통해 사람들이 행동하는 원리를 이해하고 사회 현안에 대한 자신의 견해를 세우는 데 도움이 되기를 바라는 마음에서 이 책을 소개하는 것이다. 『생활 속 경제』를 소개하기에 앞서 이 책과의 인연을 잠시 언급하고자 한다. 사실 『생활 속 경제』의 저자 김영용 교수님은 나의 은사이시다. 대학교 2학년 때인 1998년 김영용 교수님의 '시장경제원리'라는 수업을 듣고 경제학을 평생 공부하기로 마음먹은 후부터 지금까지 경제학에 관한 가르침을 주시고 인생의 방향에 대해 조언을 주시는 스승님이시자 멘토이시다.

내가 경제학 석사과정에 있을 때 교수님은 칼럼을 쓰실 때마다 읽어보라고 주신 다음 글에 대한 내 생각을 물으셨다. '교수님께서 쓰신 칼럼을 학생인 내가 감히 어떻게 논평을 하지?' 하는 생각도 들었지만 글을 읽고 무엇을 말씀드려야 할지 몰라서 처음에는 오타나 맞춤법 정도를 지적하는 것이 고작이었다. 그러던 것이 시간이 지나자 글의 구성이나 내용, 나아가 경제학의 기본 개념과 응용에 대해 논평하고 서로 토론하는 수준이 되었다. 돌이켜 보면 이 시절 교수님과의 토론이 경제학적 사고 습득에 많은 도움이 된 것 같다.

경제학적 사고훈련 실전연습

『생활 속 경제』는 교수님께서 신문이나 연구기관 등에 기고하신 칼럼들을 엮은 것인데, 책에 실린 대부분의 칼럼에도 교수님과 논의한 흔적이 배어 있다. 이 때문이었는지 책을 구성할 때 각 글에 필요한 주석을 달게 하는 기회까지 주셨다. 『생활 속 경제』는 시장경제의 원리에서부터 경제학의 기본 개념인 수요와 공급, 경제학 교과서에서는 잘 설명하고 있지 않은 기업과 기업가, 가격을 통제하려는 정부 정책, 그리고 교육·의료·복지에 이르기까지 폭넓은 분야의 다양한 주제를 다루고 있다. 그럼 지금부터 책의 내용에 대해 살펴보려고 하는데, 여러분들의 지적 호기심을 자극하여 책을 읽고픈 유인을 주기 위해 주요 칼럼의 주제들을 7개의 질문을 통해 전달하려고 한다. 기말고사가 아니니 부담 가질 필요는 없을 것이다.

질문1. 도로공사에서 관리하는 고속도로보다 민자(民資) 고속도로의 제설 작업이 보통 더 신속하게 이루어진다. 공중 화장실은 각 가정의 화장실보다는 덜 깨끗하다. 지리산에 서식하던 토종 곰은 멸종 위기에 처해 있다. 왜 이러한 현상들이 일어나는 것일까? 좀 더 어렵지만 비슷한 논리를 적용하여 소련이 붕괴했던 이유도 설명할 수 있을 것이다.

질문2. 중간고사가 끝난 기념으로 여러분은 친구들과 부산으로 여행을 갔다고 하자. 부산의 명소를 실컷 구경하고 저녁을 먹으려고 하는데 어떤 친구는 돈을 아끼자면서 근처 식당에서 백반을 먹자고 하고 다른 친구는 부산까지 왔는데 유명한 식당에 가서 회를 먹자고 한다. 여러분은 누구의 의견에 따르겠는가? 그 이유는? 수요의 법칙(law of demand)을 이용하여 여러분의 선택을 설명해 보기 바란다. 여기서, 수요의 법칙이란 A상품의 B상품에 대한 상대가격이 내려가면(올라가면) A상품의 수요량이 증가(감소)하는 것을 말한다. 이 예는 경제학에서 알치안-알렌 정리(Alchian and Allen Theorem)라고 하는 것과 관련이 있다.

질문3. 어떤 상품의 수요량이 가격변화에 민감하게 반응하면 그 상품의 수요가 탄력적이라고 하고 그렇지 않으면 비탄력적이라고 한다. 수요 탄력성에 대한 정보를 갖고 있으면 모든 소비자에게 동일한 가격을 부과하는 것보다 가격에 민감하게 반응하는 소비자에게는 낮은 가격을, 그렇지 않은 소비자들에게는 높은 가격을 매기는 것이 더 많은 이득을 주는 전략이다. 이 원리를 이용하면 일상에서 관찰할 수 있는 다양한 가격설정 방식을 설명할 수 있다. 그렇다면 극장 주인이 왜 저녁보다 아침에 영화 관람료를 더 싸게 책정하는지 설명해 보기 바란다. 의욕이 넘치는 독자는 극장에서 파는 팝콘이 더 비싼 이유에 대해서도 고민해 보기 바란다.

질문4. 경제학에서 중요한 개념 중의 하나가 기회비용(opportunity cost)이다. 기회비용이란 여러 대안 중 최선의 기회를 선택함으로써 포기하게 되는 차선 기회의 가치를 말한다. 이 개념을 이용하여 우리는 왜 서울에서보다 순천에서 길을 물으면 더 친절하고 자세하게 알려 주는 경향이 있는지 설명할 수 있을 것이다. 물론 여러분 중에는 서울 사람들이 순천 사람보다 더 무례하기 때문이라고 답을 하는 사람도 있을 것이다.

질문5. 삼성전자, 현대자동차, SK텔레콤 등 우리 주변에는 많은 기업들이 있다. 엉뚱하지만 이런 질문을 해 보자. 왜 이런 기업들이 등장하는가? 컴퓨터, 자동차, 통신서비스 등을 생산하려면 이런 기업들이 꼭 필요한가? 사실 이 질문은 약 80년 전 처음으로 제기됐던 것인데, 경제학자 로널드 코즈(Ronald Coase)는 이에 성공적으로 답한 공로로 1991년 노벨 경제학상을 받았다. 여러분도 한번 도전해 보기 바란다. 그리고 스스로 만족할 만한 답을 제시했다고 생각이 들면 기업가란 어떤 존재인지에 대해서도 고민해 보기 바란다.

질문6. 지난 1989년 일부 라면업체들이 라면 제조에 비누나 윤

활유 원료로 사용되는 공업용 우지(牛脂)를 사용한 혐의로 기소된 사건이 있었다. 국민 건강은 생각하지 않고 돈에만 눈이 멀었다며 대기업들은 거센 비난을 받았다. 10년 후 대법원에서 무죄 판결을 받았지만 이 사건으로 라면업체들은 커다란 손실을 보고 사실상 사업을 접어야 했다. 왜 우지 파동과 같은 사건이 발생했을까? 당시 정부는 저소득층이 부담 없이 라면을 사먹을 수 있게 하려는 의도에서 라면 가격을 낮은 수준으로 규제하고 있었다는 게 힌트다. 전 국민을 슬픔에 빠뜨린 세월호 사고의 원인에 대해서도 비슷한 맥락에서 접근할 수 있을 것이다.

질문7. 정부는 어느 한 기업이 값싸고 좋은 품질의 상품을 선보여 소비자들로부터 너무 많은 선택을 받으면 독점적 지위를 얻었다며 특별 관리에 들어간다. 또한 상대 기업과 경쟁하려고 가격을 내린 기업에 대해 불공정 거래행위를 했다며 제재를 가하는 경우도 있다. 여러분이 독점 기업의 경영자라면 경쟁사가 없다고 소비자를 무시하고 제멋대로 상품의 가격을 올리겠는가? 가격경쟁을 하지 말라고 규제하는 정부의 목표는 도대체 무엇인가? 이런 질문들을 통해 경쟁의 본질과 어떻게 하면 경쟁을 보호할 수 있는지에 대해 생각해 보기 바란다.

실생활에서 경제학적 사고방식 갖기

이 밖에도 백년대계인 교육, 소중한 생명을 다루는 의료, 근로능력이 없거나 가난한 사람들을 위한 복지와 관련된 현안들에 대해 이 책은 시장원리를 적용한 해법을 제시한다. 즉, 정부 주도의 교육을 민영화하여 교육상품의 선택권을 학생과 학부모에게 돌려주고 교육기관 간 경쟁을 촉진하며, 의사들의 사익추구 활동을 보장하여 의료서비스의 품질을 높이고 사람들의 일할 유인을 충분히 고려하여 복지제도를 설계해야 한다는 것이다. 이는 우리 인간의 이성이 구조적으로 무지하기 때문에 시장 과정(market process)에 의존해야 한다는 '하이에크(Hayek)'의 지적을 무시하고 경제에 자꾸 간섭하려는 정부에 일침을 가하는 것이기도 하다. 이처럼 『생활 속 경제』는 사람들은 경제적 유인에 따라 행동하며 그들의 행동은 정부의 간섭이 없는 자유시장에서 가장 잘 조정된다는 관점에서 다양한 이슈들을 다루고 있다.

마지막으로 『생활 속 경제』와 함께 읽으면 유익할 책 한 권을 더 소개하고자 한다. 폴 헤인(Paul Heyne)의 『경제학적 사고방식』이 그것인데, 이 책은 수많은 그래프와 개념들을 나열해 놓은 여타의 경제학원론 교과서와는 달리 경제학적 개념들을 제대로 습득케 하는 데 중점을 두고 있다. 예컨대, 일반 경제학원론 교과서에서는 한계비용의 정의와 성질을 기술하는 데 그치고 있지만 폴 헤인의 책에서는 이를 사람들의 행위와 관련지어 설명함으로써 독자들의 이해를 높이고 있다. 시험공부를 위해 여자친구의 데이트 신청을 정중히 거절하는 경제학적 비법도 나와 있으니 절실한 학생은 참고하기 바란다.

아무쪼록 이 글을 통해 여러분께서 『생활 속 경제』를 읽고 내가 그랬던 것처럼 경제학 개념들을 이용하여 다양한 사회 현상을 일관되게 설명하는 것을 즐기기 시작했으면 하는 바람이다.

자유주의 경제학의 울타리를 넘다

송상우(경제진화연구회 학술부회장, 보현한의원 원장)

『시장의 진화』
복거일 지음, 한국경제연구원 발행, 2012

자유주의 투사 복거일

자유를 옹호하는 것은 쉬우나 자유주의를 옹호하기는 어렵다. 때로는 고통스럽기도 하다. 이것이 내가 자유주의를 접한 후 약 10년의 시간 동안 느낀 바다. 지적 호기심으로 자유주의를 공부하는 것은 더할 나위 없는 즐거움이다. 하지만 사회적으로 그것을 옹호하는 작업은 소모적이라 여겨질 정도다. 그만큼 우리 사회에 반자유주의적 정서가 뿌리 깊은 까닭이겠지만 그래서인지 가끔 딴 생각도 하게 된다. 만약 지금까지 썼던 시간과 에너지를 다른 지적 활동에 투자했다면 어땠을까?

『시장의 진화』의 저자 복거일은 무려 30년 이상을 자유주의를 변호하는 작업에 매달려 왔다. 그가 처음 자유주의를 외쳤을 때는 지금과 비할 수 없을 정도로 척박한 상황이었다는 점에서 이 작업을 중간에 포기하지 않고 지금까지 해 온 자체가 기적이다. 작가로서의 경력에 치명적임에도 불구하고 그는 수많은 오해와 편견을 이겨내며 지금까지 버텨냈다. 이러한 사실은 당시 잘 나가던 경제학자로서의 위상이 흔들리는 것을 감수하고 자유주의를 옹호하는 데 일생을 바쳤던, 20세기 자유주의의 가장 위대한 대변자 하이에크를 떠올리게 한다.

노력에 비해 성과가 보잘 것 없고, 그것마저도 알아주는 이가 드문 과업을 한평생에 걸쳐 수행하기 위해서는 두 가지가 필수적이라 여겨진다. 자유주의에 대한 지적 확신 그리고 자신의 속한 사회와 그 구성원, 나아가 후손에 대한 의무감이다. 이 점만으로도 나에게 복거일은 무한한 존경의 대상이다.

자유주의는 다른 대부분의 이념과 마찬가지로 우리 사회에서 자생적으로 생겨나지 않았다. 어떤 사람들은 우리나라에 최초로 자유주의가 도입된 시기를 19세기 중반 개화기로 잡기도 한다. 물론 그 당시 자유주의는 국가로부터의 자유라는 개념보다는 부국강병의 차원이었다. 해방 이후에도 건국에 관련된 지식인들에서 자유주의 사상의 흔적을 볼 수 있지만 그들도 역시 국가보다 개인을 중시하는 입장은 아니었다.

복거일, 한국자유주의 역사와 함께 걷다

우리 사회에서 '개인의 자유가 최고의 가치'라는 진정한 의미로서 자유주의의 시작은 1980년대라고 할 수 있다. 그만큼 우리 사회는 자유주의의 역사도 짧고 자유주의자라고 할 만한 인물은 아직까지 드물다.

이렇듯 척박한 한국의 자유주의 역사에 복거일이라는 이름이 가지는 위치는 독보적이다. 마르크스주의가 유행하고 자유주의란 용어조차 잘 쓰이지 않던 시절에 그는 이미 자유주의에 근거한 실질적인 제안들을 펼쳤다. 이런 관점에서 이 책의 저자 복거일은 우리나라 최초의 자유주의자 중 한 사람이라고 할 수 있다.

자유주의 역사에서 복거일의 가치는 그가 최초의 자유주의자라는 사실 뿐 아니라 경제학이 아닌 다른 분야에서 활동하는 거의 유일한 지식인이라는 점에서도 찾을 수 있다. 이것은 얼마 전 출간된 『나는 왜 자유주의자가 되었나』에 기고한 21인 중 복거일을 제외한 나머지 20명이 모두 경제학자라는 사실에서도 확인된다. 물론 경제적 자유가 다른 자유의 기초가 된다는 점에서 경제학과 자유주의는 따로 생각하기 힘들다. 또한 복거일 자신도 대학에서 경제학을 전공했다. 하지만 그는 본업은 어디까지나 작가이고, 삶의 대부분을 시와 수필 그리고 과학소설을 집필하는 데 썼다.

그는 경제학이 아닌 다른 분야에서도 자유주의적 지식과 가치가 적용될 수 있다는 가능성을 보여주었다. 즉 자유주의는 경제학을 전공한 사람들만이 접근할 수 있는 편협한 분야가 아니다. 그것은 경제학을 전공하지 않았지만 자유주의자가 되고자 하는 나와 같은 이에게 위안과 동시에 희망을 주었다. 뒤에서 조금 더 자세히 언급하겠지만 자유주의를 공부한 덕분에 내 전공분야를 더 깊이 이해하게 된 행운도 있었다.

『시장의 진화』, 경제학의 울타리를 넘다

『시장의 진화』는 체계적인 학술서적이라 보기는 힘들지만 진화적 관점이 경제, 정치 나아가 과학 기술에까지 일관되게 적용되고 있다는 점에서 주목할 만하다. 서문에서 밝히고 있듯이 이 책의 집필 의도는 대중들의 시장에 대한 적대적 태도를 바꾸기 위함이다. 그는 많은 사람들이 시장에 적대적인 이유가 근본적으로 시장에 대한 이해 부족에 있다고 본다. 또한 우리의 타고난 본능 중 어느 부분들이 시장과는 잘 맞지 않다는 사정도 강조한다. 이 외에도 오래전부터 상업을 경시하는 역사적 전통, 사회에 만연한 마르크스주의의 영향, 세계화에 대한 부정적 태도, 과학과 기술 발전에 대한 무관심 등이 시장에 대한 적대감의 원인이 되었다고 지적한다.

1장 '경제 환경 진화'는 가장 근본적 문제인 시장에 대한 오해를 바로잡고 시장을 올바로 이해하게 해 주는 장이다. 경제민주화에 대한 논의로 시작해, 동반성장이나 자본주의4.0과 같은 용어들이 내포하는 오류들을 지적하고 있다.

개인적으로 이 장에서 가장 주목한 부분은 '지식에 대한 성찰'과 '경쟁은 진화의 본질이다'라는 칼럼이다. 전자는 인간의 지식이 제약될 수밖에 없는 이유를 체계적으로 분석하고 시장이 그러한 한계를 보완하기 위한 지식 발견 장치라는 지적을 하고 있다. 규제를 통해 시장이 억제되면 지식의 발견은 그만큼 어려워지고 우리가 문제를 해결할 길은 더욱 요원해진다. 그러므로 우리는 시장에서 얻어진 지식을 중시해야 한다고 저자는 강조한다. 후자는 경쟁이 '발견적 절차'라는 하이에크의 주장을 바탕으로 진화적 관점에서 경쟁을 바라본다. 진화는 "경쟁을 통해서 발견된 보다 나은 것들이 퍼지는 현상"이며 이것은 생명체와 사회 모두에 적용된다는 점을 강조한다. 따라서 우리가 경쟁을 인위적으로 억제할 경우 차츰 진보를 기대하기 힘들고 마침내 퇴보할 수 있다는 경고를 하고 있다.

2장은 '정치 환경의 진화'이다. 이 장도 역시 대의민주주의에 대한 논의로 시작해 박정희, 김대중과 같은 주요 정치인의 공과, 우리나라의 가장 큰 이해관련국인 미국, 중국과의 문제 등 다양한 내용을 다루고 있다. 특히 주목할 내용은 민중주의(populism)에 대한 언급이다. 복지국가를 내세우며 각종 인기영합정책을 쏟아내는 정치인들이 판을 치는 작금의 현실에 깊이 숙지해야할 내용이다.

3장은 '과학과 기술의 진화'라는 제목에서 알 수 있듯이 평소 그의 관심분야인 과학소설과 생물학에 관련된 내용이 중심이다. 특히 "진화의 맥락에서 살핀 로봇"에서 로봇이라는 개념의 탄생에서부터 미래 로봇의 모습, 로봇과 인류의 공진화라는 무척 흥미로운 내용을 다루고 있다. 이 밖에도 지구온난화와 해프닝으로 끝난 광우병과 관련된 논의들도 담겨있다. 의료와 관련해서는 항생제와 같은 의료기술의 발전이 가져온 명암과 그로 인한 인간 정체성의 변화와 관련된 부분들도 언급된다. 이 외에도 대리모나 혼외정사처럼 윤리적으로 첨예한 논란이 있는 문제까지 다루고 있다.

자유주의에 대한 기초지식이 있더라도 막상 일상에서 마주치는 상황들에 자유주의적 관점을 일관되게 적용하기는 어렵다. 막 의과대학을 졸업하고 면허를 받은 의사가 처음으로 환자를 대했을 때 느끼는 막막함과 유사하다. 누군가 자유주의를 현실에 적용하지 못하고 이론으로만 인식하고 있다면 그것은 당사자에게 죽은 지식에 불과하다. 『시장의 진화』는 그런 상태에 있는 자유주의의 초심자들에게 훌륭한 실전용 학습서이다.

'진화'와 '지식'의 상징, 하이에크와 복거일

누군가 나에게 가장 큰 지적 영향을 끼친 단 두 명을 꼽으라고 한다면 나는 하이에크와 복거일이라고 주저 없이 말할 수 있다. 이 글을 쓰면서 다시금 "내가 왜 이 두 인물에게 끌렸을까?"를 곰곰이 생각해보았다. 그리고 의외로 이 두 인물 사이에 적지 않은 공통점이 있다는 것을 발견했다.

지식을 추구하는 사람에게 특정분야에 능통한 사람(specialist)가 될 것인가, 혹은 다방면에 박학다식한 사람(generalist)이 될 것인가 하는 것이 항상 선택의 문제는 아니다. 학문이나 직업의 특성상 다양한 분야의 지식 습득이 요구되는 분야도 있다. 하지만 더 중요한 것은 아마도 타고난 성향일 것이다.

일찍이 미제스는 다음과 같은 지적을 했다.

"특정 분야에 있어서의 철저함이 놀랄 정도로 다방면에 걸친 잡다한 지식보다 낫다는 사실을 인식할 수 있는 통찰력을 가진 사람, 이러한 사람이야말로 시간이 지날수록 더욱 현명해지고 유용한 인물이 된다. 즉 그러한 사람은 그의 지적 성장에 한계가 없다."

미제스의 충고처럼 분업이 심화된 열린사회일수록 스페셜리스트를 더욱 필요로 하는 것이 일반적이다. 하지만 나의 타고난 선호는 제너럴리스트를 지향했고, 그 점 때문에 더욱 하이에크와 복거일에 끌렸는지도 모르겠다.

두 인물을 단 두 단어로 정의한다면 '진화'와 '지식'이라고 할 수 있을 것이다. 그들은 평생을 지식의 문제에 천착해 왔고 진화적 관점에서 인간과 사회를 바라보았다. 이것은 나 자신도 평생의 화두로 삼고 있는 명제다.

물론 그들이 완전히 같은 것은 아니다. 하이에크는 지식의 한계에 집중했고, 생물학적 진화와 문화적 진화를 좀 더 철저하게 구별할 것을 강조했다. 반면 복거일은 지식의 한계에도 불구하고 인공

지능을 비롯한 지식의 가능성에 대한 낙관을 보여줬다. 또한 생물학적 진화를 사회현상에 적용하는 데 하이에크에 비해 더 적극적이다.

하지만 이 둘은 본질적으로 인간의 지적 능력이 제한되어 있고 구조적 무지와 같은 지식의 문제를 극복하는 방법으로 시장만한 것이 없다는 점은 완전히 동의했다. 이 책에서 복거일이 지적하듯이 시장은 "본질적으로 지식을 찾고 조직하는 장치"다. 또한 "자유주의의 적들이 과거에 틀렸고 이제 다시 틀리려 하는 것은 바로 지식에 관한 견해"라는 점에서 이것은 자유주의자와 반자유주의자를 가르는 기준이 될 수 있다.

여담이지만 대학을 졸업하고 공중보건의로 근무하던 2010년 복거일의 자택을 방문한 적이 있다. 당시 「바이트」의 이유미 대표와 함께 했는데 둘 다 사모님의 환대에 엄청 감동받았던 기억이 있다. 사실 그 방문은 1년 전부터 계획된 것이었다. 예전부터 그의 여러 작품을 읽으면서 평소 독서와 지식습득에 관심이 많았던 나로서는 그러한 지적 창작물들이 어떤 환경에서 어떤 과정을 거쳐 생산되는지 너무나 궁금했다. 마침 개인적 친분이 있던 이유미 대표에게 부탁했으나 본인도 그런 부탁드릴 처지가 못 된다고 토로했다. 그러면서 거의 1년 가까이를 망설이다 결국 목마른 자가 우물을 판다고 직접 장문의 메일을 보내게 되었는데, 의외로 쉽게 방문 허가가 떨어졌다. 가끔 당시 메일 내용을 떠올리면 손발이 오그라들 정도지만, 수줍음 많은 성격인 내가 그렇게 메일까지 써서 염치없는 부탁을 드릴 정도로 당시에 얼마나 지식에 대한 열망이 높았고, 얼마나 지적우상인 복거일에 몰두했었는지 지금도 생생히 느껴진다.

평생을 비주류로 살았고 스스로도 주변부 지식인으로 여기는 복거일을 보며 대한민국에서 한의학을 전공하고 한의사로서 살아가고 있는 나는 묘한 동질감을 느낀다. 그러한 환경에서 개념적 돌파(Conceptional breakthrough)에 이르는 것은 더욱 보람 있는 일일 것이다.

우리 사회에서 주류는 서양의학이다. 과거에야 한의학이 주류였겠지만 일제시대를 거치며 거의 명맥이 끊겼다가 해방 이후 부활해서 이제 겨우 걸음마하고 있는 단계라 할 수 있다. 이 글에서 한의학과 서양의학의 차이를 자세히 논하기는 힘들지만 간단하게만 언급하면 다음과 같다.

방법론적인 측면에서 서양의학은 전통적으로 환원주의적 방법으로 인체의 생리와 약물의 작용 기전을 이해하는 것이 중심이었다. 최근에 이것이 한계에 부딪히고, 소위 EBM(Evidence based Medicine, 근거중심의학)이라는 통계적 방법을 이용하는 쪽으로 옮겨가고 있다. 하지만 하이에크의 견해에 따르면 이러한 환원주의나 통계학적 방법들은 생명현상이나 사회현상 같은 복잡한 현상을 이해하는 데 그리 유용한 방법이 아니다.

반면 한의학의 주요개념인 정기신혈, 오장육부, 경락과 같은 용어들은 구체적 실체를 지칭하기보다는 인체의 추상적 패턴을 의미한다. 이러한 개념은 포퍼적 관점에서 반증가능성이 떨어지는 것이지만 반면 적용될 수 있는 현상의 범위는 오히려 넓다.

또한 서양의학은 객관화를 목표로 감각으로부터 독립된 진단방식과 인체의 계량화를 추구하지만 한의학은 인체의 상태를 파악함에 있어 인간의 진화된 감각에 주로 의존한다. 하이에크식 표현을 빌리자면 감각적 질서의 의존해 추상적 패턴을 파악하는 체계가 바로 한의학이라고 할 수 있다. 이것은 물리학적 방법론을 그대로 생명 혹은 사회현상에 적용하려 하는 소위 과학주의(Scientism)와는 전혀 다르다.

마지막으로 한의학은 병원균 자체에 주목하기보다는 인체의 타고난 자연회복력을 극대화하는 것을 중시한다는 점에서 규제보다 자생적 질서를 중시하는 자유주의와 유사점이 있다. 타당성이나 유용성을 떠나 이런 관점에서 한의학적 지식을 바라보게 된 것도 내가 자유주의를 공부하면서 얻은 행운이라 할 수 있다. 물론 이런 아이디어를 발전시켜 한의학의 영역에서 개념적 돌파에 이르는 것은 전적으로 나의 몫이다. 언젠가 그처럼 나도 개념적 돌파의 희열을 맛보고 싶다.

자유주의로의 초대, “자신의 재능에 대한 믿음을 가져라!”

얼마 전 복거일은 『한가로운 걱정들을 직업적으로 하는 사내의 하루』라는 자전적 소설을 통해 본인의 암 투병 사실을 간접적으로 고백했다. 이후 각종 언론매체와의 인터뷰에서 이러한 사실이 확인되었다.

처음 그 소식을 들었을 때 놀라움보다는 궁금증이 앞섰다. 과연 복거일은 어떤 태도로 자신의 상황을 받아들이고 있을까?

예상대로 그의 태도는 자유주의적이었다. 비슷한 상황을 맞은 다른 이들의 선택을 답습하지 않았다. 혹자는 그의 태도가 그간 보여준 서양의학에 대한 신뢰나 과학을 중시하는 태도와 모순된다고 지적하지만, 나는 그렇게 보지 않는다. 오히려 말기암에 대해 실효성 있는 치료법이 전무한 상황에서 그의 선택은 굉장히 합리적이다. 인생의 마지막 시간을 실효성은 없고 부작용이 큰 연명치료에 낭비하기보다는 자신이 할 수 있는 가장 생산적인 활동에 쏟는 것은 더할 나위 없이 자유주의적이다. 단순한 권유를 넘어 치료받지 않는 것을 과도하게 지적하고 심지어 비난하는 행태는 개인의 자율적 선택을 업신여긴다는 점에서 오히려 반자유주의적이다.

그가 나에게 해준 말 중 특별히 기억하고 있는 것이 있다. 누구나 자유주의를 공부하고 그것을 알리려고 하는 과정에서 지적 한계가 느껴질 때가 있을 것이다. 나도 마찬가지였다. 부족한 내가 과거 선배 자유주의자들이 했던 역할을 이어받을 수 있을까? 이런 고민을 토로했을 때 그는 나에게 이렇게 말했다. "자유주의자에게 필수적인 덕목은 자신의 재능에 대한 믿음이다." 이것은 자신감을 가지라는 단순한 격려가 아니었다. 스스로에 대한 조심스러운 낙관을 가지는 것이 자기 발전을 위해 가장 좋은 전략이라는 것을 그는 나에게 알려주었던 것이다.

노벨상을 수상한 생물학자 자크 모노는 "겸손이란 사람으로서의 학자에게는 미덕이 되겠지만 그의 머릿속에 깃들어 있는 아이디어에는 그렇지 않다. 학자는 자신의 생각을 적극적으로 수호할 줄 알아야 한다."라 했다. 나는 이것이 자유주의자들에게 가장 필요한 태도라고 생각한다. 그리고 복거일이야말로 우리 사회에서 이러한 태도에 가장 충실했던 자유주의자였다고 나는 감히 확신한다.

포브스, 자유주의에 젊은 바람을 일으키다!

배진영(인제대학교 국제경상학부 교수)

『자본주의는 어떻게 우리를 구할 것인가』
스티브 포브스, 엘리자베스 아메스 지음, 아라크네 발행, 2011

스티브 포브스가 청춘들에게 띄우는 메시지

스티브 포브스는 그의 책을 이렇게 시작한다. "열정과 혁신, 활력으로 오늘의 현실을 구축한 수많은 이들에게 이 책을 바친다." 열정, 혁신, 활력, 진취성은 자신의 운명을 개척하고 자신의 꿈과 열망을 실현시키려는 우리의 젊은이들에게 절실히 요구되는 정신이다. 그러나 아쉽게도 대한민국의 많은 젊은이들은 자유로움과 진취성이 정의로움에 반하며, 혁신적이고 활력이 넘치는 사회가 연대와 공감을 해치는 사회라는 인식을 갖고 있다. 정의, 연대, 공감을 말해야만 개념 있는 젊은이로 통하니 말이다. 그래서 이 책을 감히 우리 젊은이들에게 일독하기를 권한다. 이 책은 자유로움과 진취적인 것이 정의로움에 반하지 않으며, 다른 사람들과의 공감을 통해서만이 우리 사회를 혁신과 활력으로 가득 차게 하고 그런 사회가 계층 간의 연대를 강화해준다는 사실을 수없이 많은 사례들을 통해 호소력 있게 제시한다. 젊은이들의 마음에 스며있는 자본주의와 시장경제에 대한 반감과 적개심이 봄눈 녹듯이 사그라질 것이다. 적어도 자신이 갖고 있던 그동안의 생각에 대해 한번쯤은 의심해 보는 기회를 갖게 될 것이다.

하이에크, 미제스, 밀턴 프리드먼과 같은 시장경제 대가들의 저서는 지나치게 이론적이라 젊은이들이 읽기에는 난해한 것이 사실이다. 인내심이 강하지 않다면 페이지를 얼마 못 가서 책장을 덮을 것이 뻔하다. 이것이 자본주의와 시장경제의 정당함을 젊은이들에게 확산시키지 못하게 한 측면이다. 이런 안타까운 틈새를 스티브 포브스는 성공적으로 메워주고 있다. 그는 세계적으로 이름 높은 비즈니스 잡지인 「포브스」의 발행인이다. 이 잡지를 통해 수많은 현장의 목소리를 들었고, 여기에 그의 통찰력과 호소력 짙은 문체가 가해지면서 이 책이 나오게 되었다. 그런 책인 만큼, 책상머리 앞에 정자세로 앉아 이 책을 읽지 않아도 된다. 보다 편안한 마음으로 일독하면 그만이다.

포브스, 자본주의에 대한 탐욕의 편견을 깨다!

이 책은 모두 7장으로 구성되어 있다. 제1장, 제2장, 제3장은 우리가 갖고 있는 편견에 관해 과감히 도전한다. 자본주의가 도덕적이지 않고 잔인하며 부자는 타인의 희생 속에 성취한 것이라는 통속적인 생각이 엄청난 편견임을 하나하나 논증하고 있다. 제4장에서 6장까지는 정부의 시장개입에 따른 폐해를 세금, 규제, 보호무역에서 신랄하게 드러내 보여준다. 마지막 장인 제7장은 그렇다면 정부는 어떠해야 하는지를 다양한 대안과 함께 제시하고 있다.

자본주의는 정말 비도덕적이고 비인간적인가? 그렇게 생각한다면 당신은 최소한의 먹을거리에도 허덕이고 있는 북한과 베네수엘라를 보아라. 그럼에도 당신은 자본주의가 비도덕적이고 비인간적이라고 말할 수 있는가? 여기에 구태여 교환의 상호이득과 같은 이론을 들먹이지 않아도 된다. 중국은 많은 기술들을 유럽보다 앞서 발명했다. 그렇지만 정작 이를 이용하여 인류 복지에 기여한 것은 유럽이다. 왜 그런가? 거기에는 진보를 향한 유럽인들의 열정이 있었기 때문이다. 자본주의의 핵심은 선택의 자유에 있다. 이것이 민주주의의 초석이 되었다는 사실은 개인의 존엄과 인권 보호에 자본주의가 얼마나 기여했는지 웅변적으로 말해준다. 자본주의를 통한 분업사회는 개인들을 상호의존적으로 만들어 인간을 더욱 사회화 하였다. 이것은 남을 의식하고 배려하지 않는 행동은 사회에서 배척당함을 말해준다. 그래서 자본주의는 우리에게 더욱 상호 신뢰적이고 도덕적이기를 요구한다. 자본주의가 사람들을 탐욕스럽게 한다는 것과는 거리가 멀다. 미국의 개인들은 어떤 나라들보다 최소한 2배 이상의 시간과 돈을 기부한다는 사실이 이를 잘 논증한다. 그럼에도 자본주의가 비도덕적이고 비인간적이라 한다면, 그것은 어떤 특정 목적을 가진 사람들, 예를 들어 정치가나 관료들 또는 시민단체의 선동이라 말할 수밖에 없다. 이 책은 이에 관한 다양한 현장의 사례들을 생생하게 전해준다.

막연하게 자유시장 경제를 지지하는 젊은이들에게는 다른 사람들을 설득시킬 수 있는 논리적 힘과 확신을 줄 것이다. 자본주의 반대편에 서 있었다면, 자신의 믿음을 한번쯤 의심해 볼 것이고 보다 유연한 사고의 젊은이라면 새로운 세상의 문으로 나아가는 길을 찾게 될 것이다.

'정부만능주의'의 최면에서 깨어나라

우리는 현실에서 기업 구조조정을 위해 정부가 나서는 경우를 허다하게 본다. 이런 경우는 기업뿐만 아니다. 대학교의 구조조정을 위해 정부가 휘두르는 채찍과 당근을 우리는 지금도 보고 있다. 포브스는 정부개입을 통한 기업 구조조정이 어떤 결과를 낳는지를 GM과 크라이슬러의 사례를 통해 보여준다. GM의 일자리는

1/10로 감소하였고, 구조조정을 위한 정부의 구제조치로 경제전반의 일자리 수는 이보다 훨씬 줄어들었을 것으로 추정한다. 정부의 일자리 창출 사업도 마찬가지이다. 이것이 얼마나 허망한 짓이며 땅을 팠다, 덮었다 하는 짓에 불과함을 바스티아의 '깨진 유리창의 오류', 루즈벨트의 '뉴딜'에 관한 일반인들의 착각, 슐라에스의 소설 『잊혀진 사람』에서의 정부농장 직원의 행동, 일본의 공공사업 프로젝트의 실패 등으로 설득력 있게 설명하고 있다. 일자리는 결국 민간 기업에서 창출되며, 정부의 일자리 사업은 경제를 더 어렵게 만들 뿐이다.

포브스는 많은 사람들이, 심지어 자유주의자란 사람들조차 시장경제의 폐해라고 내세우는 주제들에 대해서 그것이 잘못되었음을 지적하는데 전혀 주저하지 않는다. 자본주의는 빈부의 격차를 확대하고, 독점기업은 이익을 쓸어 담고 위기 때는 손실을 사방에 퍼뜨리며, CEO와 해지펀드 매니저의 연봉을 탐욕의 수준으로 끌어올렸고, 중산층의 입지를 약화시키며, 부자들은 세금을 더 많이 내게 한다는 공격에 포브스는 수많은 사례들을 들며 이를 조목조목 반박하고 있다. 놀라운 호소력과 설득력을 지닌 문체로 말이다. 자유주의자들의 낯익은 주장들, 예를 들어 세율을 낮추고 상속세를 폐지하는 것이 더 많은 세금과 이를 통한 재정적자의 문제를 극복할 수 있고, 법인세율을 높이면 소비자들 특히 저소득자들의 경제상황을 어렵게 만들며, 담배나 술 등에 부과되는 죄악세는 오히려 형평성에 위배된다는 주장들을 다양한 시각에서 풀어나가고 있다.

'자유무역이 우리의 삶을 향상시킨다.'는 데에는 많은 이들이 공감하면서도, 적지 않은 젊은이들은 '자본주의 생산양식이 주변국들을 궁핍화시킨다.'는 생각을 갖고 있다. 그러나 이 책은 세계화가 아시아와 아프리카 지역 주민들에게 준 도움의 규모가 지난 반세기 동안 미국과 유럽이 이 지역에 지원한 약 2조 달러의 해외원조보다 크며, 세계 빈곤율도 1980년에서 1990년 사이 34%에서 17%로 절반이나 떨어졌다고 주장한다. 독자들은 세계화를 줄기차게 반대한 이들의 논리가 얼마나 혹세무민이었는지 이 책을 통해 생생하게 접할 것이다. 포브스는 자유와 시장경제에 관한 신념으로 가득한 그의 글을 계속 이어나가고 있다. 국내경기가 어려울 때 국내 일자리 확보라는 명분으로 도입되는 각종 보호무역 조치는 오히려 새로운 일자리 창출을 가로막아 더 많은 실업자를 양산하며, 무역적자는 결코 비난받아야 할 경제현상이 아님을 힘써 주장한다. 미국 역사 400년 중 350년간이 무역적자였음에도 미국은 여전히 세계경제를 주도하고 있다는 것이다.

포브스의 따뜻한 자본주의

포브스는 수많은 역사적 사례들을 통해 우리를 구하는 것은 자본주의이지, 정부가 결코 아님을 설득력 있게 호소하고 있다. 그는 정부의 역할에 대해 아담 스미스와 맥을 같이 한다. 정부의 역할은 개인의 신체적, 물적 재산을 보호하는 데에만 그치는 것이 아니다. 민간이 담당하기 벅찬 공공사업도 정부의 의무라고 하였다. 중앙은행의 역할과 화폐제도에 대해서 그는 오스트리아학파의 시각을 유지하고 있다. 중앙은행은 통화와 금리 정책을 통해 경기변동을 완화시킬 수 있다는 착각에서 벗어나야 한다. 그 착각은 재앙으로 이어질 수 있음을 2007년의 금융위기와 1970년대의 상품가격의 폭등이 증명해준다. 중앙은행은 화폐 가치를 안정적으로 유지하는 데 그쳐야지 경제를 주도하겠다는 생각을 버려야 한다. 이를 위해 화폐제도는 금본위제이어야 함을 역설하고 있다. 중앙은행의 무분별한 화폐발행으로 초래되는 인플레이션과 미래의 불확실성 증폭을 막기 위한 길은 금본위제밖에 없기 때문이다. 미국이 금본위제를 실시한 1880년부터 1914년까지 인플레이션은 거의 제로에 가까웠다.

그러나 그가 완전히 미제스, 하이에크, 라스바드와 같은 정통 오스트리안 학파의 사상을 대변하고 있는 것은 아니다. 그는 오히려 밀턴 프리드먼과 더 가깝다. 그는 마약 문제에 있어서는 건강의 이유로 정부 개입을 은근히 지지하고 있고, 특히 2007년의 세계금융위기에서 정부의 금융권 구제를 정당화하고 있다. 이 두 문제는 아무리 자유인이라도 정부가 개입하지 않으면 그 폐해가 당장은 너무 클 것이 빤하게 보이기 때문일 것이다. 이에 대한 자유주의자의 논지를 끝까지 고집하는 것은 억지스럽고 무모하다고 생각한 듯하다.

언제나 현장의 목소리에 가까이 있었던 잡지 발행인으로서 포브스의 입장을 이해할 수 있다. 금융권 구제의 정당성에 관한 그의 논리는 다음과 같다. 첫째, 금융위기는 정부에 의해 초래되었기 때문에, 정부가 나서서 이를 치유해야 한다. 둘째, 금융권의 붕괴는 시민들의 저항과 소요로 이어져 자유시장 자체를 붕괴시킬 수 있다. 자칫 독일의 과거 경험처럼 전체주의 정권이 등장하지 말라는 법이 없다.

포브스는 사회적 약자 보호를 결코 외면하지 않는다. 그는 약자를 보호하는 것이 자유주의적 가르침이라고까지 말하고 있다. 문제는 약자를 돕는 방식이다. 모든 학생들에게 제공되는 무상급식처럼, 가난한 집의 자녀뿐만 아니라 부자의 자녀에게도 무상급식을 한다는 것이 얼마나 우스꽝스럽고 자원을 낭비하는 일인가? 사회보장제도가 비대해지고 비영리단체가 우후죽순처럼 퍼져나가는 데는 투명하지 못하고 시장원칙과는 상관없이 정책을 집행하는 무책임한 관료들이 있음을 날카롭게 지적한다.

이 책은 결코 이론적이지 않고 쉬우면서도 감동적인 문체로 자본주의의 원리를 설명하고 정부의 시장개입 위험성을 경고하고 있다. 자본주의 또는 시장경제에 관심이 있는 젊은이라면 반드시 읽어보기를 권한다. 당신은 분명 이 사회의 개혁가다운 정신과 그 실천의 논리력을 구비하게 될 것이다.

경쟁이 가져오는 이 행복!

황성준(물망초인권연구소 연구위원)

『Rush 러쉬!』
토드 부크홀츠 지음, 청림출판 발행, 2012

실업자가 될 수 있다는 것은 축복이다

작년 모 대학에서 강의를 할 때, 취업 상담을 해 준 적이 있다. 이때 한 학생이 "취업걱정 없는 세상에 살고 싶다."며, "정부가 청년 실업문제를 해결해 줘야 한다."고 목소리를 높이자, 학생들 모두 이에 공감을 표시했다. 이에 필자는 "어떤 취직이라도 괜찮다면, 100% 취직시켜 주겠다."고 공언했다. 학생들이 눈을 반짝이며, 일제히 "네."라고 외쳤다. "안산공단에 가면 구인난에 허덕이는 소규모 공장들이 많은데, 그곳에 취직시켜 주겠다."고 하니, 학생들은 금세 실망스런 표정을 지으며, "누가 그런 곳에 취직하려 하겠어요?"라고 볼멘소리를 내기 시작했다. "조금 전에는 취직만 되면 된다더니, 왜 말을 바꾸는 거지?"라는 필자에 말에 학생들은 "에이! 그런 뜻이 아니잖아요."라며 고개를 설레설레 저었다.

100% 취업보장, 이 말을 들을 때마다 떠오르는 일이 있다. 1991년까지도 사회주의를 동경했던 내가 러시아에 들어가 있었을 때의 일이다. 당시 필자는 레닌그라드대학(현 상트페테르부르크대학) 한국어 강사로 배치(!)되어 있었다. 당시 러시아 정부는 학생들에게 100% 취업을 보장해 주고 있었다. 대학생들은 5학년이 되면(당시 러시아 대학들은 5년제였다) 이른바 '직장배치'를 받게 된다. 학교 당위원회가 주축이 된 '직장배치 위원회'가 학생들에게 직장을 배치해 주는 것이다. 군대에서 훈련소를 마치고, 자대배치 되고 보직을 배정받는 과정과 유사하다. 예외가 있을 수 없으며 거부할 수도 없다. 또 여기서 직장배치란 단순히 어떤 직장에서 일하게 되느냐의 문제가 아니다. 배치되는 직장에 따라, 거주지와 그 주택 등도 모두 달라진다. 사유재산과 거주이전의 자유가 없는 만큼, 어디에 배치되느냐는 평생의 운명이 달렸다 할 수 있을 정도로 중대한 문제가 된다. 취업재수? 이런 것은 존재하지 않는다. 사치스런 말이다.

예를 들어 보자. 영문과 학생의 경우 공부 잘하는 소수 학생들은 교수요원으로 대학원에 남는다. 그리고 빽이 센 학생들은 외국인 전용 관광회사인 '인투리스트'로 보내진다(스타킹, 일회용 라이터와 같은 '자본주의 상품'을 접할 수 있기 때문에 최고 인기 직장이었다). 그리고 극소수가 외무부 등 정부관련 부처에 비서나 통역관으로 보내진다. 나머지는 주로 학교 교사로 배치되는데, 가장 최악의 경우가 시골 학교 교사가 되는 것이다. 시골학교에 배치되면 아파트도 그곳에 배정받게 되며 특별한 일이 없으면 그냥 그곳에서 평생 살게 된다. 여행에 자유가 없는 이상 출장을 제외하면 대도시에 올 일도 없고 따라서 결혼도 그곳에서 하게 되며 자식들도 그곳 학교에 보내야 하게 된다.

이러하기에 '직장배치'는 당시 러시아 학생들에게 사활이 걸린 문제였다. 나름대로 치열한 경쟁이 벌어졌다. 물론 요즘 한국에서 유행하는 '스펙'과 같은 개념은 없었다. 가장 중요한 것은 당성이었는데, 이 당성은 주로 부모가 당 간부 출신인가 아닌가로 결정됐다. 특히 인투리스트 같이 외국인과 접하게 되는 직장은 당성이 절대적 기준이었다. 대학원에 남는 것이 아니라면, 학점은 그리 중요하지 않았다. '직장배치위원회'의 권력은 그야말로 무소불위로 느껴졌다. 좋은 직장에 배치되기 위해 몸을 바치는 여학생들도 적지 않았다.

실업자 없는 낙원이 아니라, 실업자도 될 수 없는 지옥이었던 것이다. 그래도 취업만 되면 된다는 사람이 있다면, 안산공장에 가보라고 권하고 싶다. 4대 보험까지 보장하는 당일취업 가능 직장이 널려 있다. 또 재미있는 사실은 사회주의 시스템을 선호하는 사람일수록 군대를 싫어하는 경향이 있는데, 군대야말로 사회주의적 시스템에서 운영되고 있다는 점이다. 먹어주고 입혀주고 재워준다. 그리고 100% 취직(보직)을 시켜준다. 비록 맨 땅을 이유 없이(?) 팠다가 다시 메꿨다가 다시 파는 일을 반복할지라도. 결코 군을 비하하기 위한 것은 아니다. 국방의 의무는 신성하다. 군복무를 천직으로 삼는 직업군인들의 명예심에는 항상 존경을 보낸다. 그러나 전 국민이 모두 강제적으로 평생 군복무를 해야 한다면, 어떻게 될까? 이러한 사회를 좋아할까?

취업 필독서? 인생 필독서!

토드 부크홀츠의 『러쉬』는 필자가 취업을 앞둔 학생들에게 자주 권하는 책이다. 필자는 이 책이 나오자마자 내용도 별로 검토하지 않고 샀다. 그 이유는 부크홀츠가 『죽은 경제학자의 살아있는 아이디어』란 책의 저자였기 때문이다. 『죽은 경제학자의 살아있는 아이디어』를 감명 깊게 읽었던 관계로 부크홀츠가 쓴 책이라면 믿을 수 있다고 판단한 것이었다. 『러쉬』는 이러한 필자의 믿음을 저버리지 않았다. 『러쉬』는 요즘 유행하고 있는 '행복전도사'들의 대책없는 '경쟁혐오론'을 반박하는 발칙한 책이다. 필자의 권유로 이 책을 읽은 한 학생은 "처음에는 욕이 튀어나오는 것을 참기 어려웠다."고 말했다. 그러나 인내를 갖고 읽기 시작하자, 어느 틈엔가 "이 책에 매료되어 빨려들어갔다."는 것이다. 다 읽었을 때의 느낌은 "정말 이렇게 생각해도 될까? 혹시 사기당한 것은 아닐까?"라는 느낌을 지우기 힘들었다고 고백하기도 했다. 너무나 기존 상식(?)과 다른 이야기이기에 이와 같은 이질적 의견에 동감하게 된 자신의 모습에 놀랐다는 것이었다.

부크홀츠는 "행복은 바쁘게 움직이는데서 비롯된다."고 말한다. 솔직히 이 말에 100% 찬성하는 것은 아니다. 왜냐하면 '행복'이란 개념은 극히 주관적이고 애매모호하기 때문이다. 분명 기업가정신에 충만한 도전적인 사람들은 그러할 것이다. 그러나 그렇지 않은 사람도 있지 않는가? 수도원에서 명상을 즐기는 수도사의 행복은 다른 데 있지 않을까? 이 책을 읽은 많은 사람들이 제기할 수 있는 문제이다. 그렇다 '행복'은 주관적이며, 사람마다 다른 개념을 가지고 있다. 따라서 정부가 국민에게 '행복'을 줄 수 없다. 정부가 보장해야 하는 것은 '행복권'이 아니라 '행복 추구권'인 것이다. 우리는 저마다가 느끼는 '행복'을 '추구할 권리'가 있으며, 바로 그러한 '행복을 향한 경쟁' 속에 있는 것이다.

행복전도사의 위험한 유혹

'행복전도사'들의 문제는 한 사람에게만 쉬어 가라고 하는 것이 아니라, 경제 전체를 쉬어 가라고 한다는 점에 있다. 권고 정도가 아니다. 국가 입법을 통한 '강제'를 통해 전체 사회를 인위적으로 경쟁 없는 사회로 만들려고 한다. 행복전도사들은 흔히 말한다.

"돈이 행복을 가져다주는 것이 아니다."라고. 맞는 말이다. 돈=행복이 될 수 없다. 그러나 분명한 것이 있다. 경쟁 없이 오늘날과 같은 물질적 풍요가 이뤄질 수 없었으며, 경쟁이 사라진다면 오늘날 우리가 누리는 물질적 풍요는 사라질 것이라는 점이다. 나는 물질적 풍요가 필요 없으며 따라서 경쟁 없이 살고 싶다고 말하는 사람들이 있다. 이 말의 진정성에 대해서는 일단 논의하지 않겠다. 단지 정말 그렇다면 "당신은 물질적 풍요를 포기하고 살라."고 권하고 싶다. 강원도 산골에 들어가서 움막을 짓고 살든, 네팔의 히말라야 산 속에서 도(道)를 닦던 그것은 귀하의 자유이며, 말리고 싶은 마음이 전혀 없다. 또 경쟁 없는 공동체를 만들고 싶다는 사람들도 있다. 역시 마찬가지다. 그런 뜻을 지닌 동료들과 그런 공동체 마을을 만들어 살라고 권하고 싶다. 실제로 필자의 과거 학생운동 동지들 가운데는 그러한 이상적(?) 공동체를 만들어 살고 있는 사람도 있다.

문제는 그러한 사고를 남에게 강제하지 말라는 것이다. 또 한 가지 말하고 싶은 것이 있다. 당신이 경쟁을 포기하고 살더라도 굶어죽지 않는 사회가 된 것 자체가 '경쟁 사회'이기 때문이란 사실이다. 인류가 물질적으로 제대로 살기 시작한 것은 200년 남짓하다. 그리고 이러한 체제는 '경쟁'에 의해 만들어졌다. 그런데도 일부 유토피아주의자들(부크홀츠는 에덴주의자라고 표현한다)은 '고상한 야만인'이란, 실체하지 않은 가상의 존재를 미화하며, 이들의 삶을 동경한다. 필자도 어린 시절 '부시맨'이란 영화를 보고 감명을 받은 일이 있다. "저렇게 때 묻지 않은 순수한 인간들을 흉폭한 자본주의가 파괴시키다니."하며, 도덕적 분노를 느낀 적도 있다. 그러나 실재하는 부시맨 사회는 결코 이상과는 거리가 먼 곳이었다. 평균수명도 40세를 넘지 못했다. 살인으로 죽을 확률이 뉴욕 뒷거리 우범지대에 있는 것보다 높았다. 도시의 바쁜 삶에 지친 영혼이 잠시 관광 가서 몸과 마음을 추릴 때, 그러한 곳을 이상적이라 착각할 수도 있다. 그러나 잠깐 휴식하는 당신이 아니라, 그곳에서 생존하고 있는 사람들의 실제 삶은 평온이 아니라, 생존 투쟁이다.

아니 논쟁하지 말자. 당신에게는 최소한 선택권이 있다. 그런 곳에 가서 그 같은 삶을 살면 된다. 이곳에 남아, 경쟁에 지쳐서 한탄하기도 하지만 또 다른 한편 경쟁을 즐기며 경쟁을 통해 자아의 발전을 꿈꾸는 나와 같은 사람에게까지 '당신의 에덴동산'을 선물하려고 하지 마라.

경쟁이 가져온 진짜 행복

필자는 지금 이 글을 분위기 좋은 카페에서 우아한 클래식을 들으며 쓰고 있다. 4,500원짜리 카페라테를 즐기면서. 경쟁이 없었다면 이 같은 카페는 존재하지 않았을 것이다. 칙칙한 다방에서 인스턴트커피를 마시는 것이 고작이었을 것이다. 물론 카페가 좋은 지, 다방이 좋은지도 극히 주관적 선택이다. 지금도 시골 역 부근에는 전통적 다방이 존재한다. 분명한 것은 경쟁을 통해, 우리는 선택의 자유를 얻었다는 점이다. 또 커피 값만 하더라도 그렇다. 중세 유럽에서 한때 커피는 같은 무게의 금보다 비싼 존재였다. 그러나 지금은 가장 싼 음료 중의 하나가 되어 버렸다. 4,500원도 커피 값이라기보다는 자리 값이다. 커피 자체의 가격은 한없이 낮아졌다. 인류 역사상 지금처럼 생필품 가격이 저렴한 적이 없었다는 사실을 상기시키고 싶다. 이 모든 것이 '경쟁' 덕분이다. 그리고 이러한 '경쟁'은 경쟁으로부터 자발적으로 이탈한 사람들에게마저 최소한의 생존을 보장하게 만드는 '기적'을 만들어냈다. 아니, 최근 '행복'에 대한 탐구 자체가 '경쟁 체제'가 만들어 놓은 물질적 풍요 기반 위에서 이뤄지고 있다.

마지막으로 하고 싶은 이야기는 '행복 전도사'들 대부분도 치열한 경쟁 속에서 살고 있다는 사실이다. 그리고 이들은 달콤한 이야기를 한다. 그러나 불행하게도(?) 현실 세계는 그렇게 달콤하지만은 않다. 삶이란 녹녹한 것이 아니다. 이런 현실을 무시하고, 경쟁을 포기하라는 말은 삶을 포기하라는 말에 불과하다. 『러쉬』에 나오는 한 구절로 결론을 대신하겠다. "나르시시즘과 우울을 치료할 수 있는 최고의 약은, 도피할 길을 막고 현실에 맞부딪쳐 투쟁하는 법을 배우는 것"이다.

나를 깨우는 33한 책

펴낸날	초판 1쇄 2014년 10월 30일 초판 5쇄 2023년 9월 5일
지은이	송복, 복거일
펴낸이	김광숙
펴낸곳	백년동안
출판등록	2014년 3월 25일 제406-2014-000031호
주소	경기도 파주시 광인사길 22
전화	031-941-8988
팩스	070-8884-8988
이메일	on100years@gmail.com
ISBN	979-11-952638-1-3 03300

※ 값은 뒤표지에 있습니다.
※ 잘못 만들어진 책은 구입하신 서점에서 바꾸어 드립니다.